集人文社科之思　刊专业学术之声

集 刊 名：经济社会学研究
主　　编：刘世定
执行主编：张茂元　张樹沁

[Vol.7]Chinese Economic Sociology Research

[第七辑]

集刊序列号：PIJ-2014-119

中国集刊网：www.jikan.com.cn

集刊投约稿平台：www.iedol.cn

Chinese Economic Sociology
Research (Vol.7)

经济社会学研究

第七辑

主　编／刘世定

执行主编／张茂元　张樹沁

社会科学文献出版社
SOCIAL SCIENCES ACADEMIC PRESS (CHINA)

本书获广州大学高水平建设专项经费和国家社会科学基金重点项目
"信息技术应用引致社会变迁的技术红利分配机制研究"（项目批准号：18ASH011）的资助

经济社会学研究 第七辑
2021年6月出版

目 录

经济社会学研究 第七辑

第 1 ~ 15 页

技术的社会行动与物理－组织技术匹配

——近年中国社会学者有关技术与社会研究述评

张茂元　　张樹沁　　刘世定 [*]

摘　要：本文从经济社会学角度，将阿瑟的技术组合演进理论和韦伯的社会行动思想传统结合起来形成述评框架，提出"技术的社会行动"概念作为分析的基础，并将技术进一步分为"物理性技术"与"组织性技术"，考察已有研究在这一分析脉络上的研究成果。在此基础上，区分了八个主题对近年中国社会学者有关技术与社会的研究文献做出评析。

关键词：技术的社会行动　物理性技术　组织性技术　研究述评

一　述评框架：阿瑟与韦伯

本文将阿瑟的技术组合演进理论和韦伯的社会行动思想传统结合起来形成一个框架，将其应用于近年来中国社会学者有关技术与社会的研究述评。

阿瑟在其技术研究中，对技术做出的最基础的定义是：技术是实现人的目的的一种手段（阿瑟，2018：26）。有目的的行动是韦伯经济社会学研究中的一个基本概念，也是其社会行动概念的基础，用韦伯的话来说，

---

[*]　张茂元，广州大学公共管理学院教授；张樹沁，中央财经大学社会与心理学院讲师；刘世定，北京大学中国社会与发展研究中心研究员，浙江大学社会学系兼任教授。

社会行动是指"行动者的主观意志关涉到他人的行为，而且指向其过程的这种行动"（韦伯，2011：20）。在社会行动概念的基础上，本文采用"技术的社会行动"概念。这一概念的含义是，关涉他人行为并指向其过程的技术行动。采用这一概念，既凸显了经济社会学研究技术的视角，也限定了本述评收集文献的范围。

阿瑟在将技术定义为实现目的的手段时注意到，除了人们通常所认知的物理性技术外，还有一些看似"不像技术的事情，比如商业组织、司法系统、货币系统或者合同，它们都可以被称为实现目的的手段。在这个定义下，它们也都是技术"。虽然这些行为性、制度性、组织性的技术与物理性技术不同，但"技术的逻辑对它们也同样适用"（阿瑟，2018：57~59）。这种扩展的技术概念对经济社会学的技术研究来说非常重要，它提供了研究物理性技术与社会、经济关系的一个视角。

本文将对物理性技术和组织性技术、制度性技术的组合与匹配给予特别关注。这和阿瑟的技术演化理论——现有技术是通过以往技术组合而成，而现有技术的组合又创生着新的技术——相关联。

本文将分8个主题对近年来中国社会学者有关技术与社会的研究文献从经济社会学角度进行评析。这些主题是：物理-组织技术的匹配、物理-组织技术匹配中的社会行为与博弈、匹配性技术冗余与不足、社会环境与技术匹配、互联网市场规模乘数与互联网资本、技术收益的差异与普惠性、社会互动中的技术演进、技术互动中的依赖与偏好改变。

二　物理-组织技术的匹配

邱泽奇及其研究团队较早关注了信息技术在中国社会尤其是企业内部的应用。他们的研究揭示，技术与组织的关系是一个技术提供方与技术使用方之间相互建构的过程（邱泽奇，2005）。围绕技术和组织的互构，他们的研究提出了一些有利于深入分析的概念构件，如技术特质、技术刚性、技术弹性、既有组织特征、特定技术在组织目标实现中的重要性等（邱泽奇，2005；刘小涛，2004；刘振业，2004；谢铮，2007；刘伟华，2007）。互构是一个重要的分析框架。从经济社会学的角度来说，该框架可以引出一些可以深化的议题乃至研究路径。其中的一个议题是物理-组织技术的匹配，在该议题下有一系列问题需要研究。

在经济社会学中，组织通常被理解为在共享一定规则下协调行动的群体。但是，当把组织作为实现某种目的的技术来看待时，仅仅停留在这个理解角度就不够了。此时，行动者、目标和组织手段将凸显出来。

按一种最简单的处理方式，即组织被假定为如同一个人一样行事，新古典经济学中的厂商就被假定为这样的组织。科尔曼的法人行动者概念也接近于这样的假定。在这样的假定下，组织作为按某个函数实现目标的技术是很容易理解的。物理性技术与组织性技术的匹配也容易分析：它可以看作一个行动者一手拿物理性技术、另一手拿组织性技术进行拼接，以实现其目标。但是，当我们把组织作为一个多人的合约结构来观察时，就不可避免地会面临诸如谁的目标、何种目标，谁的组织性技术、何种组织性技术等问题。当有着不同目标的个体，携带着其可能控制的物理性技术和组织性技术，与其他人携带的可能控制的物理性技术和组织性技术对接时，多边互动式的匹配就出现了。这里有深化研究的余地。

有关匹配的一个极端假设是，在一项物理性技术与组织性技术之间只有唯一的匹配方式，二者要么匹配成功，要么匹配失败。在此假设下，匹配可以简化为试错过程。然而，更为有趣也更值得经济社会学研究的是，物理性技术和组织性技术都具有调整弹性——邱泽奇及其研究团队已经对此做了有启发性的考察——在这样的条件下，将有多种可能的匹配。而不同的匹配可能有不同的绩效后果和社会后果。这意味着，差别性匹配视角的研究是必要的。而研究差别性匹配的绩效后果和社会后果，涉及的不仅仅是不同匹配中交易成本的高低，还涉及技术利用的充分度、技术进一步演化的可能路径等，因此，需要超越交易成本经济学的研究视野。

三　物理－组织技术匹配中的社会行为与博弈

邱泽奇及其团队的研究不仅在技术与组织互构视角下蕴含着物理－组织技术匹配的研究路径，而且对两类技术匹配中的社会行为与博弈做了一些有深化潜力的探讨。在他们的研究中，无论是物理性技术的携带者，还是组织性技术的携带者，都既关注技术的利用，又关注技术作为媒介对自己和他人在组织中的地位、权利、权力的影响，因此，他们的行动不是纯技术行动，而是技术的社会行动。

王广富（2003）通过考察 ERP 技术在企业组织中的应用，揭示该过程伴随着技术与权力的交织和互动，后果是网络权力在一定程度上替代了原有的层级权力，层级扁平化就是这种替代的一个表现。

刘振业（2004）在对青岛啤酒股份有限公司的信息化案例研究中，考察了信息技术系统与组织结构的互动机制。在他提出的技术主导机制、战略主导机制、形式化机制以及结构化机制中，虽然较少直接探讨人与人之间基于技术的互动行为和策略，但是权力互动的影响却是明显的。他的研究中隐含着这样的行为假定：携带物理性技术和组织性技术的互动者具有指向他人的主导性倾向。

刘小涛（2004）也对青岛啤酒股份有限公司的信息技术使用案例进行了研究。与刘振业不同，刘小涛直接考察了在信息技术引入企业的过程中，技术提供者、技术代理人、技术使用者三方的互动。根据他的研究，当结合具体行动者的目标去理解同一个信息技术时，事实上三方携带的信息技术是存在差异的。技术提供者、技术使用者以及介于二者之间的技术代理人，其携带的组织性技术也存在差异。技术代理人的双重代理身份凸显其携带的组织性技术的特殊性。三者在互动中的地位和权力也不同。从刘小涛的研究中，可以挖掘物理－组织技术匹配中的三方博弈模型。

谢铮（2007）对马钢公司引入 ERP 技术过程中，技术提供方和技术使用方携带各自的技术和组织要素互动，最终形成技术合约的案例进行了详细考察。在她的研究中，事实上建构了一个技术合约博弈模型。该模型的特点是（用我们的语言来说），双方携带的物理性技术和组织性技术都有刚性和弹性；双方各自的技术刚性构成了博弈的底线，超越任何一方的底线，技术合约都无法达成；而在技术弹性范围内，存在多种可能的均衡，现实的技术合约将通过谈判中的相互影响、妥协，在某个均衡位置形成。在该模型中，技术刚性底线受到博弈参与者所处的组织结构、生产结构等环境因素的影响。该模型还有一个有趣之处，即技术刚性的底线与行动者的认知和能动性有关。在谢铮对主动遵从、被动遵从、抗拒遵从的讨论中体现了这样的思考。

刘伟华（2007）对技术的刚性和弹性边界进行了分析。这是考察物理性技术与组织性技术的潜在最优匹配、物理－组织技术匹配博弈的现实均衡以及二者间差异的基础，有待进一步深化。

以上借助案例进行的互动研究蕴含了有趣的内容，但总体上来说，在建构技术的社会行动者间的博弈模型方面尚有深化的空间。通过建构博弈模型，一方面可以使概念和逻辑更为清晰，更好地描述所考察的关系；另一方面还可能在为后续的研究奠定更扎实基础的同时，预示新的理论发展路径。

在考察物理－组织技术匹配中的社会行为与博弈时，正像已有的一些研究中体现的那样，注意区分物理性技术与组织性技术的替代与互补关系是必要的，因为此种关系的不同会影响博弈格局。

所谓替代关系，是指为实现一定目标，物理性技术和组织性技术的关系是此消彼长的，即在增加采用了某项物理性技术后，可以少用乃至不用某项组织性技术；或者在增加采用了某项组织性技术后，可以少用乃至不用某项物理性技术。不难理解，在两类技术都有一定的调整弹性时，尤其需要如此考虑。所谓互补关系，是指物理性技术和组织性技术必须组合起来，才能实现一定目标，二者不可或缺。而且，在双方都有调整空间的条件下，一种技术在一定范围内成长，另一种技术也需要有一定的成长方能与之配合；一种技术衰退，另一种技术也会相应衰退。

在物理－组织技术的匹配中，有时只存在比较单纯的替代或互补关系，但更有趣也更复杂的是，在技术匹配的某个区间存在替代关系，而在另一个区间则存在互补关系。此时，对替代与互补关系转换点的把握就变得很重要。博弈，特别是动态博弈，将会出现一些值得研究的特点。

四　匹配性技术冗余与不足

物理－组织技术匹配博弈研究不仅有助于理解两类技术的匹配形成状态，而且有助于揭示两类技术被利用的充分度。张燕（2009）在考察一汽轿车的 ERP 技术应用时，已经在技术能力与关系冗余的讨论中关注到这个问题。

此前，经济社会学者已经在不同的研究场景和不同的分析框架中接触过技术冗余现象。撇开商业周期中的过剩不谈，在市场竞争中企业为持续保持市场影响力优势而储备技术；科尔内对软预算约束下的企业中短缺与冗余并存的分析，给人留下了深刻印象。而技术匹配中的技术冗余研究，则有与这些研究不同的旨趣。

这里可能存在不同的情况。假设一个组织引入了新的物理性技术，但由于该物理性技术可替代某些组织性技术，因而遭到抵制，致使其暂时无法被使用，这时便产生了物理性技术冗余；如果该物理性技术需要有某项新的组织性技术与其互补，而新的组织性技术迟迟未能形成，那么就会产生物理性技术冗余与组织性技术不足并存的情况；如果一个组织依据对物理性技术的预期事先进行了组织性技术调整，但在引入物理性技术后发现需要对其进行一定调整后才能与组织性技术匹配，这时就会出现组织性技术的暂时冗余；有时物理性技术的主要控制方和组织性技术的主要控制方的协调博弈也会有意保留技术冗余以应对不确定因素导致的摩擦；等等。此外，组织所处社会环境对组织内部匹配性技术冗余与不足的影响也值得关注。

匹配性技术冗余与不足，不仅影响组织的即时效率，而且动态地看，会影响物理性技术、组织性技术以及二者组合而成的技术系统的演化与变迁。这是一个有待深入考察的议题。

五　社会环境与技术匹配

一些研究注意到，物理－组织技术匹配状态与社会环境有密切关系，而社会环境影响下的匹配状态，影响着资源的配置和利益的分配，并进而作用于社会环境，乃至形成特定的发展路径。

李国武（2009）的研究在关注社会环境对物理－组织技术匹配的影响的同时，将这种影响下的匹配过程连续化，从而与持续的扩散联系起来，以理解原发型产业集群的产生。他以河北清河羊绒产业集群为案例，探讨了初始的梳绒技术（这是一种物理性技术）被成功地与当地传统的梳棉技术嫁接后，如何在乡村社会环境下，借助家族、邻里、地缘关系网、乡村政权等组织性技术，迅速扩散到广大地域范围，形成了原发型羊绒产业集群。这里的社会环境，影响着当地行动者的组织性技术集，从而影响着人们可采用的梳绒技术与组织性技术的匹配方式，并借助这些匹配方式实现了新的梳绒技术的迅速扩散。

张茂元（2009、2015）以机器缫丝技术在近代中国不同地区（主要是长三角地区和珠三角地区）的应用为素材进行的比较研究，揭示了同样的物理性技术在不同社会环境下的不同组织后果分配差异。他的研究显示，在长三角地区，机器缫丝厂都建在上海和无锡等基本不产蚕茧的城市地区；而在珠三角地区，机器缫丝厂直接坐落于传统蚕茧产地。这导致了两个地区缫丝生产所处的社会环境差异。在长三角地区，新的机器缫丝技术不得不与在很大程度上脱离了家庭和乡村组织性技术的市场组织技术相匹配，以解决劳动力和原材料供给问题。这导致新技术应用所带来的专业分工主要发生在城市和农村之间，生产环节和利润基本留在了城市，传统蚕区成为原料供应地。由于蚕农家庭难以获得新的工作机会，他们放弃传统缫丝工艺难以获得利益补偿，因而通过惜售原料（蚕茧）和反对原料交易来抵制新缫丝技术的应用。而在珠三角地区，由于机器缫丝厂坐落于传统蚕茧产地，新的缫丝技术可以方便地与家庭和乡村内部的组织性技术相匹配，以获取劳动力和原材料的供给。蚕农出售蚕茧给缫丝厂，就近加入缫丝厂成为工人，他们因能从中获利而积极支持新缫丝技术的应用。在珠三角地区，新技术应用实现了技术红利共享；而利益共享又反过来推动了新技术的应用。这一过程显示出，能实现技术红利共享、发展红利共享的社会结构，不仅更加和谐、稳定、可持续，还能够促进新技术的可持续应用。

这些研究表明，以物理－组织技术匹配的微观研究为基础，引入社会环境条件因素，可以解释更宏大的社会现象。

六　互联网市场规模乘数与互联网资本

互联网技术由于其广泛的社会和经济影响，成为当代经济社会学介入技术研究时受到重点关注的一项技术。有意思的是，从物理－组织技术的匹配及二者结合的技术与社会环境的关联角度看，互联网技术是一项可以作为经典案例研究的技术。

唐远雄（2014）对互联网平台制度演化的研究，揭示了作为物理性技术的物联网如何与组织性技术匹配形成互联网平台组织。于健宁（2014）对互联网平台中的交易活动以及交易中信任的建构的研究，则展示了互联网平台组织与外部市场的关联。

邱泽奇等（2016）考察了在互联网技术带来的扩展连通条件下，市场规模被放大的机制。首先，在更为频繁的社会互动中，市场总体需求被放大了；其次，人群中分散的、小概率的、被埋没的差异性需求被唤醒，在与供给方的互动中形成有规模的市场需求——他们以差异性市场规模乘数概念刻画之；最后，对前述两个放大的市场机会把握的人力资本差异被放大了。为了描述此中机制，他们建构了最简化的理论模型。在这里，理论分析还可以进一步深化，模型的建构也尚有改进空间。

在他们的研究中，还提出了互联网资本的概念。从本文的分析架构来看，这个概念刻画了物理性技术和组织性技术的持续组合，以及与市场的关联。在以往的学术文献中，对于资本这一概念，有两种不同的理解。一种是主流经济学的理解，即在投入－产出分析架构中，将资本界定为有赖于先前投入而形成的生产要素。例如，将凝聚着以往投入的生产工具视为物质资本；将凝聚着教育等投入的劳动力视为人力资本；如果社会关系是此前建构的产物，就被视为社会资本。事实上，不少社会学者也是尾随主流经济学家如此使用资本这一概念的。按照这种理解，资本不是一个特定历史和社会形态的范畴，无论是在市场经济中还是在非市场经济中，资本都是存在的。另一种理解则将资本和市场营运联系在一起。例如，马克斯·韦伯写道："所谓资本，是指企业营运目的下所能处分的营利手段、在资本计算时为了资产负债的决算而切结出来的货币估算总额。"（韦伯，2011：158）邱泽奇等（2016）的研究综合了以上两种理解，将资本界定为凝聚以往的投入而形成的、有市场准入机会因而能够通过市场获益的资产。按照这种理解，当互联网的物理性技术和组织性技术与市场相联系，在获益中不断再生时，就构成了互联网资本。

在区分了资产与资本的概念后，他们进一步考察了互联网资产向互联网资本的转化率。从技术的角度看，这里存在转化技术问题。虽然他们的研究指出，互联网正是通过它在市场准入机会方面的作用使自身资本化，也使与互联网相联系的资产——"互联网＋"资产——资本化，但仍有继续深化研究的必要。

邱泽奇等（2016）的论文中还考察了互联网资产与其他资产组合的几个层次（包括互联网资产与人力资产的组合、互联网技术资产与信誉资产的组合、互联网整体资产与其他实业资产的组合），以及资产在几个层次间的资本化。然而，资产组合中的技术维度，并没有得到直面分析。如果转向各类技术组合的分析，也许可以得到一些新的认识。

七 技术收益的差异与普惠性

近些年中国社会学者对技术应用带来的收益变化的研究主要集中在两个方面：一方面是技术收益的差异，另一方面是技术收益的普惠性。当把技术运用的后果锁定在货币收益上时，一些研究者使用了技术红利概念，该概念意指新技术所创造的新增收益。

近20年来，技术红利的差异性分配及其社会后果研究可以追溯关于数字鸿沟的讨论。在互联网技术出现以后，个体、群体、阶层间产生的数字鸿沟与社会不平等问题就曾受到关注（邱泽奇，2001；赵联飞，2015）。即使是在互联网技术逐渐普遍化的情况下，不同群体利用信息技术的能力、方式和目的不同，也会产生新的红利分配差异问题。郝大海和王磊（2014）运用 CFPS 数据考察了社会经济地位对人们使用互联网目的的影响。ICT 所有权、技能和运用等可能会对社会不平等产生复杂影响。

上一节关注的邱泽奇等（2016）对互联网资产的资本化研究，其解释目标也是指向互联网技术红利的分配差异。他们的基本理论假设是，不同主体掌握的互联网资产量及资本化率影响着互联网资本量，而互联网资本量的差异影响着互联网技术红利的差异。

已有的数字鸿沟分析通常把技术应用当作既定条件和环境，并特指数字化技术应用所带来的区隔效应，因而适用性和分析力都受到限制。有的研究者（张茂元、邱泽奇，2009）则将技术红利分析拓展到一般意义上的技术，并将技术与社会、组织、个体的互动纳入其中。

林海堆（2011）在对一家中国企业的国际合作的研究中发现一个奇怪的现象：在创新互动中处于有利地位的中方企业未能获得专利权，而处于不利地位的外方企业却获得了专利权。他通过建构"引入不对称制度条件"的博弈模型对上述现象做出解释。他指出，在互动创新过程中，具有合作激励的双方之间会进行一系列的关于权益归属的谈判；而谈判双方总是会动用各种资源提高自身的谈判地位；当双方处于不对称制度环境下时，将制度因素引入博弈过程就会导致双方谈判地位的变化，进而改变均衡选择的结果。基于最大化各自收益的考虑，中国在知识产权保护方面的不足，使企业创新产品的专利权最终归于外方，并由此影响了创新成果的收益分配。可见，社会行动者所在的社会环境影响着企业创新技术的收益分配。

技术收益的普惠性虽与收益差异有联系，但又有不同的研究问题指向。张茂元和邱泽奇（2009）基于对近代机器缫丝技术应用的研究发现，技术红利能否在利益相关群体中实现普惠，是技术应用成败的关键。不仅如此，技术红利能否在利益相关群体中实现普惠，还是技术可持续应用、经济可持续增长、社会稳定的重要基础（张茂元，2009）。技术红利的分配结果，不仅影响利益相关群体的行为，也最终会改变他们的技术观（张茂元、邱泽奇，2016）。

无论关注技术红利分配的差异性还是普惠性，从物理－组织技术匹配以及相关主体博弈的角度考察，关于技术红利的基础研究还需要有更为精确的阐述。一项新的物理性技术介入组织以后新增的收益，是纯物理性技术带来的，还是在物理性技术刺激下组织性技术变革带来的，或是两类技术互构的综合作用带来的，等等，都需要在理论上给予清晰的阐述，进而才能在经验数据分析上做出适当处理。

技术红利的分配差异和普惠性之间存在着一定的张力。在实践中，各利益相关群体获取技术红利的能力受其社会地位、组织能力等诸多因素影响（张茂元，2013）。因此，如何根据技术特性和社会结构等条件，以合理的方式应用新技术，常常成为一个棘手的实践问题。事实上，这里不仅有实践问题，也存在学理问题，需要追究。当我们将技术红利的普惠不是作为研究者的外在评价，而是作为当时、当地、当事者的利益与规范诉求的时候，就会涉及和福利经济学有关的问题。现有福利经济学的一些重要准则会面临一些挑战，例如，引入当事者的相对位置比较影响其效用的假定后（这和收入差异有关），帕累托改进的现实性成了问题；当引入当事者间不同的规范互动的时候（这和何种互惠为合理有关），在福利标准讨论困境中引入统一伦理规范假定的处理方案就会面临挑战。这些都需要进一步研究。

八　社会互动中的技术演进

在阿瑟（2018）的技术组合演进和韦伯的社会行动框架下，经济社会学的相关研究的一个基本预设是，技术在社会多主体的互动中组合演进，且贯穿技术发明、改进等过程。

中国社会学者的经验研究中描述了在不同场景下一些不同的主体在技术演进中的互动。例如，李国武（2019）通过对中国高铁列车的物理性技术演进的考察，分析了政府的协调、设备制造商之间的寡占竞争、企业与院校及科研机构之间的合作在其中发挥的作用。黄晓春（2010）的一项研究则将关注点放在了政府和社会组织的关系上，讨论了借助物理性技术的互动使社区治理技术演进。在邱泽奇和李澄一（2019）对电商村的研究中，呈现了各市场主体互动下的物理性技术创新，这种创新又触发了地方多轨并行的社会规范的整合；臧晓（2015）考察了湖北某地农民以小龙虾与水稻间关系的零散乡土生态知识为基础，通过互动摸索出"虾稻连作"的种养技术。政府水产局通过与农民的互动，将"虾稻连作"种养技术提升为"虾稻共作"种养技术。

　　从技术组合演进的视角看，当既有技术掌握在不同的主体手中，而他们都有合作的意愿与机会时，通过不同的主体互动来实现技术演进，便成为现实的选择。对经济社会学的研究来说，关注技术在不同主体互动中演进，已经成为常识性的视角。以此为起点，也出现了一些需要深入推进的问题。

　　（1）在怎样的条件下，何种主体间怎样的互动，会引导技术的何种质量、方向演进。这个方面，已经开始受到研究者的关注。例如，在李国武（2019）的研究中，就特别考察了预期实现的物理性技术特征——专用性和互补性——对各主体间互动及试图形成的组织性技术的影响。在这里，我们再次遇到物理性技术特征和组织性技术特征间的匹配问题。但此处是在技术演进和创新这一更不确定的条件下来考察的，因而还有新的内容需要深化。

　　（2）物理性技术和组织性技术组合演进中的双重路径依赖。有关技术演进中的路径依赖、制度－组织演进中的路径依赖已经分别被研究过。当我们关注两类技术的组合演进，并且以初始的两类技术分布作为起点时，双重路径依赖问题便被提了出来。一些议题，如组合演进中两条路径的相互强化或相互弱化，相互影响的程度，相互影响中的锁闭程度，等等，都可以研究。

　　（3）与技术演进路径有关的是对社会互动中的技术标准进行研究。李国武（2014）对 Wi-Fi 和 WAPI 技术标准制定过程的研究已经在这个方向上做出了努力。在他的研究中，技术标准不是像通常研究中那样被处理成外生给定的约束条件，而是着重考察了政府和市场中的竞争性利益集团之间的关联，考察技术标准如何通过博弈过程内生出来。而技术标准一旦形成，就会成为影响技术演进路径的重要力量。

　　（4）互动多方技术地位的不对称性与技术演进。技术习得通常有较高的门槛，这会导致技术互动多方的技术地位常常产生不对称性，即使在双方持有的技术具有互补性的条件下也不能排除。尹鹤灵（2015）在金融技术的使用互动中已经关注到这个问题。技术地位不对称下的演化，隐含着对社会分化的影响，值得关注。

　　（5）技术演进系统溃败。邱泽奇（2018）有关技术治理的异步困境的研究，讨论了技术迭代速度快于治理迭代速度后形成的无约束技术乃至"技术作恶"的可能性。这一特性促使我们需要特别留意技术应用带来的非预期后果问题，以及多主体应用技术后所涌现的社会现象（乔天宇、邱泽奇，2020）。其中重要的警示不仅在治理实践方面，而且在演化研究方面：需要重视技术演进系统溃败的研究。相对于技术演进的系统成长研究来说，对系统溃败的研究远远不足。

九　技术互动中的依赖与偏好改变

经济社会学对人的"有限社会化"假定，使它对人的偏好改变过程给予特别关注。与此相联系，在引入技术互动时，人在此互动中发生的技术依赖与偏好改变就成为一个议题。

宋庆宇、张樹沁（2019）在分析身体的数据化对于跑者的意义时，就注意到了跑步行为的数据化所带来的人力资本与社会资本形态的变化。原先跑步的意义需要通过行动者自身来呈现，譬如健康的体魄，但是数据化却使跑步的意义有了技术呈现的路径：总公里数、配速甚至路线都成为通用且可展示的符号。因而对于行动者的跑步行为来说，已经很难区分跑步到底是为了强健体魄，还是为了积累被可穿戴设备数据化表示的一系列展示符号。

如果仅是考察偏好变迁这一现象，更早的研究也揭示了类似的逻辑。方辉（2019）基于对农村地区电网改造后人们消费倾向变化的考察，提出了一种解释技术与偏好变迁关系的解释逻辑：技术变迁通过影响人们对技术的认知，使行动者重新评估该技术在人力资本和社会资本积累中的效用，进而改变了人们的消费偏好。具体而言，在案例中，电网技术的升级带来了用电成本的迅速下降，村民得以用更低的电费收看电视节目，电视节目上呈现的信息又重构了村民对诸多问题的判断，最终引发村民的偏好变迁。

不过，通过比较上述研究，还需要区分两者的关键性不同：在电网改造的案例中，技术的变迁提高的是行动者获得其他已存在信息的可能性，这就意味着，技术只是获取这些已存在信息的其中一个途径，即起到了桥梁的作用。真正促使行动者改变偏好的，是那些通过技术获取的信息。我们可以将上述现象称为对技术的弱依赖：技术不创造信息，只是传递信息。而在量化跑步的案例中，技术是信息呈现的重要平台，脱离可穿戴设备，人们几乎很难有效地测量自己跑步的速度或绘制自己跑步的路径。在这一案例中，技术生成了新的信息。我们可以将这一现象称为技术的强依赖：技术不只传递信息，还会创造信息。

在实际案例分析中，有可能对技术的弱依赖和强依赖是并存的，对于不同的行动者来说，依赖程度也有所差异，两种依赖类型都有可能产生偏好变迁。对技术的弱依赖更容易形成偏好结果的变迁：技术传递的新信息促使行动者重新评估已有效用函数，并可能做出不同的判断。对技术的强依赖则更容易形成偏好结构的变迁：由于技术提供了新信息，而这一信息未曾纳入行动者的效用函数，促使行动者修改效用函数来吸纳该信息。当然，上述分类还略显粗糙，仍需要更多的经验案例支撑。

十 结语

近年来，中国社会学者涉及技术的著述就其本身的研究旨趣和分析框架而言，并非都是在经济社会学的学术脉络中，有不少属于技术社会学、组织社会学甚至文化社会学。就本述评所涉及的文献而言，多数是在技术社会学和组织社会学脉络中。不过，只要是对经济社会学的研究有所助益，就在我们的研究视野中。当然，在对这样的文献做出述评时，我们会将其放到我们认为对经济社会学的发展来说更便于理解的架构内。我们希望本文所涉文献的作者对我们的处理方式给予理解。

本述评试图在社会学者现有研究的基础上，对经济社会学介入技术的进一步研究做出初步思考，但分析并未展开。如果本述评能成为有兴趣者研究的铺路石，我们将十分高兴。

参考文献

布莱恩·阿瑟，2018，《技术的本质》，曹东溟、王健译，浙江人民出版社。

方辉，2019，《偏好变迁和资本积累——扩展性偏好函数理论的实证和理论研究》，载刘世定主编《经济社会学研究》（第六辑），社会科学文献出版社。

郝大海、王磊，2014，《地区差异还是社会结构性差异？——我国居民数字鸿沟现象的多层次模型分析》，《学术论坛》第12期。

黄晓春，2010，《技术治理的运作机制研究：以上海市L街道一门式电子政务中心为案例》，《社会》第4期。

李国武，2009，《技术扩散与产业聚集：原发型产业集群形成机制研究》，格致出版社。

李国武，2014，《政府干预、利益联盟与技术标准竞争：以无线局域网为例》，《社会科学研究》第5期。

李国武，2019，《政府调控下的竞争与合作——中国高速列车的创新体系及其演进》，

《南开学报》（哲学社会科学版）第 3 期。

林海堆，2011，《制度环境不对称条件下的产品创新——一家外向型中小企业的创新命运》，硕士学位论文，北京大学社会学系。

刘伟华，2007，《技术结构刚性的限度——以 ERP 在马钢的应用实践为例》，硕士学位论文，北京大学社会学系。

刘小涛，2004，《双重代理与信息技术在传统企业中的推广》，硕士学位论文，北京大学社会学系。

刘振业，2004，《组织化的信息技术系统与组织结构的互动机制——来自青岛啤酒公司的案例》，硕士学位论文，北京大学社会学系。

马克斯·韦伯，2011，《社会学的基本概念》，顾忠华译，广西师范大学出版社。

乔天宇、邱泽奇，2020，《复杂性研究与拓展社会学边界的机会》，《社会学研究》第 2 期。

邱泽奇，2001，《中国社会的数码区隔》，《二十一世纪评论》第 2 期。

邱泽奇，2005，《技术与组织的互构：以信息技术在制造企业的应用为例》，《社会学研究》第 2 期。

邱泽奇，2018，《技术化社会治理的异步困境》，《社会发展研究》第 4 期。

邱泽奇、李澄一，2019，《三秩归一与秩序分化——新产业触发乡村秩序变迁的逻辑》，《社会学评论》第 2 期。

邱泽奇、张樹沁、刘世定、许英康，2016，《从数字鸿沟到红利差异》，《中国社会科学》第 10 期。

宋庆宇、张樹沁，2019，《身体的数据化：可穿戴设备与身体管理》，《中国青年研究》第 12 期。

唐远雄，2014，《淘宝平台规则的共生演化》，博士学位论文，北京大学社会学系。

王广富，2003，《信息技术与企业组织权力结构的变迁——甘肃金川集团企业信息化案例研究》，硕士学位论文，北京大学社会学系。

谢铮，2007，《信息技术的特质与组织结构的变迁：以马钢公司引入 ERP 系统为例》，博士学位论文，北京大学社会学系。

尹鹤灵，2015，《金融中介创新与金融技术专家群体》，《社会发展研究》第 4 期。

于健宁，2014，《公共信息与网络交易：以淘宝集市为例》，博士学位论文，北京大学社会学系。

臧晓，2015，《穷办法与富产业：乡土知识催生特色产业的机制》，硕士学位论文，北京大学社会学系。

张茂元，2009，《技术应用的社会基础：中国近代机器缫丝技术应用的比较研究》，《社会》第 5 期。

张茂元，2013，《社会地位、组织能力与技术红利的分配——以近代缫丝女工为例》，《中国社会科学》第 7 期。

张茂元，2015，《技术革新与社会结构变迁》，中国人民大学出版社。

张茂元、邱泽奇，2009，《技术应用为什么失败——以近代长三角和珠三角地区机器缫丝业为例（1860～1936）》，《中国社会科学》第 1 期。

张茂元、邱泽奇，2016，《近代乡绅技术观转型的社会经济基础——以近代珠三角机器缫丝技术应用为例》，《开放时代》第 5 期。

张燕，2009，《技术能力与关系冗余——以一汽轿车 ERP 应用为例》，博士学位论文，北京大学社会学系。

赵联飞，2015，《中国大学生中的三道互联网鸿沟——基于全国 12 所高校调查数据的分析》，《社会学研究》第 6 期。

经济社会学研究　第七辑

第 16~47 页

技术化社会治理的异步困境[*]

邱泽奇[**]

摘　要：本文以"技术作恶"的特征性现象为讨论起点，认为"技术作恶"有一个共同的社会特征：既有的社会规范无力约束新兴的技术行为。文章回顾了社会学的技术研究知识脉络，指出埃吕尔的技术化社会概念是理解治理困境的知识路径，技术化社会3.0版的基本特征是技术从组织化应用迈向社会化应用，在推动经济社会发展的同时推动了个体化发展，也推动了行动者不可识别、不在场的场景化行动空间的发展。个体化、场景化、不可识别、不在场的叠加，让技术行为特征变得难以预见，进而让现行的属地治理逻辑失灵、规则失效，构成了技术行动与社会规则之间的异步，这也是技术化社会治理困境的根源。

关键词：技术化社会　治理　异步困境

一　疑问：技术在失控吗？

邓小平指出："马克思讲过科学技术是生产力，这是非常正确的，现在看来，这样说可能不够，恐怕是第一生产力。"（邓小平，1993：275）的确，技术创新与应用是促进经济和社会发展的第一推动力。可进入 21

---

[*]　本文最初发表于《社会发展研究》2018 年第 4 期。

[**]　邱泽奇，北京大学社会学系、北京大学中国社会与发展研究中心教授。

世纪以来，接连发生的"技术作恶"却让人反思：人类是否还有能力治理一个走向纵深的技术化社会？

技术本无善恶之分，人们把技术用于实现不同的目的才产生了善恶。技术善恶的本质是人类行动的善恶。在技术发展的历史进程中，不乏用技术作恶的例子。为了惩恶扬善，人类制定规则①来引导行动，发挥"第一生产力"的效率，促进用技术服务人类。可近些年来，"技术作恶"的普遍性和系统性超过以往任何时代，个人、企业和政府都有用技术作恶的行为。其中，有三个特征性现象②值得回顾。

第一，暗网（darknet）。自信息技术进入大众应用以来，人类生产的数据在以指数级速度增长。国际数据公司（IDC）的数据表明，到2012年，人类印刷材料的数据量约为200PB，而根据美国军方③的报告，2015年人类便生产了4.4ZB的数据，是前者的2.2万倍，且每两年还会翻一倍。④ 这些数据内含人类健康、心理、行为等个体信息，社会的政治和经济信息，以及自然环境、气候变化等自然数据。人类及其生活的自然与社会环境已经数据化。在数据即资源的时代，人们应该用数据服务社会，促进平等发展，让更多的人共享数字红利。可事实上，这些信息和数据只有不到10%被合法使用，90%甚至更多没有被使用或进入了不可知用途——暗网。暗网是艾尔斯沃滋（Jill Ellsworth）提出的概念。人们正常使用的网络是公开的、可见的，可称为明网。暗网指不可见的网络（invisible web），在不同的语境下有不同的术语，如深网（deep web）、隐网（hidden web）、黑网（dark nets）等，都指使用常规搜索引擎无法搜索到的网络。

坦率地说，人们对暗网的了解仅限于可以搜索到的信息，非常有限。不过，有人相信暗网是互联网"冰山"下的90%或更多。有人甚至认为，明网与暗网的数据比为1∶500。人们更相信，暗网不受社会规则约束，是另类技术精英的"天堂"。暗网一方面利用数据作恶；另一方面向警方

---

① 凡对人的行动具有约束意义的，在本文中均被称为规则，如伦理、道德、法律、规章等。
② 三个特征性现象系依据公开数据和资料综合整理而成。
③ 参见 Office of Deputy Assistant Secretary of the Army Research and Technology, *Emerging Science and Technology Trends*：*2016 - 2045*，*A Synthesis of Leading Forecasts*. https://apps. dtic. mil/dtic/tr/fulltext/u2/1078879. pdf, 2016，使用搜索工具进行关键词搜索便可以获得完整版本。
④ 依据 IDC 最新数据，2017 年的数据量为 16ZB，2025 年将达到 160ZB。搜索并参见 *Data Age 2025*：*The Evolution of Data to Life-Critical*，使用搜索工具进行搜索可以获得完整版本。

和情报机构发现系统漏洞和黑客工具，为安全公司提供技术指引。① 其实，人们很难给暗网一个直接的善恶判断。对这样一个世界，有人为之称道，认为暗网是真正的去中心化世界，是人类理想社会的未来。可问题是，当世界上 99% 或以上的人在接受现世规则约束，只有 1% 或更少的人可以进入不受约束的世界时，我们如何能确信他们不会对 99% 或以上遵守或被强制遵守现世规则的人产生潜在威胁？何况在暗网中具有政治抱负、宣称无政府主义、倡导网络独立主义等的另类技术精英比比皆是。

第二，运用数据作恶。英国《卫报》2018 年 3 月 17 日报道，英国数据公司剑桥分析（Cambridge Analytica）利用从脸书（Facebook）获得的少量种子数据、公开数据接口和分析技术，获取了 5000 多万个美国脸书用户的个人资料，为特朗普竞选团队分析和预测用户的政治倾向，精准投放竞选文宣，操控潜在选民，以致间接或直接影响了 2016 年美国总统大选结果。互联网巨头也作恶。在业界，宣称"不作恶"的谷歌也被爆出，即使用户拒绝，谷歌应用还是会坚持搜集用户的位置信息用于多种目的。谷歌曾一再表示，用户可以随时关闭定位功能，只要关掉，用户去过的地方都不会被存储下来。然而，普林斯顿大学研究人员的实验却表明，即使用户关闭定位功能，一些谷歌应用还是会不经用户允许就自动存储有时间戳的定位数据②。政府无意作恶，却可能因对技术前沿的无知而为用技术作恶提供机会。2016 年 8 月，澳大利亚政府公布了涉及 290 万名病人的处方和手术等信息的医疗账单。为了保护个人隐私，相关部门删除了记录中病人的姓名和其他身份信息。然而，墨尔本大学的一个研究团队发现，运用公开数据进行信息匹配，很容易识别病人身份，无须经当事人同意，就能获取其完整的医疗记录③。

自移动终端被应用以来，人类活动会留下数字足迹。哪怕是碎片化的足迹，也可能被"有心人"运用公开技术建构完整的使用者数字画像。

---

① 有媒体报道，一家澳大利亚公司——阿兹莫斯安全公司（Azimuth Security）——利用暗网通过合作伙伴向包括美国、英国、加拿大、澳大利亚和新西兰在内的"五只眼"情报共享联盟提供其所发现的系统漏洞和黑客工具。

② 参见美联社报道：Ryan Nakashima，"AP Exclusive：Google Tracks Your Movements, Like It or Not"，https://www.apnews.com/828aefab64d4411bac257a07c1af0ecb，最后访问日期：2020 年 12 月 1 日。

③ 参见 Olivia Solon，"'Data is a Fingerprint'：Why You aren't as Anonymous as You Think Online"，https://www.theguardian.com/world/2018/jul/13/anonymous-browsing-data-medical-records-identity-privacy，最后访问日期：2020 年 12 月 1 日。

实验研究表明，运用 4 个手机位置和时点信息便可识别 95% 的用户①。近期，一份志愿者的数据挖掘实验报告引起了广泛的关注。研究者运用 6500 位波拉（Polar）公司穿戴式健身手表使用者的公开数据，挖掘出了超过 200 处机密坐标，其中包括 125 处军事基地、6 处无人机基地、18 处情报机构、48 处核武器存放点，此外还包括美、英、法、俄、荷等国军方和情报人员的姓名和住址。② 人工智能将是技术应用的又一个里程碑，让人工智能迈向纵深的基础资源也是数据。一部分人对人工智能的积极未来满怀期待，另一部分人则对人工智能的作恶充满担忧。③ 机器人可以扫地，也可能在自主或被操纵的情况下攻击人类。具有自主性的人工智能（被称为生命 3.0）在许多维度上的能力都超过人类，人们担心生命 3.0 可能完全控制人类（泰格马克，2018）。普通人对运用数据作恶的了解少之又少，即使成为作恶的对象也可能浑然不知。尽管如此，疑问却没有因此而消失：为什么人们在花钱消费的同时却被数据平台消费，甚至被数据伤害？为什么搜集数据的行动者不保护个人隐私而任由数据泄露事件呈现指数级上升④？人们怎么可能对公司和政府有意无意地用数据作恶视而不见？何况还有一个善恶难辨的暗网。

　　第三，计算机病毒武器化。计算机病毒是伴随计算机和互联网应用的普及而产生的恶意应用。用户无时无刻不在与计算机病毒周旋，既无法躲避，也无法根除。在计算机病毒史上具有里程碑意义的莫过于"震网"（Stuxnet）病毒。2010 年 9 月，伊朗称布什尔（Bushehr）核电站部分员工的计算机感染了"震网"。这种病毒专门针对在伊朗运行的西门子工业计算机，它悄无声息地潜伏和传播，依据被感染计算机的特征条件自动判断，如果不是位于伊朗的西门子工业计算机，则潜伏，以免引起

---

① 参见 Olivia Solon, "Data is a Fingerprint': Why You aren't as Anonymous as You Think Online", https://www. theguardian. com/world/2018/jul/13/anonymous-browsing-data-medical-records-identity-privacy, 最后访问日期：2020 年 12 月 1 日。

② 可查询 "Project Polar"，参见 https://decorrespondent. nl/8482/。

③ 2018 年上半年，众多围绕人工智能与未来社会的讨论会见诸媒体，参与讨论的不仅有技术专家，还有社会科学、哲学等领域的专家，如开放时代杂志社 2018 年 6 月 24 日在北京大学召开的"技术与社会工作坊"。

④ 依据国际数据安全公司（Gemalto）的报告，2014 年数据泄露超过 10 亿条，比 2013 年增长 78%；2017 年数据泄露超过 26 亿条，每秒钟有 82 条数据被泄露；2018 年数据泄露事件陡增，到 8 月就已高达 97 亿条。在 2017 年泄露的数据中，72% 为外部恶意为之，69% 为可识别用户信息；2013 年以来的趋势表明，用户信息始终是数据泄露的主体，且占比不断上升。相关数据参见 https://www. breachlevelindex. com/。

杀毒应用的关注。如果是，则立即尝试进入可编程逻辑控制器（PLC）添加数据块，监测并向模块里写入数据，以根据需求，实时改变 PLC 流程，进而改变生产控制参数。在以此为原型拍摄的电影《零日》（*Zero Day*）中，"震网"病毒让核电站的离心机进入持续加速状态，最终毁掉了整个核电站。"震网"病毒的里程碑意义不在于其目标性和对工业计算机的威胁，而在于它是有预谋的武器性攻击。攻击的目的不是窃取信息，而是自杀式毁灭：利用系统漏洞夺取控制权，向工业设备传递指令，令其自我毁灭。

如果把三类特征现象综合起来观察就会发现一条清晰的线索：作恶都发生在既有规则约束不到的技术综合应用领域，作恶者都是技术精英行动者。普罗大众视暗网为天方夜谭，企业对其黑白难辨，政府对其知之甚少。对运用数据作恶，普通个人没有相关的知识，也没有相关的技术和设施；在社会高度互联、数据关联向深度快速发展的前沿，企业游走在善恶边缘，政府也缺乏判断善恶的权威性，对可能作恶的方向甚至都不清楚。对计算机病毒的武器化，社会难以获得扎实的证据，企业挣扎在权力与利益之间，政府则乐意于权力的逍遥。如此，就意味着无数的技术综合应用已经不在既有规则的约束范围。技术曾被更多地理解为积极力量，在人类的经济和社会发展中，技术创新与应用是最重要的推动力量，技术的贡献非常大。可三类特征性"技术作恶"现象却暗示：当下社会时时面临暗网技术之恶的威胁；企业在有意无意中运用技术作恶或为作恶提供便利；政府可以不择手段地运用技术攻击民生设施，进而再次把技术与社会议题推到了前台。在技术渗透到生产生活细节且人工智能的未来极为不确定的时代，大量事实表明，曾经有效约束"技术作恶"的规则在如今失去了对某些技术行动的约束，人们不得不产生疑虑：人类还有能力治理不断迈向深入的技术化社会吗？

要回答这个问题，需要把三类特征现象放回到技术与社会的历史发展脉络中，看一看技术是如何进入人类的社会生活，成为不可或缺的要素，促进技术化社会发展的；过去，社会如何运用技术为人类的福祉服务，同时又避免用技术作恶？如今，为什么看起来社会失去了对"技术作恶"的约束。后文的分析将试图说明：技术创新和应用的迭代速度不断加快，约束技术创新和应用的规则迭代相对迟缓，形成了技术发展与治理发展之间的速度差异，进而导致了技术化社会治理因异步困境而失灵。不过，规则与技术的异步不是奥格本（1989）的文化滞后，而是制衡机制的失灵。鉴于将要讨论的内容并非社会学的常见议题，为了便于理解，在讨论异步困境之前，下一节将做一些铺陈性讨论。

二　技术化、技术化社会

技术始终与人类的经济和社会生活相伴随，人类对技术的兴趣也与人类生活的历史一样悠久。遗憾的是，社会科学尤其是社会学对技术与社会的探讨，没有形成系统的知识谱系。既有知识散落在取向差异极大的研究中，难以整合。为了让讨论具有连贯性，我们先对有关技术的知识进行简要澄清。

（一）什么是技术化社会？

社会学对技术的探讨非常晚近，它的知识化来源于默顿（Robert K. Merton）构造的"科学－技术－社会"（Science，Technology and Society，STS）分析框架（邱泽奇，2008）。不过，默顿的目的既非探讨技术化，也非探讨技术化社会，而是把近代科学技术的产生与发展作为一种独特的社会体制，探讨科学技术发展与社会的关系，涉及科学家群体产生与发展的社会机制，科技发展与产业、军事以及文化之间的关系（默顿，2000），完全没有涉及技术与社会的关系。

毫无疑问，默顿开创了社会学对科学技术的研究，可如今看来，其后果利弊参半。其积极的一面在于，在职业社会学家"关注青少年罪犯、流浪汉、售货女郎、职业窃贼和职业乞丐"（默顿，2000）等社会热点问题时，默顿把科学技术现象带入社会学学科视野，让社会学家们看到科学技术不仅为社会带来了工具性便利，也产生了科技人员职业群体，且他们的努力直接影响着人类的政治、军事、经济与社会生活，是社会发展的重要组成部分。不仅如此，他还整合了之前其他相关领域尤其是科学史的研究，为社会学对科学技术的探讨竖起了一面跨学科的旗帜，这是社会学史上第一次整合了众多学科的努力，也非常成功。

不容忽视的是，其负面影响同样深远。默顿把科学与技术两类分野极大的社会现象混为一谈，使专业学术探讨无法运用科学与技术各自的中程特征，而不得不停留在科技哲学的思辨层次，除了形成各种决定论式的理论范式（Bijker et al.，1987；Oudshoorn & Pinch，2003；邱泽奇，2017）之外，在知识积累的意义上几乎没有形成具有实证接口的命题与理论，无法推进以社会事实为基础的研究与对话。具有讽刺意味的是，中程研究范式正是默顿自己创立的。此外，过于宽泛的学科范畴使针对科学技术的社会科学知识分散在不同领域，无法集聚。尽管有科学社会学、知识社会学、技术社会学、发明社会学、工程社会学等各种学科标签，但是在这些标签之下既没有在学科内部形成系统的知识，使社会学对科学技术的知识依然表现为没有结构的知识沙粒状态，也没有在相邻学科之间形成知识谱系，无法让社会学对科学技术的研究进入社会学的主流知识体系。历史地看，科学与技术从来没有必然地联系在一起。科学为技术提供了理论基础和科学合理性来源；技术从实践提出问题向科学发起挑战，进一步推动科学发展（哈贝马斯，1999：89）。科学活动的确有面向大众的知识普及，不过，它更多地属于科学家群体。技术活动虽然蕴含科学问题，但它更多地属于大众。对于普通人而言，人们对技术蕴含的科学问题没有兴趣，有兴趣的是其工具性效率，是技术应用。事实上，是大众的应用让技术获得了影响社会的机会。如果说默顿曾批评社会学家们忽视科学技术造成了社会学的知识残缺，那么，默顿自己把科学与技术混为一谈带来的则是知识混乱，贻害同样深远。简言之，从默顿及其后继者那里无法获得理解和解释技术失控的知识源泉。

好在法国社会学家埃吕尔（Jacques Ellul）注意到了科学与技术的差异，专题探讨技术与社会的关系，提出了"技术化社会"（technological society）命题（Ellul, 1964），让社会学对技术的研究有根可循。在中国，出身于自然辩证法传统的学者们更愿意在 STS 分析框架中寻找技术社会学的正统性，试图依据既有文献区分老技术社会学和新技术社会学（张成岗、黄晓伟，2018），可对技术社会学而言，STS 研究领域既没有系统探索过，也未形成公认的知识体系。随着技术应用的大众化使科学与技术的分野越来越大，专门探讨技术与社会的关系也变得越来越紧迫。

其实，在埃吕尔之前，另一位法国社会学家莫斯（Marcel Mauss）也讨论过技术。不过莫斯更感兴趣的是技术本身，而不是技术与社会的关系。钟情于 STS 传统的中国学者更愿意把法国技术社会学传统溯源到莫斯，甚至塔尔德（G. Tarde）和涂尔干（E. Durkheim）（夏保华，2015，2016）。事实是，塔尔德和涂尔干未曾专题讨论过技术社会学，甚至没有专题讨论过技术。埃吕尔则不同，他在厘清科学与技术、技术与组织关系的基础上，广泛且系统地梳理了从作家（如 Jean Fourastié）到学者（如莫斯）对技术的讨论，从社会视角提出了对技术的认识。他认为，技术不仅意味着工具，而且指向层次性嵌套的技术体系，即经济技术、组织性技术、人类技术。其中，经济技术指提高劳动生产效率的工具性技术，包括个体与组织使用的工具。组织性技术则指人类组织涉及的具有实体和概念意义的技术，包括从商业活动到国家行政运用的工具。人类技术覆盖了最广的范围，从医疗、遗传到传播、宣传等，几乎涉及所有工具性技术。与前两类技术不同，在人类技术中，人变成了技术的客体（Ellul，1964：22），是技术提高效率的对象。三类技术的关系是：经济技术处于底层，组织性技术处于中层，人类技术处于上层。其中，下层技术嵌套在上层技术中。

在探讨技术与社会的关系时，埃吕尔运用法国年鉴学派擅长的大历史方法，试图在社会意义上形成对技术的认识。他系统地考察了从初级技术到工业化（industrial）技术的演化，探讨了从传统社会到现代社会技术与社会关系的特征。他把运用技术达成目标的活动称为技术化，指出从古希腊到 20 世纪中叶，技术与社会关系特征的变化在于，技术曾经只是依据民间传统的工具，用以延伸人类的肢体；在迭代与发展中，逐渐形成了技术的自主性，也逐渐跳出传统，进入组织，进入国家机器，成为商业活动和政府行政的工具；进一步，技术进入人类的社会生活，成为无处不在的工具，即技术泛在化（technical universalism），成为与自然环境、社会环境具有同等意义的技术环境（刘电光、王前，2009），这就是技术化社会（technological society），一个处处渗透着技术且以技术为工具的社会。

把技术与自然并列的不只有埃吕尔，还有哈贝马斯。在讨论技术进步与社会生活世界时，哈贝马斯同样把技术与自然并列，指出："技术对人行为的影响，并不亚于自然（对人行为）的控制。"（哈贝马斯，1999：91）可是，哈贝马斯并没有像埃吕尔那样运用历史事实证明自己的判断，而是逻辑地演绎出："严格的经验科学信息，只有通过把它使用在技术上，只有作为技术知识，才能进入社会的生活世界；在社会的生活世界中，严格的经验科学信息是用来扩大我们支配技术的力量的。"（哈贝马斯，1999：86）在哈贝马斯那里："技术进步有自身固有规律性的论点是不正确的。"（哈贝马斯，1999：94）而埃吕尔则用事实证明，哈贝马斯的论断是错误的，他认为技术的自主性推动了技术创新和迭代，从依靠人类传统的技术到工业化技术，正是技术自主性的发展。埃吕尔的这一观点在阿瑟（W. Brian Arthur）对技术本质的探讨中得到了系统的检验

（阿瑟，2014）。遗憾的是，埃吕尔并没有说明一项自在的技术如何自为地演化为了工业化技术，进入哈贝马斯意义的生活世界。

我们认为，技术从来不曾自动进入人类的社会生活，是人类对效率的追求把技术带入需求的场景（field），促成了技术在人类社会生活中的应用，且在应用中展现出技术的价值。正是在这个过程中，我们观察到了技术与社会的关系特征，也就是技术化社会的特征。要理解技术化社会的现实，可以看一个例子。公共交通是现代社会公共产品的代表，公交企业提供公交服务和乘客采用公交出行，构成了公交生活的基本图景。公交技术从经济技术、组织性技术到人类技术的发展变化，典型地呈现了从追求效率的工具到以乘客为对象的技术化社会的特征。

（二）案例：公交生活的技术化[①]

北京市的公共交通始于 1921 年，北洋政府组建北京电车公司，开辟了第一条有轨电车线路，由此开启了北京市的公交生活。到 2006 年，北京市的公交车辆经历了多次更新：在经济技术上，从有轨电车到无轨电车，从公交汽车到地铁，从柴油机到汽油机，从油电混合动力到纯电动力。在组织性技术方面，从有乘务员到无乘务员，再回到有乘务员和安全员；从人工报站到模拟报站，再到自动报站。总之，涉及公共交通效率、安全、环保、便捷、友好的技术在不断迭代。

但在此期间，司乘关系并未发生变化：乘客用现金购买车票，提出服务需求；乘务员或站台票务员代表公交公司发售车票，承诺为乘客服务。无论是单程车票还是月票，一纸车票便是公交公司与乘客之间的契约。每一位乘坐公交的人，无论男女老幼，无论来自何地，都熟悉乘车规则：拿钱买票。"拿钱买票"不是公交独有的规则，而是人类沿用了几千年的社会规则在公共交通中的应用，是人类技术。尽管公交车辆技术和公交公司的组织性技术在不断更新，但是古老的社会规则依然适用于技术更新后的司乘关系，让司乘对彼此的行动保持着稳定且确定的预期，维系着司乘之间的秩序。

刷卡乘车彻底改变了"拿钱买票"的传统，让司乘关系经历了一次革命。我们先简要地了解其技术过程。用电子车票替代纸质车票在北京公交系统中仅经历了 5 年的准备与调试。2001 年建设和测试刷卡技术系

---

① 案例内容系笔者依据公开数据整理。

统，2003 年在公交车和地铁线上试用，2006 年 5 月 10 日 "北京市政交通
一卡通"（以下简称 "一卡通"）正式取代之前的纸质月票，2007 年一卡
通由月票迭代为储值车票。此后，一卡通进一步进行技术迭代，2014 年
开通近场通信（NFC）接口，乘客可以运用具有 NFC 芯片的智能手机为
一卡通充值。其间，中国移动、中国联通、中国电信三大运营商介入，
推出具有一卡通应用的手机卡，持具有 NFC 芯片且开通了一卡通应用的
智能手机的乘客，可以刷手机乘车。2018 年 3 月试点扫码乘车，5 月正式
推出扫码乘车，任何智能手机，只要安装了一卡通 APP 的，都可以扫描
二维码买票乘车。进一步，2018 年 5 月 10 日一卡通试点电子发票服务，
有发票需求的乘客可以通过一卡通 APP 在线索取。自 2018 年 8 月 1 日
起，北京市公交系统正式停止提供纸质发票，只提供增值税电子普通发
票，需要发票的乘客必须通过一卡通 APP 在线申请并索取电子发票。至
此，公交车票完成了华丽的技术化蝶变，从钞票与车票两张纸的交换变
成了不同介质之间的数字交换。纸质车票沿用了 85 年，从纸质月票到电
子月票的转换用了 5 年，从电子月票到电子车票用了 1 年，从纸质发票到
电子发票的转换则只用了 3 个月。从纸质车票到电子车票、从纸质发票
到电子发票，技术加度迭代，其带来的影响不仅仅是效率。

从 "可以" 到 "必须"，与车票技术化相伴随的是社会关系的技术化
革命。其中，乘车不再只是司乘之间的双边关系，它还涉及市政交通、
一卡通应用服务、支付系统、支付转移和结算系统、支付监管系统、移
动终端设备、国家税务等众多利益相关行动者；在一些系统如支付中，
还涉及更加复杂的行动者。刷卡乘车的纸卡之变，把司乘之间 "拿钱买
票" 的直接双边互动变成了乘客与围绕车票的一系列行动者之间的复杂
网络关系，这就是技术从效率工具到人类技术环境的转换。正是在这一
转换中，当司乘之间的直接交易迭代为间接交易时，既有社会规则不再
适用新的场景。

（三）技术化社会 3.0 版：从工具到社会关系技术化

重新品味埃吕尔的讨论可以发现，从基于传统的技术到自主化的技
术，在技术发展中，技术化社会经历了两个版本的迭代。以历史演化为
序，早期政府对技术的创新与应用是技术化社会的 1.0 版，权力垄断了技
术创新和技术应用。商业公司介入并逐渐成为技术创新和应用的主体则
是技术化社会的 2.0 版，资本逐渐垄断了技术创新和技术应用。如今，埃

吕尔不曾观察到的信息化，是技术进入社会化创新和应用的阶段，我们称之为技术化社会的 3.0 版。

在这一阶段，权力和资本依然是技术创新的主体，不同的是技术创新与应用的分化。在 1.0 版和 2.0 版阶段，技术应用的主体是组织，个体作为组织成员参与到技术创新和应用中，不具有进行技术创新和应用的独立性。从有轨电车到无轨电车，从燃油动力车到纯电动力车，从人工报站到自动报站等，每一项改变都是技术在组织内部创新和应用的后果。埃吕尔曾敏锐地指出，"如今的技术，其最重要的特点在于，它不再依赖于手工，而是有赖于组织和机器的安排"（Ellul，1964：14）。事实上，机器安排也是组织安排（邱泽奇，2005）。技术应用的历史表明，到 20 世纪末，组织既是技术创新的力量，也是技术应用的主体（邱泽奇，2017），埃吕尔（Ellul，1964）对技术应用的历史考察也证明了这一点。在 3.0 版阶段，技术作为环境让社会成员在技术创新和应用中具有了独立性，在场景化应用、利益关联行动者和技术关系网络中具有了高度的连通性（connectivity）。对社会而言，技术不仅是效率工具，也是利益关联行动者和技术网络关系的依据。公交生活的技术化不仅是经济技术和组织性技术的迭代，也是从经济技术、组织性技术到人类技术的技术化演化：从技术的组织创新到技术的社会创新，从技术的组织应用到技术的社会应用。

从纸质车票到电子车票，既是技术走出组织应用迈向社会应用的过程，也是从组织性技术向人类技术的迈进。电子车票技术在带来一系列社会收益的同时，至少产生了两个直接的社会效应。第一，直接制造数字鸿沟；第二，直接参与社会规则调整。如果说技术的组织应用通过调整利益分配间接地影响了社会成员的社会经济地位，那么技术的社会应用则直接参与了人群的社会区分。电子车票把乘客区分为数字乘客和非数字乘客，把非数字乘客隔离在数字红利之外，制造了公共服务的数字鸿沟。不仅如此，电子车票还让"拿钱买票"的规则不再适用于新的司乘关系。在数字化司乘关系中，司方不再关心乘客是否买过票，而只关心乘客的刷卡数据是否正确。乘客不仅要知道如何购卡、充值、刷卡，还要关注自己的卡里是否有足够的储值。公交系统凭借乘客数字账户的数据获取其乘车资格证据，乘客也凭借自己数字账户的数据提供乘客资格证据。证明司乘关系合法有效的不再是车上乘客"有目共睹"，而是需要依赖公交车辆或站台刷卡机显示的数据。技术就这样进入社会关系中，改变了适用了几千年的社会规则，也改变了社会规则对司乘关系的治理。从人际互动到人机互动，正是司乘关系的革命。技术依然是效率工具，更本质且更重要的是，技术（刷卡机）还是证明司乘关系的依赖。

　　技术，从效率工具到关系证据的变化不仅发生在公交生活中，也发生在从国家治理到日常生活的一系列社会生活中，且正在渗透每一个细节。在中国兴起的支付革命是这一渗透的典型。数字支付，无论是支付宝、微信还是其他数字支付，都把曾经的直接交易转化为由技术支撑和证明的行动者网络关系。和电子车票一样，一笔成功的数字支付关涉众多利益相关方，如消费者、支付终端制造商、销售商、支付应用制造商、银行、支付结算监管机构、税务机构、支付平台设备供应商、支付平台系统供应商、支付平台运营商、支付安全服务供应商等，形成了一个技术关联的行动者关系网络。支撑和证明这个网络正常运转的不再是物理账务的转移，而是跳动的数字，是纯粹的数字关系，也因此被称为支付革命。

　　我们如今面对的技术，既是埃吕尔的经济技术、组织性技术，更是人类技术，构成了技术化社会3.0版的主体，是自工业革命以来一场深刻的数字革命，人类正在进入数字化社会。技术化社会向纵深的发展为技术失控提供了必要条件：网络与数据。可是，我们在享受网络与数据等技术化便利的同时，却没有对防止暗网之恶、运用数据作恶，以及计算机病毒武器化等运用技术作恶的行动做好必要准备，技术精英式的个体和组织行动者（以下简称"技术精英行动者"）可以在社会规则约束不到的领域为所欲为，这才是技术失控的根源。令人疑惑的是，从依靠传统的技术到自主化的技术，技术始终掌握在人类手中。人类一方面不断创新技术；另一方面不断创新规则。用规则约束技术创新与应用的人性之恶，从禁用技术无端夺人性命[①]到禁用技术带给人情感伤害，规则的发展始终与技术的发展相伴随。为何如今规则却滞后了呢？

三　治理：社会规则与技术迭代的异步困境

　　"治理"是近些年的热词，从各类媒体到国家制度都在使用治理，可

---

① 　国际社会制定的众多公约，都旨在禁止大规模致命性攻击，如国际社会的《核不扩散条约》《关于禁止发展、生产、储存和使用化学武器及销毁此种武器的公约》《禁止生物武器公约》等。

人们对治理含义的理解并非不言而喻，甚至缺乏基本共识。为讨论技术为什么会失控，我们也需要建立对治理的基本共识。

（一）治理与社会治理

学术领域流行的治理[①]，指控制、引导和操纵。根据王诗宗（2009）的研究，在近现代社会科学领域，"治理"是一个被遗忘的术语，偶尔出现也是作为统治的替代词。其近期的流行与英语作为学术语言的通用性密切相关，1989年世界银行发布《撒哈拉以南：从危机到可持续发展》报告使用了"治理"一词，使其迅速成为英语世界社会科学的流行术语。遗憾的是，术语的流行并没有促进各方达成共识，至今，学术界对治理的理解依然存在众多分歧（Bang，2003；曾庆捷，2017；张虎祥、仇立平，2015）。

被学术界忽视的是，在中文里，"治理"有着同样悠久的历史，且含义明确。《荀子·君道》有"明分职，序事业，材技官能，莫不治理，则公道达而私门塞矣，公义明而私事息矣"。它明确地说明了多主体、分工、合作、协调是伸张公共道义、杜绝私门私事的途径。从分歧众多的学术探讨中，可以归纳的共识无非是增加了"开放"与"向善"。在中国，治理在社会领域的近期传播与扎根经历了学术与政治互动、从社会管理到社会治理的转变。2010年，中央政法委提出了深入推进社会矛盾化解、社会管理创新、公正廉洁执法三项重点工作，在社会治安的背景下提出了社会管理。对此，社会学家们反应积极，主张改善社会治理才是化解矛盾和促进社会和谐的有效途径（李培林，2014；龚维斌，2014；周红云，2015；张林江，2015；李友梅，2017），终于让社会治理得以传播，进入中国政府的制度设置。不过，社会学家们并没有就社会治理的理解达成共识。

综观中西文献对治理和社会治理的运用，我们认为，治理指向秩序的建构与维系，社会治理是社会秩序的建构与维系。"治理"，既是动词，即达成社会秩序的手段与过程；也是名词，即社会秩序的状态[②]。我们还

[①] 在语源上颇有争论，有人认为源于希腊文 kubernaein，也有人认为源于拉丁文 gouvernail。

[②] 作为动词和名词，在中文传统用法中都有例证。作为动词，如（晋）袁宏《后汉纪·献帝纪三》："上曰：'玄在郡连年，若有治理，追迁之，若无异效，当有召罚。何缘无故微乎？'"作为名词，如（清）严有禧《漱华随笔·限田》："蒋德璟出揭驳之：'……由此思之，法非不善，而井田既湮，势固不能行也。'其言颇达治理。"

认为，与埃吕尔对技术的理解一样，治理也指向一组秩序的嵌套，从关系治理、组织治理到国家治理。

关系治理是指对基本社会关系的治理。在纸质车票的公交生活中，司乘关系是基本的社会关系，其治理沿用通用社会规则。基本社会关系范围的有限性和地方（局部）性使治理的基本目标表现为对地方（局部）秩序的建立与维护。家训和乡规民约等既浸透着社会基本价值观和国家法律法规，又针对地方社会的具体场景，是治理地方社会基本社会关系的规则，对地方秩序建构与维护的有效性让地方性规则获得了合法性。治理有效与规则合法之间的互动构成基本社会关系治理的主线。

组织治理是指在基本社会关系的基础上，对以组织为范围、因组织而生成的社会关系的治理。在公交生活中，公交系统的治理便是组织治理。它超出了基本社会关系，形成了跨越地方规则的复杂关系。在组织治理中，既沿用通用社会规则，也创生着适用于组织的新社会规则。组织管理的一系列规章制度、都是建立在基本社会规则基础上的专门社会规则。这些规则既不违背基本社会规则，又提升其在组织场景的适用性和有效性，建构和维系着组织的秩序。同样，组织治理有效和规则合法之间的互动，构成了组织治理的主线，一些传统组织也形成了如地方性规则的组织文化。

国家治理是指在前两类规则的基础上，对以主权国家为范围的、整体社会关系的治理。宪法是一国对其整体社会关系的基本约定，是维系国家统一、社会和谐、经济繁荣、人民自由的基本规则。整体社会关系既超出基本社会关系和组织关系，又与两者有着复杂的联系和互动。一方面，建构和维系整体社会秩序的法律是组织关系和基本社会关系的上位规则，是建构与维系二者的前提；另一方面，因基本社会关系的地方性及其对组织关系的影响，当上位规则与基本社会规则和组织规则发生严重冲突且不具有社会合法性时，法不责众。上位规则又受到基本社会规则和组织规则的约束，甚至被推翻。于是，国家治理有效和规则合理①之间的互动建构了整体社会关系治理的主线。

与埃吕尔的人类技术一样，在国家治理中，人也变成了治理的客体。与技术化社会进程中人的地位反转一样，治理的复杂性也在于人的地位

---

①　合理指规则一方面在国家治理意义上合法，另一方面符合基本社会规则和组织规则的逻辑与原理。

从基本社会关系、组织关系到整体社会关系治理的嵌套推进中从主体反转为客体，使发生在地方的、组织的治理有效与规则合法之间的互动在上升到主权国家层次时直接危及社会整体秩序，进而让人从治理的主体转变为治理的客体。既然技术的社会创新与应用也是治理的客体，那为什么会失控呢？直接的答案是，既有的规则管不着诸多对技术的创新和应用，尤其管不着甚至不能理解技术精英行动者的创新与应用。一个最近且影响深远的例子是滴滴顺风车命案带来的争议。为理解这一点，我们还得回到治理在技术与社会关系中的特征上。

（二）技术化社会的治理

在技术化社会1.0版阶段，技术既被用于开疆拓土，也被用于地方性秩序的建构与维系。技术始终被置于政府的控制中，只要政府不用技术作恶，其他行动者便没有机会用技术作恶。历史上也有政府运用技术作恶的例子，如智瑶水淹晋阳城，二战期间生物和化学武器的制造与使用，不过并不多见。遏制政府作恶的是社会规则，如对智瑶的道德审判、对日本军国主义的道德和军事审判。同时，政府也是治理的主体，借助于国家法律和地方规则，以家庭和地方社会为依托，建构和维系着以基本社会关系治理为特征的地方秩序。在国家范围内，地方之间的相对隔离，使得地方秩序与国家秩序同构，只要治理好基本社会关系，就实现了整体社会关系的建构与维系，实现了国家治理，"村庄治则天下治"。

在技术化社会2.0版阶段，组织是技术创新与应用的主要力量，也是治理的重要组成部分。组织与家庭、地方性社会的分离让地方规则不再有机会约束个体行动者的组织行动，让治理面临严峻挑战。在应对过程中，组织和政府进行了分工，组织负责内部治理，政府则负责组织之外的秩序建构与维系。这也是埃吕尔组织性技术的一部分。与之前不同的是，组织行动者对技术的创新与应用被纳入国家治理中。换句话说，治理不再只是社会关系的秩序建构与维系，还包括技术与社会之间的秩序建构与维系，是一个对技术与社会双重治理的混合体。

在公交生活的技术化中，公交公司通过创新和应用新技术实现技术迭代，改进组织效率，调整和改善组织成员的利益。不过，组织对技术的创新与应用始终处于国家法律和行业规则的约束下。例如，随着从蒸汽动力、燃油动力到电力的不断迭代，针对动力技术的规则在行业和国家层次也在发生迭代。以电力安全规则为例，从早期的简单安全到如今的精细安全，规则逐步深入每一个细节，从不同用途电力规格的严格区分和标准化，到终端产品规格的严格区分与标准化。直到今天，涉及细节的规则还在迭代中，一个最近的例子是针对电动车辆充电的细致规则。

除了对技术的治理，在组织治理中还有对社会的治理。技术的组织应用触发了组织岗位结构的变化（Barley，1986），而岗位是组织进行利益分配的依据。在组织即社会的时代（Perrow，1991），岗位也是人们社会经济地位的来源。岗位调整既是组织内部利益分配格局的调整，也是组织成员社会经济地位的调整。技术的组织应用不仅触发组织内部的利益调整（刘振业，2004），也在组织之间触发利益格局调整。在公交车辆的技术迭代中，随着技术环境的变化，公交组织岗位的社会经济地位同样发生了变化，公交员工在社会中的社会经济地位也随之发生改变，成为公共服务行业的普通一员。因此，任何一次重大技术变革都是社会成员社会经济地位的重组、社会的变革；组织治理也是社会治理的一部分，组织对利益的调整与社会对利益的规制一致，促使组织治理产生直接的社会治理效应。当然，组织并非自我封闭的体系，对组织之外秩序的建构与维系，除了组织的参与，还有赖于国家层次的规则和政府的作为。任何破坏社会规则或不符合社会期待的组织行动，政府都会以国家代表的身份对组织进行规制，针对组织的各种规则便是例子。面对组织作恶，政府如果不作为，就会遭受社会的谴责甚至是不同形式和手段的罢黜。

与"村庄治天下治"类似的是，在技术化社会2.0版阶段，只要治理好组织、治理好基本社会关系，就基本实现了整体社会关系的治理，建构了从关系治理、组织治理到国家治理的完美治理体系。一个体现组织治理的典型例子是中国计划经济时代的单位制（路风，1989）。

（三）社会规则与技术迭代的异步发展

从技术化社会1.0版阶段到2.0版阶段，治理的转折点发生在关系治理之外增加了组织治理。现代组织让国家治理从传统的"个体－家庭－地方"的三层关系转变为"个体－家庭－地方－组织"的四层关系，组织之间的关系又使得个体和家庭之间的关系跨越地方在组织中汇聚，由此让国家治理面对的关系数量呈几何级数增长，对规则的需求也呈几何级数增大。在复杂性骤增中，理性化在国家治理中的重要性就自然凸显出来（韦伯，1987）。人类运用理性，制定规则，在规则中寻求共识，成为技术化社会2.0版时代治理的重要活动。

　　无论是关系治理还是组织治理，在技术化社会 2.0 版时代及之前，治理都是通过属地原则实现的。在关系治理中，行为发生的物理空间具有属地性，在沿用国家规则的前提下，更多地采用入乡随俗之"俗"（地方性规则）进行治理，个体社会化的重要内容便是习得地方之"俗"。在组织治理中，行为发生的物理空间也具有属地性，即组织空间。同样，在沿用国家规则、不违反地方规则的前提下，更多地采用组织规则进行治理，个体融入组织的重要内容也是习得组织规则。这就是"村庄治则天下治、组织治则国家治"的基本治理逻辑。在属地治理逻辑中，国家规则均以地方治理和组织治理为目标。鉴于属地的多样性和复杂性，在长期实践中，国家通常只制定原则性规则，具体规则的制定与执行则留给了地方和组织。在这个格局中，中国制定规则的权限划分便成了中央 - 地方关系和政府 - 组织关系的核心。尽管有"一管就死、一放就乱"的沉疴，但属地治理还是有效的。

　　在技术化社会 3.0 版时代，治理面对的格局变了。第一个重要变局是行动者不再只属于一个地方或一个组织，技术赋能让行动者同时属于多个地方或多个组织；个体化的潮流让个体成为独立行动者，个体还是属于自己；进而使属地治理对行动者不再具有完整覆盖性。"个体化"（individualization）是现代性理论语境的术语（吉登斯，2000；Beck & Ritter，1992；Beck & Beck-Gernsheim，2002；李荣山，2012），指个体行动必须接受的社会羁绊越来越少，迈向独立行动者的趋势越来越强。

　　以个体行动者为例，在社会生活中，个体曾经属于家庭。从传统村落到都市社区，个体行动也依赖社区共同体的支持，其中一个极端形态是之前提到的中国计划经济时代的"单位制"。在"单位制"时期，个体的生老病死、教育、健康、工作，都离不开单位（路风，1989），个体属于单位。在个体属于家庭和单位的时代，个体行动的前提是从家庭或单位获得许可[①]和资源，否则个体行动缺乏社会合法性，也难以获得行动赖以发生的资源。社会经济发展的后果之一是个体可以直接从社会获得许可和资源，个体行动不再严格需要家庭或社区的许可或支持。中国社会正在走向个体化（阎云翔，2012；邱泽奇，2014）。不仅个体对家庭的依赖快速减弱，而且个体和家庭行动对社区的依赖减弱得更快。虽然社区物理空间依旧存在，但其共同体意义已经名存实亡。虽然村委会和居委

――――――――――――

　　① 无论是默认规则意义上的许可还是伦理与道德意义上的许可。

会等社区组织依然存在，并组织各种活动，但结果常常是社区组织的一厢情愿（蔡禾、张蕴洁，2017）。家庭的居住和物理生活依然处于社区空间，但与社区组织的实质联系却越来越弱，个体和家庭成为与社区无涉的独立行动者。

技术的社会化创新与应用为个体行动的独立性提供了技术支持，譬如，信息技术支持着在场行动与不在场行动在可识别和不可识别个体身上汇集。曾经，身体的物理性和行动的在场性决定了个体行动的物理时空性和可识别性，它为不同层级的治理对个体行动的约束提供了自然基础。如今，信息技术支撑的高度互联社会为行动者（包括个体行动者）提供了不在场行动的无穷空间（卡斯泰尔，2001）。当个体化行动者不再局限于在场空间时，不仅物理生活社区对个体行动失去了约束，工作场所也一样。地方规则和组织规则无法触及个体的某些不在场行动，尤其是不可识别的不在场行动，基于地方和组织的治理在某些行动面前便没有了用武之地。其实，运用互联网的个体早已不再局限于在场行动。

不仅个体行动者如此，组织行动者也汇集了在场和不在场、可识别和不可识别行动。给治理带来挑战的正是不在场和（或）不可识别行动。技术化社会 3.0 版向纵深发展支持的正是以指数级速度增加的不在场和（或）不可识别行动。在属地治理中明确禁止的行为，也进入不在场空间。与此同时，不在场行动正在成为人类社会生活和工作的有机组成部分。面对遍布地球村几乎趋于无穷的不在场空间，对其具有约束力的规则少之又少，无论是关系治理、组织治理，还是主权国家治理，都缺少针对不在场和（或）不可识别行动的且保护大多数行动者利益的规则。既有的规则不仅无力治理明网的不在场行动，如明网上的不在场非法交易，对暗网更是力不从心。归纳来说，个体化叠加技术对行动的支持，使得行动尤其是不在场和（或）不可识别行动空间趋于无穷大。值得强调的是，支持行动空间趋于无穷大的是技术的快速迭代。技术迭代与规则迭代的速度差异正是个体化行动进入无规则之境的现实基础；组织行动亦然。

第二个重要变局是场景不再只属于地方或组织，非物理空间正在成为场景化（sensitization）潮流的主场，属地治理对场景化行动也不再具有完整覆盖性。由于场景化并非社会学的常见概念，容易与场所（located space）混淆，为便于讨论，也有必要略做说明。在涉及互联网的讨论中，场景化概念非常流行，却没有人对场景化做过最直接的定义。为体会场景化，先举一个例子：乘飞机。飞机是交通工具，是物理场所。在其飞行中会遇到一些场景，如起飞、平飞、降落、颠簸。针对每一种场景，航空公司都和旅客约定了不同的规则，如要求系好安全带、收起小桌板、打开遮光板。在特殊场景如紧急状况，还有特殊规则。这就是乘坐飞机中的场景化和场景化行动。简单地说，场景化指意义赋予和行动存在均依场景而触发，指运用情景（scene, situation, context, scenario, field）触发行动者特定情绪或行动的时空设置已经成为社会的普遍现象。在技术化社会 3.0 版阶段，场景化赋予了个体化行动以意义和空间。

物理空间的场景化行动随处可见，是属地治理的内容，在关系治理中，如拿钱买票、"无酒不成宴"等；在组织治理中，如工作着装、上下级行为、同事关系等。不过，这些都属于行动者在场的场景化（见图 1 中的第一象限）行动。不仅如此，还有行动者不在场却可识别非物理空间的行动，其场景化行动也进入了属地治理，如乘客刷卡牵涉的复杂利益关系。其实，大众的"智慧生活"（如在缴纳费用、衣食住行的诸多线上互动等）大都属于行动者不在场的场景化行动（见图 1 中的第二象限）。技术化社会 3.0 版的挑战是：发生在非物理空间的不可识别行动者的不在场行动，（见图 1 中的第三象限）核心是行动者的不可识别性。严谨地说，即使在物理空间，给属地治理带来挑战的也是不可识别行动者的行动（见图 1 中的第四象限）。与物理空间的场景化不同，非物理空间的行动几乎都是场景化行动，尤其是不可识别行动者的行动，譬如，比特币在非物理空间流通，没有物质形态，行动者几乎不可识别。如果有人希望绕过主权国家法定货币的汇兑规则进行交易和结算（场景化行动），那么比特币是优先选择。非物理空间的场景化是不可识别行动者行动的触发机制，构造一个场景，便会触发一系列的场景化行动，数字货币是典型的例子。与个体化不在场行动的无穷性一样，曾受限于物理空间规则约束的场景化，在非物理空间同样趋于无穷，支持场景化无穷演化的基础又是规则与技术迭代速度的差异。不受规则约束的场景化，具有天然的无穷性。不仅如此，规则与技术迭代速度的差异还带来了人们对场景化理解的失能。一个近期的例子是滴滴顺风车。平台试图把顺风车场景化为社交，监管部门和绝大多数乘客却没有理解交通行动的场景化社交，依然把顺风车仅理解为交通。另一个具有讽刺意味的例子是比特币，一个旨在摧毁主权国家间法定货币汇兑机制、推动无政府经济社会发展的场景化交易甚至被不少人包括主权国家政府理解为推动经济和社会发展的技术创新。

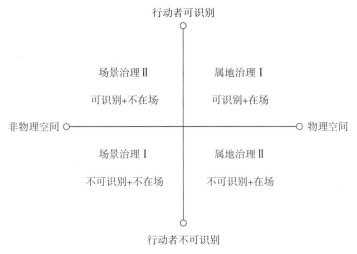

图 1　异步困境下的治理类型

简单地说，在非物理空间，由技术支持的场景化完全可以不受规则约束，当下也几乎没有正式社会规则可以约束，进而为场景化行动提供了无穷可能。它是不可识别的理想主义者、乌托邦主义者、去中心化主义者、无政府主义者等各种非主流社会意识形态主张者的"天堂"，也是治理面对的又一巨大挑战。个体化行动的无穷性、场景化行动的无限性，使技术与规则迭代的异步性（desynchronization）成为治理和社会治理面对的真正困境：在科学逻辑的意义上，几乎不可能用属地治理的逻辑来治理技术化社会 3.0 版阶段无穷变化的、不可识别行动者的人类行动，无论善恶。

（四）异步困境的本质：技术失范

异步困境并不是当今才出现的社会现象。在讨论社会变迁时，早在 20 世纪 20 年代奥格本便提出了文化滞后（cultural lag）假设。他认为，在社会变迁中，社会各部分的变迁速度并不一致，"在许多时候，物质条件已经改变，但与旧的物质条件相适应的文化却远远地落在了后面"（奥格本，1989：133）。在他看来，造成文化滞后的原因有缺少发明、机能障碍、社会异质性、与物质条件的程度差异、与其他部分的差异以及群体价值等。显然，奥格本强烈秉持着有机体论，认为社会是一个协调一致的整体。进入 21 世纪后，也有人借用奥格本的整体论文化滞后概念，在探讨技术与社会的控制机制时指出，技术跑在前面，习惯、思想、社会安排等都落在后面，进而造成了技术对社会的决定性影响（Volti，2014：349~351）。在借用中，瓦尔第也默认了奥格本的社会整体论。

可是在我们看来，异质性（布劳，1991）才是现代社会的基本特征。二战以来的社会现实已经清晰地表明，社会整体的协调一致只是理想主义者的想象和期待。在承认社会异质性的前提下，异步困境并不是社会整体意义上的部分之间的变迁速度差异，而是部分之间制衡意义上制衡机制的失灵。在我们的讨论中，技术创新和应用曾经是组织垄断的社会行动，如今则成了组织和社会共同的社会行动。曾经针对组织的治理规则，如今无法有效覆盖组织和社会共同的在场和不在场的、行动者可被识别和不可被识别、个体化和场景化的技术创新和应用，规则与技术之间的平衡就此被打破，导致技术失范。需要特别说明的是，规则与技术之间的平衡是一个社会中两个部分之间的制衡，而不是奥格本所述意义上社会整体变迁中的文化滞后。

因此，速度差异带来的真正困境是，一方面，技术迭代速度不断加快，为社会提供了一个阈值极宽的技术创新和应用域，前沿部分早已进入没有规则可以约束的领域①。另一方面，在技术创新中，小公司逐渐取代大公司成为颠覆式技术创新的核心推动者，大公司则在渐进式、积累式创新和应用中仍保有重要作用；在技术应用中，行动者对技术的应用不再只是按照技术手册操作，更多的是创造性的应用，带有强烈的行动者特征。在规则约束不到的部分，技术创新与应用的方向完全取决于技术精英行动者的自我规则，这就是技术失范发生的场景。因此，与技术善恶密切关联的是技术精英行动者在某一类场景的自我规制。

在给定个体化和场景化的前提下，治理与社会治理面对的格局发生了历史性转折，这个转折点是行动者不在场和不可识别行动的空间与类型的无穷迭代与发展。

其实，在属地治理时代，也存在技术迭代速度与社会规则速度之间的差异。属地治理的有效性在于行动者的可识别性和行动空间的物理性，对人的治理约束了技术精英行动者的作恶行动。换一个说法，属地规则对行动者的约束，约束了技术精英行动者的作恶行动。一旦行动者不可

---

① 一个直观的例子是智能手机，可以仅仅用来通话，也可以用来进行复杂的黑客行动，还可以用来作为爆炸装置的引爆设备。

识别、行动空间非物理化和场景趋于无穷，技术精英行动者的行动便具有了高度不确定性，属地治理就会迈向失灵。这是因为在阈值极宽的技术域中，技术精英行动者的自我规制差异在不受约束的空间和场景会急剧放大，呈现规模效应和差异化规模效应（邱泽奇等，2016）；不顾规则的技术迭代也会像脱缰的野马，快速进入无规则之境，且无论善恶。

个体化为技术精英行动者的特征性技术创新和应用提供了条件，场景化则给技术精英行动者秉持规则差异的显现赋予了现实意义。在暗网中，技术精英行动者可以为警方和情报机构提供系统、设施、设备的安全漏洞以保护大多数行动者的利益，也可以利用安全漏洞从事其他任何活动，如攫取不正当利益。在数据利用中，技术精英行动者可以像波拉数据挖掘小组或墨尔本大学研究小组那样为隐私保护和数据公共安全提供策略和措施，也可以像剑桥分析那样为小群体利益而操纵选举和投票。在计算机病毒利用中，技术精英行动者可以像一些组织那样将其武器化以损害他国甚至平民的利益，也可以像大多数反计算机病毒企业那样为大多数设备的安全运行提供保障。在不同的行动中，可能是同一行动者，也可能是不同行动者。总之，技术精英行动者的自我规则决定了技术创新与应用的社会后果，其中之一便是"技术作恶"。

在不在场行动、不可识别行动者行动和场景化行动趋于无穷大的前提下，理论上，技术精英行动者的特征行动差异也趋于无穷大。它意味着：第一，技术精英行动者的行动特征差异正如人类的身体特征差异一样已经成为社会的基本特征。第二，任何技术精英行动者的行动特征都不可能覆盖趋于无穷大的技术集。第三，也是最重要的，没有规则可以完美覆盖趋于无穷大的技术集。

罗莎和特罗－马蒂斯在社会理论层次把社会群体面对技术快速迭代而显现的差异归纳为社会加速化（social acceleration）。他们认为，社会加速化是时间结构现代性的体现：第一，技术加速；第二，生命节奏加速；第三，社会和文化变化加速（Rosa & Trejo-Mathys，2013：114）。更加重要的是，不同人群的变化速度是有差异的，尤其是在代与代之间。归纳起来，可以被称为技术与生活的异步（Rosa & Trejo-Mathys，2013：68）。我们认为，除了社会加速化带来的社会异步化（social desynchronization）出现在代际，还有罗莎和特罗－马蒂斯认为的父辈的经验、实践、知识在子辈看来显得老旧甚至毫无意义（Rosa & Trejo-Mathys，2013：115）。更重要的是，技术精英行动者秉持的自我规则差异，无论是父代还是子代，包括组织，都可能为社会带来福祉，也可能是社会福祉的最大威胁。

假设人类完全被暗网控制、技术精英企业随意利用数据资源、技术精英政府在行动者不可识别的非物理空间为所欲为，我们会生活在一个怎样的世界？技术发展就像历史的飞轮一样不可阻挡，我们不可能通过限制技术的发展来实现治理和社会治理，而属地治理逻辑已不能完全覆盖技术化社会 3.0 版的数字时代，人类何以保证大多数行动者的安全和利益？这是技术化社会治理的困境，与这个困境密切相连的是没有规则可以约束的技术精英行动者的行动。

四 结论：治理的十字路口

人类处在规则与技术异步的十字路口：回到过去的路已经消失，面向未来的路尚未显现。我们知道，技术化社会已经进入新的阶段，技术真正地成了与自然环境并存且具有同等重要性的技术环境。技术创新与应用的前沿已进入无规则之境，技术精英行动者已经拥有了属于他们的不可识别和不在场空间，人类的未来甚至都掌握在他们手中，可人类社会 99% 或以上的成员还要与现实为伴，而我们并没有发展出鼓励技术为善、防止"技术作恶"的多重规则。

我们也知道属地治理逻辑在行动者不可识别和不在场的非物理空间失灵，个体化和场景化行动已经成为治理和社会治理的最大挑战。面对挑战，虽然从个体到政府都在尝试，但是并没有发展出新的、有效的治理逻辑。人们凭借直觉，把多主体参与的治理推上前台，希望改变传统的科层主体治理为多元主体治理。但是人们对多元主体治理的逻辑却没有清晰有效的思路，人们甚至想通过完整覆盖的监控网络防止"技术作恶"，但从监控网络获得的只是数据。澳大利亚政府公开数据和波拉公司分享数据的事实已经说明，搜集数据并不意味着用技术为善。剑桥分析的服务还说明，轻松地挖掘第三方数据，也可以用技术作恶。更何况我们越来越难判断创新和应用技术的善恶，如运用波拉公司数据进行数据挖掘的行动。

在治理的十字路口，尽管我们不宜像埃吕尔那样悲观，却的确需要探讨面向未来的治理逻辑。哈贝马斯认为："技术进步的方向，今天在很大程度上取决于公众社会的投资：在美国，国防部和宇航局是委托科学研究任务最大的两个部门。"（哈贝马斯，1999：94～95）从社会出发，哈贝马斯的观点无疑是正确的，但是他依据的事实已然消失。不过，有一点哈贝马斯是对的，"技术（向人类提出的）挑战是不可能仅仅用技术来对付的。确切地讲，必须进行一种政治上有效的、能够把社会在技术知识和技术能力上所拥有的潜能同我们的实践知识和意愿合理地联系起来的讨论"（哈贝马斯，1999：95）。

如今，私营部门的力量在快速增强，主权国家政府的权力也不再是一个常量；公共性曾经是政府独有的属性，如今，企业的公共性也在快速上升。探讨技术化社会治理异步困境的出路，还需要回到技术与社会的逻辑中来，正如哈贝马斯说的，"只有当我们用政治意识来判断和解决这种辩证关系时，我们才能把握住迄今在自然史上已经确立下来的技术进步同社会的生活实践之间的联系"（哈贝马斯，1999：96）。

本文的目的不在于提出解决方案，而在于对面对的困局进行理论分析。坦率地说，对困境的梳理已经蕴含了多种可能的解决方案，譬如，行动者在非物理空间的不可识别性仅在于其与物理身体之间的映射关系，或许解决了映射的识别性也就找到了突破困局的钥匙，这也是前述哈贝马斯原则的意义所在。对技术化社会3.0版或更新版本时代治理内容、形式和途径的讨论，或需另文进行阐述。

参考文献

奥格本·威廉·费尔丁，1989，《社会变迁：关于文化和先天的本质》，王晓毅、陈育国译，浙江人民出版社。

彼特·布劳，1991，《不平等和异质性》，王春光、谢圣赞译，中国社会科学出版社。

布莱恩·阿瑟，2014，《技术的本质：技术是什么，它是如何进化的》，曹东溟、王健译，浙江人民出版社。

蔡禾、张蕴洁，2017，《城市社区异质性与社区整合——基于2014年中国劳动力动态调查的分析》，《社会科学战线》第3期。

邓小平，1993，《邓小平文选》第三卷，人民出版社。

龚维斌，2014，《中国社会治理研究》，社会科学文献出版社。

哈贝马斯·尤尔根，1999，《作为"意识形态"的技术与科学》，李黎、郭官义译，学林出版社。

吉登斯·安东尼，2000，《现代性的后果》，田禾、黄平译，译林出版社。

卡斯泰尔·曼纽尔，2001，《信息化城市》，崔保国等译，江苏人民出版社。

李培林，2014，《社会改革与社会治理》，社会科学文献出版社。

李荣山，2012，《现代性的变奏与个体化社会的兴起——乌尔里希·贝克"制度化的个体主义"理论述评》，《学海》第 5 期。

李友梅，2017，《中国社会治理的新内涵与新作为》，《社会学研究》第 6 期。

刘电光、王前，2009，《埃吕尔的技术环境观探析》，《自然辩证法研究》第 9 期。

刘振业，2004，《组织化的信息技术系统与组织结构的互动机制——来自青岛啤酒公司的案例》，硕士学位论文，北京大学社会学系。

路风，1989，《单位：一种特殊的社会组织形式》，《中国社会科学》第 1 期。

罗伯特·金·默顿，2000，《十七世纪英格兰的科学、技术与社会》，范岱年译，商务印书馆。

马克斯·韦伯，1987，《新教伦理与资本主义精神》，于晓、陈维纲译，生活·读书·新知三联书店。

迈克斯·泰格马克，2018，《生命 3.0：人工智能时代人类的进化与重生》，汪婕舒译，浙江教育出版社。

邱泽奇，2005，《技术与组织的互构——以信息技术在制造企业的应用为例》，《社会学研究》第 2 期。

邱泽奇，2008，《技术与社会变迁》，载李培林、李强、马戎主编《社会学与中国社会》，社会科学文献出版社。

邱泽奇，2014，《中国人为谁而奋斗？》，载包智明主编《社会学名家讲坛》，中国社会科学出版社。

邱泽奇，2017，《技术与组织：多学科研究格局与社会学关注》，《社会学研究》第 4 期。

邱泽奇、张樹沁、刘世定、许英康，2016，《从数字鸿沟到红利差异——互联网资本的视角》，《中国社会科学》第 10 期。

王诗宗，2009，《治理理论及其中国适用性》，博士学位论文，浙江大学公共管理学院。

夏保华，2015，《简论早期技术社会学的法国学派》，《自然辩证法研究》第 8 期。

夏保华，2016，《简论莫斯的技术社会学思想》，《东北大学学报》（社会科学版）第 18 期。

阎云翔，2012，《中国社会的个体化》，陆洋等译，上海译文出版社。

曾庆捷，2017，《"治理"概念的兴起及其在中国公共管理中的应用》，《复旦学报》（社会科学版）第 3 期。

张成岗、黄晓伟，2018，《技术社会学的学科史反思：技术与现代性的互构论视角》，中国社会学会 2018 年年会。

张虎祥、仇立平，2015，《社会治理辨析：一个多元的概念》，《江苏行政学院学报》第 1 期。

张林江，2015，《社会治理十二讲》，社会科学文献出版社。

周红云, 2015, 《社会治理》, 中央编译出版社。

Bang, Henrik Paul. 2003. *Governance as Social and Political Communication*. Manchester: Manchester University Press.

Barley, Stephen R. 1986. "Technology as an Occasion for Structuring: Evidence from Observations of CT Scanners and the Social Order of Radiology Departments." *Administrative Science Quarterly*, 311: 78 – 108.

Beck, Ulrich & Elisabeth Beck-Gernsheim. 2002. *Individualization: Institutionalized Individualism and Its Social and Political Consequences*. London: Thousand Oaks, Calif. : Sage Publications Ltd.

Beck, Ulrich & Mark Ritter. 1992. *Risk Society: Towards a New Modernity*. London: Newbury Park, Calif. : Sage Publications Ltd.

Bijker, Wiebe E. , Thomas Parke Hughes, & Trevor Pinch. 1987. *The Social Construction of Technological Systems: New Directions in the Sociology and History of Technology*. Cambridge, Mass. : MIT Press.

Ellul, Jacques. 1964. *The Technological Society*. Translated by J. Wikinson. New York: Vintage Books.

Oudshoorn, Nelly & Trevor Pinch. 2003. *How Users Matter: The Co-Construction of Users and Technologies*. Cambridge, Mass. : MIT Press.

Perrow, Charles. 1991. "A Society of Organizations. " *Theory and Society*, 206: 725 – 762.

Rosa, Hartmut & Jonathan Trejo-Mathys. 2013. *Social Acceleration: A New Theory of Modernity*. New York: Columbia University Press.

Volti, Rudi. 2014. *Society and Technological Change*. New York: Worth Publishers.

技术缠结的制度、反社会行为与预演式动态治理研究

——对邱泽奇论文的评论

刘世定

在技术与经济、社会之间的关系研究方面有着重要影响的布莱恩·阿瑟曾指出，社会和经济生活中有一个一般规则：给定任何系统、任何制度，总会有人找到令人意想不到的方式，利用它来谋取自己的私利（阿瑟，2014/2018：166）。这是一个一般设定。对进一步的研究来说，重要的是揭示在怎样的条件下，怎样的制度系统会产生怎样的被利用的漏洞。邱泽奇教授的论文《技术化社会治理的异步困境》以对"技术化社会 3.0 版"的深刻洞察，抓住"技术作恶"这一重要现象，对技术创新和应用与社会制度的关系进行了分析，提出了与二者间迭代速度差异密切联系的治理的"异步困境"问题。这是一个时代性问题，这个时代是人类正在步入的新时代，其特征已经开始显现。这个问题对社会理论的深远影响自不待言，对社会科学的理论研究也提出了一些或者是有待深化，或者是全新的问题。经济社会学将是首先受到影响的研究领域之一，邱教授提出的问题将会引出一系列需要经济社会学进一步探讨的问题。本文仅列举几个加以初步讨论。

一 人际关系弥合失灵的制度不完全性

治理的"异步困境"暴露出制度的不完全性。自以交易成本为基础的新制度经济学问世以来，由于意识到完全制度的界定需要付出极高的交易成本，因此制度的不完全性构成了制度研究的基本假定。在面对合约不完全性和法律不完全性条件下的缔约及秩序问题时，社会学研究中

久已关注的人际关系作为一种弥合构造被引入分析。由此发生了经济学和社会学的一种结合，并使正式制度的不完全性与人际关系之间的关系成为经济社会学的一个主题，并在人际关系合约研究中形成了经济社会学的范式（刘世定，1999）。

然而，邱教授对技术化社会 3.0 版中的治理"异步困境"的研究却反映出，运用人际关系来弥合正式制度不完全性的治理在很大程度上失效。直观地看，除"技术作恶"直接针对的对象以及扩散影响的人群常常逸出作恶者的人际关系外，还使人际关系中的规范无法发挥约束作用。更深入的理论思考则发现，基于交易与合约的思考范式对理解"技术作恶"存在理论假定方面的局限。

将交易作为基本研究单位的做法始于老制度经济学代表人物康芒斯，交易成本基础上的新制度经济学延续了这一传统。在康芒斯的研究策略中，基本研究单位必须既是"代表冲突的财产权利益的单位"，又是"相互依存的利益"单位，还要含有预期的可靠性（称为"秩序"），而能够满足这些条件的分析单位正是"交易"（康芒斯，1934/1981：73）。可以看到，这种既包含冲突又包含依存的交易中，存在着潜在的合作收益。合约的缔结和维系，正是建立在合作收益的基础之上。引入人际关系弥补不完全合约分析范式，是建立在存在长期合作收益的理论假定基础之上。然而，"技术作恶"者的收益恰恰是建立在受害者的损失基础上，也就是说，前者与后者之间不存在合作收益。建立在潜在合作收益基础上的治理，不可能有效。

邱教授的研究提示，要对制度不完全性的可能弥合装置与制度不完全性的特点之间的匹配性进行系统研究。

二　技术缠结的制度

在邱教授所说的"技术化社会 3.0 版"时代，制度日益与技术缠结在一起。有的技术的采用需要遵循一定的规则，由此形成的技术协议本身就是制度，甚至是基础性制度，在其基础上形成的二阶、三阶以及更高阶制度安排，仍然离不开技术；有的制度设置，需要提供有精度的标准，此时制度标准就会以技术形态表现出来；有的制度内在要求的公正性交由技术承担，以避免人为操作中的特殊主义关系介入，此时技术成为制度的公正"代理人"；至于制度实施所需要的信息要借助一定的技术来获取，那更是制度对技术显而易见的依赖；等等。

在这里，仅仅把技术理解为降低制度界定和运行成本的手段是不够的。也许，某些技术在制度界定和运行中最初是作为降低成本的选择手段介入的，而一旦成为被社会接受的既定程序，它本身便成为制度的有机构成部分。

美国新经济社会学将"经济行动嵌入人际关系"作为基本研究纲领，并由此透视制度的运行（格兰诺维特，1985/2008）。这一纲领已不能适应技术化社会中的制度研究要求。如果说，"经济行动嵌入人际关系"是对传统社会学的过度社会化假定和传统经济学的社会化不足假定的纠偏，那么"制度缠结于技术"则是直面人类正在进入的新社会的制度特征。

从"制度缠结于技术"角度研究制度、制度的不完全性以及治理问题，以及从资料搜集到理论分析，都有一系列基础工作需要做。

三　高扩散度反社会的经济社会行为

邱教授的论文对经济社会学的一个重要警示是，需要深入研究高扩散度反社会的经济社会行为。到目前为止，经济社会学在这个方面的研究并不多。

在经济社会学的行为假定中，有两个假定和人的社会性有关，一个是他人状况影响个人效用，另一个是有限社会化（刘世定，2011：24～28；严俊等，2019）。这两个行为假定都与邱教授讨论的"技术作恶"行为有关。首先，"技术作恶"是利用技术使他人状况恶化而自己获得效用的一种行为；其次，"技术作恶"违反普适伦理规范，凸显社会规范至少在某些人身上内化的有限性。同时，面对同样的社会规范，人们内化的规范差异，也体现社会化的有限性。正如邱教授所指出的，"技术精英行动者的自我规则决定了技术创新与应用的社会后果，其中之一便是'技术作恶'"。

"技术作恶"概念的提出使我们有必要对利用技术使他人状况恶化而自己获得效用的各类行为做一番梳理。

一类行为是在市场规则下以技术创新与应用用为手段的竞争。某些厂商率先使用创新技术开拓市场，为消费者带来更大的满足，并使自身获得更多的绝对收益和更高的市场地位，但同时也使其他被其排挤的厂商的绝对收益减少、相对地位下降。在市场竞争规则得到社会普遍认可的条件下，这类行为并不被归入"技术作恶"，它在经济学和经济社会学中都得到了比较充分的研究。

另一类行为是技术利用者在实现自身利益并带来某些社会福利的同时产生市场调控之外的负外部性，使一些人遭受损失。这类行为的典型形态是技术利用推动经济增长的同时造成环境污染。对此，社会科学中也多有研究。虽然这些负外部性问题日益受到重视，也逐渐形成了一些限制采用具有较大负外部性技术的制度和政策，但由于这类技术利用带来的利益尚缺少替代性，因此在社会伦理方面给予其相当大的包容。邱教授所说的"技术作恶"也并非指这类行为。

贝克尔曾经建构过一个"嫉妒－恨"的理论模型，该模型刻画了行动者如何通过制造坏产品使"嫉妒－恨"对象的状况恶化从而实现自身效用最大化（贝克尔，1976/1993）。如果坏产品是通过技术创新或利用制造出来的，或者这种使他人状况恶化的行为违反了一个社会中的行为规范，那么在该社会中，这种行为就是"技术作恶"。

但"技术作恶"并不都是反社会行为。采用"技术作恶"的方式处理私人矛盾，虽然违反社会规范，但并不是反社会行为。我们将一个社会中的反社会行为定义为：违反社会规范地造成他人状况恶化，从中直接获得效用，且效用随状况恶化的他人数量的增加而递增。在此基础上，我们可以将技术反社会行为定义为，其效用随状况恶化的他人数量的增加而递增的"技术作恶"行为。

技术反社会行为偏好是如何形成的，如何变迁；在怎样的条件下，更可能发生技术反社会行为；技术反社会行为带来的后果扩散具有怎样的特征，它对经济、社会系统会产生怎样的影响；等等。对这些基础问题，经济社会学都应着手研究。

四 分析系统溃败的经济社会学

由于高扩散度反社会行为的发生会造成经济、社会系统的连锁破坏，并引发严重的经济社会问题，因此，事先有根据的预警、准备，即使都是不完备的，也十分重要。而要做出有根据的预警，就需要研究能够导致经济、社会系统溃败的关键环节，以及系统溃败有可能带来的后果。也就是说，需要具有分析系统溃败的知识。

在经济学和社会学中，如果把经济增长、社会发展作为一个有方向的趋势现象加以研究，那么在逻辑上很容易想到与此反向的变动，包括经济、社会系统的溃败，并加以研究。但事实上，人们对前者的关注程度远高于后者。在经济增长和社会发展一路高歌的时代，这种现象很容易被理解。然而邱教授的研究警示我们，作为经济增长和社会发展重要动力的技术，其作用并非是单向的，小概率、大事件的负面影响，不能不给予高度重视。

目前有关社会系统溃败的研究，主要是在周期框架内展开的。经济学对商业周期和技术创新周期的研究、历史政治学对王朝兴衰周期的研究，都是如此。而高扩散度反社会行为导致的系统溃败，虽然有时会和周期中的系统溃败交织在一起，但其最典型的形态却不是周期性的。对周期性的系统溃败，由于有较明显的轨迹可循，因此预测、预告相对容易，但高扩散度反社会行为导致的系统溃败，却需要寻找与周期研究不同的机制，寻找非周期轨迹，因而使预测、预告变得更加困难。

近年来，在行为经济学的旗帜下，一些研究者引入社会行为的某些假定，对经济周期中的衰退、金融市场中的波动进行研究，丰富了对系统溃败的认识。但这些研究并没有关注在与技术缠结的系统中，反社会行为引发的系统溃败问题。

阿瑟提出，"经济学需要发展一门强大的、专注于失败模式分析的子学科，就像在结构工程和飞机设计中已经大获成功的失败模式分析的子学科一样"（阿瑟，2014/2018：165），经济社会学也需要加入研究失败模式的学术行列，发展专注于研究系统溃败模式的经济社会学子学科。

五 预演式动态治理研究

尽管存在治理的"异步困境"，但通过治理实现相对良好的社会秩序前景仍然存在。研究系统溃败的经济社会学，也是为了更好地研究治理。如果说，委托-代理理论着重于通过事前治理实现治理目标，交易成本经济学的合约理论着重于事后调整的治理，那么基于技术化社会中的"异步困境"、与技术日益缠结的制度不完全性、反社会技术行为发生的可能、系统因受攻击而溃败的危险等，其所需要的是预演式动态治理研究。它既强调事前的研究视角，也重视不断发现问题的事后研究视角。

这种治理研究，将把模拟仿真分析技术放到重要位置。而好的模拟仿真分析，离不开适当的理论模型建构。这样的治理研究有必要关注以下三个要素及之间的关系。

（1）和技术－制度相联系的风险扩散程度。威廉森（1996/2001）指出，治理的核心问题是控制风险，但他的治理分析框架因限于微观，故而没有把风险扩散程度纳入分析视野。而在"技术化社会3.0版"时代，当"技术作恶"的潜在机会大大增加时，研究治理问题就不能不把风险扩散程度放到重要位置。

（2）行动者特征。邱教授指出，"技术作恶"的主体可能是个人，可能是公司，也可能是政府。因为不同的主体受到的约束和可能受到的约束不同，所以可行的治理方式选择集也会有所不同。

（3）治理方式。除了已经被学界较多研究过的一些治理方式，如一体化治理、三方治理、当事人直接交易治理等，对已经存在的和设计中的治理方式都需要广泛搜集并加以研究。

治理研究的一个理论追求，是在上述三个要素（或三个变量）之间，找到给定条件下的相对优势的匹配关系。

以上是在研读了邱泽奇教授论文后的一些初步想法，这些想法仅限于经济社会学的研究范围。邱教授的论文立意宏大，所涉问题自然不限于经济社会学学科，企望读者注意。

参考文献

奥利弗·威廉森，1996/2001，《治理机制》，王健、方世建等译，中国社会科学出版社。

布莱恩·阿瑟，2014/2018，《复杂经济学》，贾拥民译，浙江人民出版社。

加里·S. 贝克尔，1976/1993，《社会相互作用理论》，《人类行为的经济分析》，王业宇、陈琪译，上海三联书店。

康芒斯，1934/1981，《制度经济学》（上册），于树生译，商务印书馆。

刘世定，1999，《嵌入性与关系合同》，《社会学研究》第4期。

刘世定，2011，《经济社会学》，北京大学出版社。

马克·格兰诺维特，1985/2008，《经济行动与社会结构：嵌入性问题》，《找工作：关系人与职业生涯的研究》，张文宏等译，格致出版社、上海人民出版社。

严俊、张树沁、刘世定，2019，《社会行为基础上的理论建模》，载刘世定主编《经济社会学研究》（第六辑），社会科学文献出版社。

经济社会学研究　第七辑

第 48~78 页

不对称制度条件下的产品创新

——一家外向型中小企业的创新命运

林海堆[*]

摘　要： 本文引入不对称制度，分析其对博弈过程和结局可能造成的影响，探讨了不完全合约下企业之间互动创新的过程，指出中国在知识产权保护方面的制度实施缺陷，不仅使创新活动缺乏激励，而且使创新成果的分配不利于中方。本文采用博弈论作为分析工具，提出了"引入不对称制度"的博弈模型。研究发现，在互动创新过程中，具有合作激励的双方之间会产生一系列关于权益归属的谈判。为了追求利益最大化，谈判双方总是会动用各种资源提高自身的谈判地位。当双方处于不对称制度环境下时，将制度因素引入博弈过程就会导致双方谈判地位的变化，进而改变均衡选择的结果。

关键词： 互动创新　不对称制度　外向型中小企业

一　问题的提出

随着知识经济和信息经济时代的到来，创新对经济社会发展的关键作用不言而喻。对于经济活动的重要载体——企业而言，创新能力在很大程度上决定了其发展命运。相对于发达国家的企业而言，中国的企业，特别是中小企业的创新能力仍然比较弱。流行的看法是，中国的企业虽

＊　林海堆，北京大学社会学系 2008 级硕士，目前供职于厦门银芮金融技术服务有限公司。

然在国际市场竞争中具备一定的竞争力，但是这种竞争力来自其成本优势，其创新能力还相当有限。目前，对于中国企业创新活动的关注，主要集中在大型企业、高校或科研机构创办的企业上，对于一般中小企业，则很少予以关注。甚至有人认为外向型中小企业主要是按照国外产品图纸进行生产和出口的；而面向国内市场的中小企业，则依靠模仿国外产品来发展。这种看法虽然反映了一部分现实，但是中小企业的生产经营活动其实隐藏着巨大的创新活力，这对于其生存和发展具有决定性作用。探究中小企业的独特创新机制，就成为一种现实需要。

目前对企业创新的理论研究主要集中在两个方面。一方面是创新的源泉，熊彼特指出了企业家在创新活动中的重要性，创新活动之所以发生，是因为企业家的创新精神①，但是他忽略了创新的社会互动性。此后的一些研究则指出，创新是一个社会互动过程。一些更富有启发的研究发现，以往研究提出的"创新是由产品制造商在其企业中进行的"这一假设是错误的，创新过程分布在使用者、制造商、供应商和其他人中（希普尔，2005）。另一方面，创新理论研究的另一个脉络主要将关注的重点放在制度因素对创新活动的影响上，看到了制度内涵的激励对技术创新速度的影响。诺斯是这方面研究的代表人物，他认为技术内生于制度，有效的制度及相应的产权安排，能够保证创新活动得到最低限度的报酬，形成技术进步和运用先进技术的激励，进而推动社会发展和经济增长。此类研究通常假定制度环境对潜在创新者来说是给定的、单一的，即使进行比较研究也是如此。对于创新者处在跨制度环境中的状况，则缺乏研究。

如果结合以上两条研究脉络，可以提出这样一个问题：当作为社会过程的创新嵌入不同的制度环境中时，将会产生怎样的特征性后果？这是本文的核心理论关怀。当然，这个问题涉及诸多方面，本文不可能全面论述。在此笔者试图结合案例，对其中的一个问题进行探讨，这个问题是，当创新过程嵌入不同的制度环境中时，创新成果将怎样分配。研究这样的问题不仅具有理论价值，而且具有现实意义。

本文案例分析部分采用的资料来自 2010 年宁波中小企业调查。这次

---

① 熊彼特认为这种"企业家精神"包括：（1）建立私人王国；（2）对胜利的热情；（3）创造的喜悦；（4）坚强的意志。这种精神是成就优秀企业家的动力源泉，也是实现经济发展中创造性突破的智力基础。

调查采用了多次进入的方法，第一次进入时，调查涉及的领域较为宽泛。完成首次调查后，调查小组组织讨论，挖掘出值得研究的问题，并为这些问题制定更详细的调查提纲，在后续的调查中补充完善信息。调查的对象主要是宁波地区外向型中小企业的企业家、管理人员、上下游合作企业、政府主管部门等。通过类似滚雪球的方法，逐一了解受访对象与其环境的各种互动关系。本文使用的案例资料主要来自这次调查的调查笔记、访谈资料以及受访人员提供的文本资料。

二　文献分析

自熊彼特系统地提出创新理论后，社会科学界给予了创新研究领域较多的关注，由此积累了丰富的研究成果。本文以整个理论发展脉络为前提，结合自身研究需要，选取了若干具有代表性的研究进行梳理评价，为后续分析做铺垫。

（一）关于创新源泉的研究

创新对于经济社会发展的重要性已经被公众广泛认可。但是，创新活动究竟是由谁组织发起的？是什么因素引发创新活动的？创新的具体机制是怎样的？这些问题在理论发展过程中得到了部分解答，但是并未形成统一的认识。大体而言，研究脉络可分为两个，即个人禀赋视角和社会互动视角。

作为创新理论的奠基者，熊彼特在创新理论研究领域做出了突出的贡献①。他把创新引入经济的动态分析，启发人们认识到生产技术的革新和生产方法的变革在资本主义经济发展过程中的重要作用。熊彼特认为，所谓创新就是"建立一种新的生产函数"，也就是把一种从未有过的关于生产要素和生产条件的"新组合"② 引入生产系统（熊彼特，1999：73～74）。熊彼特所谓的"企业家"，事实上是一种社会机制的人格化表述（熊彼特，2009：73、83）。企业家是实现创新组合的主体。

---

① 在熊彼特之前，亚当·斯密、马歇尔及马克思等就已经注意到技术创新对经济发展的意义，但是他们都只将技术创新作为一种外生变量，第一个明确提出创新理论的是熊彼特。

② 这种新组合包括引入新产品、引进新工艺、开辟新市场、控制原材料的新供应来源、实现企业的新组织。

一些研究发现，创新往往是通过复杂的社会互动过程实现的。这种社会互动涉及制造商、消费者、科研机构、产业链上下游各个企业之间的互动。埃里克·冯·希普尔主持的一项有关创新源泉的研究讨论了创新源泉的多元性。他指出，长期以来，在产品创新研究中存在一个基本假设，即认为创新是由产品制造商在其企业中进行的。在其著作《创新的源泉：追循创新公司的足迹》的开篇中，他首先指出这种假设经常是错误的（希普尔，2005）。为了证明这种假设的错误，希普尔教授和他的学生收集了几个不同工业领域的创新数据，依照承担创新职能的角色，将创新过程分为了用户主导、制造商主导和供应商主导三类。根据希普尔的调查数据，在一些领域，用户承担了创新职能，开发出更多的创新产品；在一些领域，与创新相关的零部件和材料供应商是典型的创新源；在一些领域，常识是对的，产品制造商确实是典型的创新者（希普尔，2005）。

希普尔的研究注意到了创新主体的分布特点，并且认识到创新活动包含不同主体的互动。而对于创新源转移的研究也说明不同主体之间的互动会影响创新实现的结果。影响创新活动的社会互动不仅仅包括正式的交易关系，一些非正式的人际交往活动也可能影响创新活动的实现。萨克森尼安（Saxenian）通过对美国两个高技术产业地区——位于波士顿的 128 公路地区和位于加利福尼亚北部的硅谷地区进行调查和比较研究，得出一个结论，即研究和开发人员之间形成的非正式交流网络在创新活动中起着非常重要的作用①（萨克森尼安，1999）。

上述两项研究代表了一种视角，即创新活动是通过复杂的社会互动过程实现的。这启发我们关注社会互动因素对创新活动的影响，但是这种思路尚未认识到社会互动赖以发生的制度背景，特别是当互动双方嵌入的制度背景有差异的时候，创新活动将会出现怎样的特点。对于这些问题，目前理论界还没有做出深入的研究。

---

① 安娜李·萨克森尼安（1999）分析了硅谷成功的原因——在 1970 年，许多计算机专家还认为计算机产业中心将出现在马萨诸塞州波士顿近郊的 128 号公路附近，而不是西海岸的硅谷，因为当时，128 公路附近的计算机业已经相当发达。她认为，是"流动性与共享性"这种文化最终使得硅谷脱颖而出。硅谷的企业更多地突破传统，创造出了一种雇员与公司之间关系完全公开的文化氛围。它允许创新思想的自由交换，工程师们可以随时跳槽，不会因为在原先公司得到的培训而受到任何人的阻挠。工程师们常聚在一起，交换彼此的最新思想而不必担心被自己的雇主以"泄露机密"的罪名控告。在这样的"头脑风暴"中，最容易产生智慧的火花。

（二）关于制度与创新的研究

我们可以发现，不同国家和地区之间的创新水平有着显著的差异。这种差异究竟来源于什么？对于这一问题，科学知识和技术存量似乎能够提供一定程度的解释。不同的知识在引发其他新知识发展中的作用是不同的，不同的知识转化为技术的可能性和范围是不同的，不同创新技术在引发其他技术创新方面的作用是不同的，因此，科学知识存量和技术存量的特性、规模可以为技术创新速度的差异提供一些解释。而一些社会科学研究者则考虑了制度内涵的激励对技术创新速度的影响（刘世定，2011）。

作为制度与演化经济学的代表人物，道格拉斯·诺斯在制度与创新的关系方面也有深入的研究。诺斯批判了以往经济增长的技术决定论者，认为他们仅仅将注意力集中于技术变化本身，而忽略了对导致技术进步的原因的研究。诺斯提出，技术进步要么来源于市场规模的扩大，要么来源于产权制度的完善，而不完善的产权制度更是技术变化缓慢的根源（诺斯，1994：185～186）。近年来，在鼓励技术创新方面还出现了一些新的制度形式，例如，使创新技术企业能够尽快获利的资本市场制度。资本市场的发展给技术创新以新的刺激（刘世定，2011）。

关于制度与创新的研究日趋成熟，但是这方面的研究仍然忽视了一个重要问题，即：处于不同制度背景下的个体之间的互动对于创新活动的影响是怎样的？尽管诺斯等也尝试了一些制度比较研究（诺斯、托马斯，2009），但是这种研究仍然只是把创新活动置于一个给定的制度环境中，没有认识到创新活动可能出现在一个跨制度环境的互动关系中。

（三）关于创新中的谈判地位研究

创新活动一旦涉及社会互动就不得不考虑互动各方的权力结构和谈判地位。目前关于创新过程的谈判地位研究还是空白，但是我们可以先介绍一些有代表性的、关于一般互动过程的谈判地位研究。这方面研究关注的核心问题是：什么因素影响着交易双方谈判地位的高低？或者说，交易双方获得权力的条件是什么？

布劳曾经总结出四条有关交易双方权力获得的条件，这些条件也可被看作决定谈判地位高低的条件（布劳，1988）。这些条件分别是：（1）双方掌握对他人有诱惑力的资源和自己不依赖于他人的资源的相对状况。

掌握着较多对对方有诱惑力资源的一方有较高的谈判地位；掌握着较多可以不依赖于对方的资源的一方有较高的谈判地位。（2）替代性选择的多少。有较多替代性选择的一方比拥有较少替代性选择的一方有较高的谈判地位。（3）对他人能够提供的利益的内在偏好程度。偏好程度越低，谈判地位越高。（4）运用强制力量迫使对方服从的能力。这种能力越强，谈判地位越高。这四个条件经常共同出现，并且可能混合、错综地被互动双方掌握。如果影响谈判地位的条件明显都偏向互动参与的一方，并且为双方所准确把握，那么结果便不会有什么悬念。但通常情况是，某一方在这个方面拥有优势条件，另一方却在其他方面拥有优势条件；再加之双方对这些条件的相对分布状况把握不一定准确，互动的结果常常在初期并不明朗，而是逐渐展现出来（刘世定，2011）。

影响谈判地位的资源可以分为物质资源和社会资源两种类别，物质资源对谈判地位的影响是比较直观的，社会资源对其的影响就比较复杂。刘世定将被社会互动参与者运作的社会资源分成两类。一类是互动参与者可以用以约束对方（当然也约束自己），并从这种约束中获益的社会规范，这类社会资源被称为规范性社会资源。另一类是博弈的参与者并不以社会规范的形式向对方示出，仅仅通过自己单方面的社会联系动员的资源，这类社会资源被称为非规范性社会资源。在互动中运用规范性社会资源以提高谈判地位的运作方式，其前提是规范的多样性、复杂性。如果在互动参与者之间只有唯一的规范，那么这个规范必定在互动一开始便为双方在一定程度上所认可，它会成为该互动的一个框架，但谁也不可能通过运作它来提高自身的谈判地位。

这些研究虽然不是直接针对创新研究提出的，但是对本文研究互动创新中的双边谈判提供了一些启发。它认识到处于博弈当中的行动者主观运用各方面资源以改变博弈结果的努力，这一点与互动创新中的行动特点相吻合。

（四）关于中国企业的创新研究

关于中国企业的创新研究尚未形成一个统一的理论框架。目前，这方面的研究仍然比较分散，各个研究分别从自身关注的视角出发进行逻辑演绎或实证检验，但是整体而言仍然有一些共同的关注点。例如，关于企业产权性质对创新水平的影响、企业规模与创新投入之间的关系、关系网络在合作创新中的作用等①。

中国企业的产权结构有别于西方资本主义社会的企业产权结构。在中国，企业分为国有企业、外资企业、私营企业、集体企业、三资企业等。不同性质的企业面临的生存环境有极大差异。因此，有学者注意到企业的产权性质可能对企业创新水平产生影响（安同良等，2006）。

除此之外，有的研究也发现，企业规模对创新有显著的促进作用（吴延兵，2007），但是企业规模对创新的正向关系主要来源于非国有企业，而不是国有企业。有学者认为，企业规模与创新的关系要以一定的企业治理结构为条件，单纯的规模化和集团化并不一定能够保证企业的创新能力（周黎安、罗凯，2005）。

还有的研究聚焦于企业联盟的作用。目前，企业和科研机构间通过组建研发联盟以实现技术创新是一种普遍现象。同时，企业之间组建研发联盟的现象也日益增多。联盟关系能够使企业间实现资源和能力的共享，发挥协同效应。信任、合宜的治理结构以及管理控制系统结合在一起能够降低风险，增加联盟成功的机会（程金伟、费方域，2010）。关系治理、过程控制和信任对研发联盟绩效也会产生显著影响（刘学等，2008）。这其实是一种将关系治理视角引入创新研究的思路，与一般的关系治理研究并没有太大差异，在理论上也没有新的发展，但是它有助于我们认识到创新过程中包含着关系治理的因素。

三 引入不对称制度的创新研究

（一）基本概念的界定

本节将从理论逻辑上建构一个能够解释创新实现机制的分析框架。在进入理论分析之前，我们首先要对本文使用的一些基本概念做出清晰的界定。

1. 互动创新

本文认为创新不是一种个体活动，它不仅与企业家个人的心理和能力有关，而且是通过复杂的社会互动过程实现的。影响创新实现的互动

① 为了便于讨论，笔者区分出产权性质和企业规模两种视角的研究。但是许多研究是综合了多个变量的，例如周黎安等的研究就同时分析了产权性质和企业规模对创新的影响。

类型是多种多样的，从社会互动发生的场所来区分，社会互动有的发生在企业内部，有些则发生在企业之间。从正式互动与非正式互动区分的话，两种互动类型都有可能影响创新过程。

为了方便本文的理论分析，本文对互动创新这个概念进行了明确的界定：通过不同主体之间的信息交流、权益协商及资源交换过程得以实现的创新活动称为互动创新①。信息交流是最基本的互动内容，任何互动创新必然包含这一内容；权益协商和资源交换则涉及有关创新成果的分配问题，也就是说，这种互动创新从一开始就已经包含对创新产生的权益进行分配的考虑。一旦涉及权益分配，双方的互动就包含了契约的性质。

2. 互动创新中的不完全合约

市场交易都要通过合约方式来完成，合约规定了交换的条款。当交易能够增加双方的福利时，市场主体往往会努力通过合约来实现交易。互动创新本身包含着市场交易的性质，所以我们自然而然要关注合约在其中发挥的作用。

社会科学早已认识到了合约的不完全性②，导致合约不完全的原因主要有两个：一是有限理性，即人的理性、思维是有限的，对未来事件、外在环境无法完全预期；二是交易成本，即对未来进行预测，对预测及措施达成协议并写入契约，确保可以执行等，这些均存在交易成本。在此情况下，缔约各方愿意遗漏许多内容，或有意留待以后出现事件时再进行协商（哈特，2006）。关于不完全合约的分析，理论界已经有很多探讨③，本文不再赘述，需要指出的是，不完全合约在互动创新过程中有何意义。

和所有创新活动一样，互动创新也充满各种风险，创新过程会出现许多无法事先预料的情况。这种无法预料的情况包含很多方面，首先，

---

① 一些更广泛意义上的互动也可能对创新活动产生深刻的影响，例如，研发群体内部的私人交流，虽然不涉及权益协商和资源交换，但是其互动特征也可能影响创新的结果。

② 科斯在《企业的性质》一文中就已经提到，"由于预测方面的困难，有关物品或劳务供给的契约期限越长，实现的可能性就越小，因此买方也就越不愿意明确规定对方该干什么"。

③ 不完全合约研究的主要代表是 GHM 模型，即 Grossman-Hart-Moore 模型。GHM 模型或称所有权 - 控制权模型，是由格罗斯曼、哈特和莫尔等共同创立的，因而这一理论又被称为 GHM 理论或 GHM 模型，国内学者一般把他们的理论称为不完全合约理论或不完全契约理论，因为该理论是基于如下分析框架：以合约的不完全性为研究起点，以财产权或（剩余）控制权的最佳配置为研究目的。该模型是分析企业理论和公司治理结构中控制权的配置对激励和对信息获得的影响的最重要分析工具。

创新的结果能不能实现的问题；其次，合作双方对另一方在创新中的贡献能力也是未知的；最后，创新完成后，创新成果如何分配常常也是无法事先规定的。我们甚至可以认为，互动创新比一般的市场交易存在更多的无法预测事件，其暴露在文本合约之外的情况更加复杂。虽然如此，互动创新的实践却在大量发生，这说明存在某些机制的作用，使看似充满不确定的互动创新得以实现。既有的不完全合约理论可以对此提供一些解释，例如，关系治理、剩余控制权的配置等。

3. 对称制度和不对称制度

既有的研究忽视了一种情况，即互动双方处于两种不同的制度环境，各方所拥有的制度资源是不同的。例如，当一家美国企业和一家中国企业建立交易关系时，美国企业嵌入的制度背景与中国企业是有较大差异的，在这种情况下，双方的互动就是处在一种不对称的制度环境下。互动创新的每一方，其嵌入的制度环境都是具有多维度的，不能一概而论地认为双方所处的制度环境是对称的或者是不对称的。对称与不对称，重点在于同一类型制度是否赋予互动双方不同的谈判地位。从行动者的角度来看，他能够动用制度资源以获得相对高的谈判地位，而对方是缺乏这种制度资源的，这样就是一种不对称制度；反之，如果一种制度类型对互动双方的影响是无差异的，那就是对称制度。

制度既有约束行动的一方面，也有激励行动的一方面，在双边互动中，对某一方的约束反而可能成为另一方的筹码。所以本文关于不对称制度的分析，更多是将制度理解为行动者可以借以在谈判中获利的资源。这样，制度能否在互动中发生作用也要看行动者是否意识到这种资源的存在，并且主动将它引入互动过程。

在双边谈判中，个体经常会将制度引入谈判过程。这时候制度可以理解为一种第三方力量，第三方力量的出现总是直接或间接地改变博弈的结局。

（二）引入不对称制度的博弈模型①

影响谈判地位的不仅有物质资源，而且有社会资源。制度就属于一

① 为了便于讨论，我们使用博弈模型这个概念，其实本文所谓的互动、谈判都可以视为一种博弈过程。每一个人在面对他人时，只要其行为涉及相对地位的判定，特别是对资源的最终占有，我们就可以将这些行为者之间展开的活动称为博弈活动。

种社会资源。我们假定谈判双方已经动员了所有可能动员的物质资源，形成了既定的谈判地位结构，假设这时的谈判地位结构是对称的，谁也不具备更多的优势。在这种前提下，我们再来分析非对称制度对谈判地位的影响。这种分析模型暂且称为引入不对称制度的博弈模型，在进入模型分析之前，我们先从最简单的模型出发，在其理论预设中逐步加入一些现实因素，将其前提假设慢慢地向社会现实靠拢，然后演绎出引入不对称制度的博弈模型。

1. 协调博弈模型

笔者在上文已经提到，互动创新是通过不完全合约实现的。只要合约实现，各个参与者通过合作都可以得到更大的收益，但具体会形成怎样的合约结构，常常有不同的可能性。比如，权利如何划分、合作收入怎样分配、未能事先预料到的情况出现之后谁来决策等，都有不同的方案可被采纳。关于合约结构的可能性分析，协调博弈是一个比较基础的分析模型，可以作为讨论的起点，下面通过协调博弈模型来讨论。

在表 1 所示的合约缔结的协调博弈中，有两个均衡策略组合，即（合约方案 1，合约方案 1），（合约方案 2，合约方案 2）。在互动创新中，合作创新能够给双方带来收益，所以双方有合作的激励。一旦合作实现，创新收益的分配就是均衡的，然而究竟是哪个均衡会在实际中出现，协调博弈并没有告诉我们，我们也无法了解是什么因素决定了均衡落在哪一个策略组合上。在这里，博弈双方谁也不能对对方的行动产生影响。也就是说，谈判地位所可能发生的影响被排除了，但是不同的均衡之间隐含着博弈双方的不同谈判地位（刘世定，2011）。

表 1　合约缔结博弈

		参与者 II	
		合约方案 1	合约方案 2
参与者 I	合约方案 1	6，4	0，0
	合约方案 2	0，0	3，7

2. 坚持力博弈模型

协调博弈模型假定行动双方对于合约方案的选择是同步的，是瞬时完成的动作。这不是指在自然时间上双方选择的同步性，而是指每一方在做出决策之前无法观察到对方的行动。在这种假定下，互动双方动员各种资源改变博弈结局的过程就被忽略了。为了进一步探究影响博弈结局的因素，应该把博弈过程看作一种序贯活动。刘世定（2011）提出了一种谈判坚持力博弈模型（见图1）。

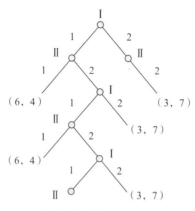

图1　谈判坚持力博弈

在图1中，结点位置标明了博弈行动者（行动者Ⅰ或行动者Ⅱ），结点间连线上的数字表示方案选择（延续表1中的合约方案1和合约方案2的设定），末端括号中的数字表示收益（前边的数字表示行动者Ⅰ的收益，后边的数字表示行动者Ⅱ的收益）。假设行动者Ⅰ先做出选择，行动者Ⅱ观察到行动者Ⅰ的行动后再做出选择，双方的行动可能在某一相同选择点停止，实现合作；也可能一直持续讨价还价。根据图1，如果行动者Ⅰ选择合约方案2，那么他的收益是3，行动者Ⅱ的收益是7，他肯定会同意这种方案，这时均衡实现，双方达成合作。但问题是，在没有引入其他因素的前提下，行动者Ⅰ是不会主动选择合约方案2的，因为合约方案1带给他的收益是6，大于合约方案2带给他的收益。同样的道理，当行动者Ⅰ选择合约方案1的时候，如果没有其他因素的介入，行动者Ⅱ也不会同意合约方案1。这样是不是意味着合约永远无法实现呢？答案当然是否定的，因为总有一方会因为资源不足而无法坚持长期谈判，他只能向对方妥协。这时候需要解决的问题就是：博弈双方能够动员以维持谈判坚持力的资源有哪些？

互动创新本身就是一个序贯过程，互动双方的谈判从创新开始之前一直持续到创新完成以后。在合作创新之前，双方谈判的内容就涉及各自在创新活动中需要投入的资源、创新的收益如何分配等。在实际的创新过程中，各方对创新的投入和贡献可能会和事先约定的不一致，一旦发生这种情况，双方就会重新调整权益的配置。这可以理解为合约逐渐清晰的过程，也是行动各方不断调动新的资源改变合约结局的过程。有鉴于此，将谈判坚持力博弈模型作为分析互动创新机制的讨论基础是比较合适的。相对于一般协调博弈模型，谈判坚持力博弈模型更加贴近现实。

3. 引入不对称制度的博弈模型

在谈判坚持力博弈模型中，行动主体通过引入各种资源影响谈判的相对地位，以增加自己在博弈中的收益。可供行动者使用的资源是多方面的，暂且把它分为两种类型的资源，即物质资源和社会资源。物质资源主要指行动者的资金、技术等；社会资源主要指社会规范、第三方力量等。本文假定，博弈双方首先使用的是物质资源，物质资源对于行动者是最直观的，一般在博弈的初始阶段就会将各自所能调动的物质资源引入谈判过程。例如，两家企业在进行一项贸易合作的谈判时，有关各方的资本实力、产品制造能力、质量管理能力都会首先成为双方讨价还价使用的工具。物质资源的引入势必会影响相对谈判地位，促使博弈向某一个均衡点靠近。但是现实情况是，在引入物质资源以后，双方的博弈经常还是无法达成均衡，这时候，行动者就会调动社会资源。

已经有学者注意到行动者调动社会资源改变博弈结局的情况。宾默尔曾在有关公平博弈的研究中提出了生存博弈和道德博弈同时进行的问题，他所说的道德博弈，正是一种涉及社会资源的博弈。他指出，生存博弈可能导致多个均衡点，在此基础上，进一步的道德博弈会从这许多个均衡点中再选择一个均衡。这里面已经暗含了行动者引入道德因素改变相对谈判地位的思想（宾默尔，2010）。王水雄（2005）则提出了一个结构博弈的概念，着重考虑了博弈参与者把社会结构因素作为策略引入博弈过程的问题。

本文认为，在行动者可调动的多方面社会资源中，制度特别是不对称制度是一个需要被重点分析的因素。下面，笔者将在谈判坚持力博弈模型的基础上，分析行动者如何通过引入制度因素影响互动创新的结果，暂且称这种模型为调动制度资源的博弈模型，见图2。

假设 $a > c$，$d > b$，所以行动者甲更倾向合约方案Ⅰ，行动者乙更倾向合约方案Ⅱ，双方彼此了解对方的偏好。假设没有任何新的因素被引入博弈过程，就会持续不断地讨价还价。引入制度因素后，结果就不同了。假设合约方案Ⅰ需要得到甲所在地的制度A支持，合约方案Ⅱ则需要

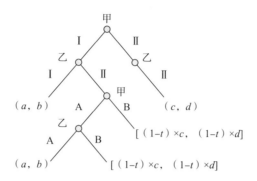

图 2 调动制度资源的博弈模型

注：结点位置标明了博弈行动者（行动者甲或行动者乙），末端括号中括号中第一个字母代表行动者甲的收益，后一个字母代表行动者乙的收益。

依靠乙所在地的制度 B 支持。双方处在不对称制度条件下，即制度 A 和制度 B 虽然是同一种类型的制度，但是其有效力是有很大差异的。根据甲的判断，如果双方都遵循制度 A，那么合约方案 I 的总收益（甲获得 a，乙获得 b）是可以完全实现的；如果双方遵循制度 B，由于制度 B 的有效力不足，合约方案 II 的总收益可能要受到损失。假设损失率为 t，那么甲乙的收益分别为 $(1-t) \times c$ 和 $(1-t) \times d$。这样，甲乙双方的分配结构虽然不变，但是绝对收益却大为减少。对于乙来说，如果合约方案 I 产生的收益 b 大于合约方案 II 的收益 $(1-t) \times d$，那么他就会同意甲采用合约方案 I。

实际上，上述分析还需要一个前提条件，即制度 A 和制度 B 是处于不同地区的、同一种类型的制度，两者同时存在构成一种独特的制度组合，也就是上文提到的不对称制度。假设博弈初始阶段，博弈双方并没有认识到这种制度组合对合作总收益及收益分配结构的影响。当其中一方行动者意识到了这种制度组合更支持自己所偏好的方案，于是他将有关这种制度组合的信息传递给对方。这种新信息的引入使对方意识到，如果坚持自己的方案选择，就有可能造成"双输"的局面。为了避免"双输"局面的出现，适当妥协促成合作就成为比较理智的选择。

不对称制度对合作总收益的影响是现实存在的，无论合作双方有没有意识到这种因素的影响。一旦这种制度因素被引入博弈过程，获得制度支持的一方就会在双方谈判中获得更有利的地位。由于双方达成均衡的方案已经规避掉不对称制度可能造成的损害，所以合作总收益可能是更优的。这其实是双方在交易过程中认知逐步发展的结果。

四　案例分析一：互动创新过程

当前，学术界、政府部门普遍认为外向型中小企业缺乏自主产品研发和技术创新的能力，大部分中小企业仅限于简单的组装和来料加工，缺少自主研发的核心技术。本文认为，外向型中小企业创新能力不足确实是一种普遍现象，但是过于强调这种看法往往让我们忽视了中小企业的创新能力。在调查中发现，许多外向型中小企业的创新活动是相当活跃的，这些企业也具备较强的产品研发和技术创新能力。为了阐明外向型中小企业的创新活动，笔者将详细介绍一家企业的创新案例，以下简称这家企业为 M 公司。

（一）　M 公司的发展历程与其创新能力

M 公司位于宁波市南部，是一家生产工艺产品的中型企业，员工总数为 300 多人，年销售额在 4000 万元人民币以上。目前主要依照国外订单的要求生产一种沐浴球和包装洋酒的袋子，生产的产品全部出口到境外。这些特点与一般的外向型中小企业相符。

M 公司的老板是一名退伍军人（以下简称 C 老板），转业后在地方电力部门工作，20 世纪 90 年代中期下海创业。在创业过程中，涉足多个业务领域，例如，生产汽车坐垫、箱包、玩具等。创业过程也是几经波折，曾经因为采购商的欠款导致企业无法运转，几乎到了破产的地步。但是多年来在工艺品加工出口方面的经营活动为他积累了宝贵的生产管理经验及对外贸易经验。

2007 年 3 月，M 公司了解到一家大型跨国企业要采购一种新型的沐浴球产品。随即投入该项产品的研发工作，通过与采购商之间的互动合作，最终成功开发了新产品。M 公司凭借其技术创新能力获得了采购商的长期订单，并一直合作至今。以下，笔者将从三个方面分析 M 公司的创新能力。

1. 丰富的产品制造经验

M 公司生产过的产品类型比较多，在经营过程中，企业积累了丰富的技术和经验。首先，有关原材料方面的知识，工艺品主要涉及纺织材料、塑料、橡胶等原材料。M 公司对于不同材料的不同特质和用途有丰富的经验，基于这些经验，M 公司经常能够通过对原材料进行不同组合获得具有创新意义的新型材料，而这些新型材料往往是创新产品所需要的。其次，M 公司在模具成型①等生产工艺方面也积累了丰富的技术经验。日用品、工艺产品的关键技术也就集中在模具方面，这方面的经验为 M 公司对产品外形进行创新提供了可能。这些技术创新能力并非来自科学知识的发展，仅仅是在自身经验基础上进行有意识的发挥创造形成的结果。但是谁也不能否认这种创新形式，它和高新技术产品创新一样，能够提升产品性能，更好地满足消费需求。笔者在访谈中发现，M 公司对于自身的创新能力有着清晰的认识和坚定的信心。C 老板在谈及自身企业的创新能力时这样说：

> 这个产品涉及纺织、橡胶、模具、塑料很多方面，是一个综合的东西，（其他厂商）只知道一方面的经验是做不出来的。我们不同，这几年来，我们在这些方面都接触过，所以我觉得最后一定是我们成功。（C 老板，来自宁波调查的访谈资料）

2. 具有高等教育背景的企业接班人在企业创新中的作用

如果说第一代企业主更多的是依靠经验进行创新，那么随着具有高等教育背景的第二代企业接班人的出现，企业的创新模式发生了变化。许多外向型中小企业仍然采用家族管理的模式，企业创始人的子女在完成高等教育以后直接进入企业从事经营管理工作。第二代企业接班人具有较高的科学文化素质和更宽广的视野，对于新鲜事物的接受能力也更强。他们更愿意运用科学知识帮助企业进行产品创新。将老一辈的丰富经验和科学的知识技术结合起来，能够有效提升企业的创新能力。在 M 公司的创新过程中，第二代企业接班人就发挥了显著的作用。C 老板的女儿、女婿和儿子都在接受完高等教育以后直接进入 M 公司工作。C 老板对于他们在企业中的工作也给予很高的评价：

> 当时这个订单也是我的女儿首先发现的……我研究了一下订单的条件，觉得还不错，但是以当时企业的情况，要投入这个新项目就相当于要动用企业全部的资金（该产品研发需要占用企业大部分的资

---

① 模具是工业生产上用注塑、吹塑、挤出、压铸或锻压成型、冶炼、冲压、拉伸等方法得到所需产品的各种模子的工具。简单的定义就是用以限定生产对象的形状和尺寸的装置。

全），风险还是很大的。考虑了一下，我们还是决定赌一把，如果能做成，那是非常好的，但是如果失败了，很可能就破产了。……决定做这个产品之后，我们就把其他的产品业务交给其他人去做，我和 J、H① 全身心投入这个产品的研发工作。J 当时很辛苦，每天早上 7 点上班，晚上 12 点下班，她在网上把每一种材料的用途和性质都找出来，看看什么样的材料才适合做这个产品。她以前也不懂这个，但是要学啊，不懂的就自己去找资料学习，直到把每种材料的性质都搞清楚。……我们前前后后也试了很多次，也失败了很多次。为了这个，她当时哭了好几次，确实很辛苦。（C 老板，来自宁波调查的访谈资料）

3. 成熟的产业体系有助于企业的创新活动

M 公司所在的地区，制造业非常发达，产业配套很完善。制造一项产品需要的各种生产要素——原材料、技术支持、熟练的产业工人等——都可以在周边地区找到。这实际上形成了一个成熟的产业体系，在这个产业体系中的企业可以便利地从中获得所需的资源。一项产品创新可能涉及的要素是非常庞杂的，缺少其中一个支持要素就可能导致创新的流产，而一个成熟的产业体系则最大限度地保障企业创新所需的各方面要素。在一定程度上，M 公司的创新能力是建立在成熟的产业体系基础上的。

有些工作我们还是要请别人帮忙的，比如这个产品的 Logo，对方要求 Logo 要直接烙在产品上，是要一体成型的，不能做一个再贴在上面。当时试了很多方法都做不好，后来我们去考察了许多制作工艺。别人做的东西可能跟我们不一样，但是有些技术是可以借鉴的。后来我们就发现用××技术②可以解决这个问题，能够使用这种工艺的工人也能找到。别人是想不到这种办法的，我们当时也没有告诉采购方这种技术，这是保密的。（C 老板，来自宁波调查的访谈资料）

---

① J 指 C 老板的女儿，H 为 C 老板的女婿。

② 应受访者要求，暂不公开这种技术方法。

（二）互动创新过程

上文提到，一般观点认为，外向型中小企业往往是机械地按照国外采购商的要求进行生产制造，缺乏产品研发和技术创新能力。国外采购商的订单要求已经提供了产品具体的设计方案，包括用料配比、外形规格、功能设计，甚至是为制造商提供了生产工艺和技术。现实当中确实存在这样的加工出口模式，但是 M 公司与其采购商（以下简称 U 公司）之间的合作模式却与上述模式截然不同。

1. 采购商提出模糊的需求

U 公司是一家全球知名的日用消费品制造商，销售网络遍及全球 75 个国家和地区，拥有数以亿计的消费群体。它在品牌运作、销售渠道管理及市场研究方面具有丰富的经验和强大的实力，能够针对市场需求特点，及时进行产品创新。日用消费品行业的产品创新一般来自市场需求的驱动，U 公司在产品创新方面的优势主要集中在功能需求设计方面，这种大型跨国企业经常把生产环节外包给发展中国家的制造企业，所以它在产品生产方面的经验也是有限的。

2007 年，U 公司根据当前沐浴球产品存在的缺陷，提出了一种新的产品方案。但是该方案还仅仅是一个很模糊的想法，它只是提出了几条设计要求。第一，它要求这种新产品应该使用一种特殊材料，以使产品的硬度比一般产品更高，但是又不能超出一定的硬度范围，并且所使用的材料对人体是无害的。至于应该使用什么材料以达到这种效果，U 公司并没有提供答案。第二，它要求新产品增加一项功能，即沐浴球一面可以搓澡，另一面可以用来搓脚或者身体其他比较粗糙的部位。第三，它设计了产品外形的草图，但是对于具体的规格参数是不明确的。也就是说，产品大小、形状等都是不确定的。对于生产这项产品需要的生产工艺和技术方法，U 公司也无法提供任何支持。

U 公司通过贸易代理商①向制造企业传递出这个需求，许多制造商看到这个需求后会主动与代理商联系，并提供相关产品设计和报价方案。U 公司在评估各个制造商及方案后，选择合适的制造商作为合作伙伴。当

---

① 贸易代理商是促成国际贸易的中介机构。由于市场上有数量庞大的采购商和制造商，选择一个合适的交易伙伴是需要耗费相当大的精力和成本的。贸易代理商专门从事这种中介业务，积累了大量有关采购商和制造商的信息，类似于一种网络结点。通过他们可以快速有效地找到合适的交易伙伴。

时参与竞投这个产品项目的制造商不止 M 公司一家，笔者在上文提到，许多实力不俗的企业也参与了竞争，但是最后 M 公司凭借较强的创新设计能力获得了该订单。

2. 制造商提供详细的产品设计方案

M 公司在得知 U 公司的订单需求后，立即投入产品的研发工作。由于 U 公司只提供了一个模糊的需求方案，所以 M 公司必须承担起大量的产品研发设计工作。首先是在材料研发这一环节，M 公司根据以往的生产经验，认为目前在市场上找不到现成的材料满足新产品的需要。用 C 老板的话说就是，"塑料太硬，橡胶又太软，这个材料必须用新的配方合成才行"。究竟用怎样的配方才能够合成这种材料？这就是 M 公司需要首先解决的问题。所以 M 公司花费大量人力、物力去研究不同原料的特点，在一定的比例配置下，混合使用多种原料合成所需的材料。合成的材料还要经过多种试验程序，在多次试验之后研究出合格材料的制作方法。在这个过程中，M 公司耗费了人力资源成本、购买各种原料的成本以及试验程序的成本等，而这一切成本均由 M 公司独自承担。

对于新产品需要增加的功能需求和外形设计，M 公司也制定了详细的方案。在 M 公司的努力下，一项模糊的产品需求最终形成了详细的设计方案。这个详细的设计方案包括产品用料及其配方、外形规格的具体参数以及具体的生产工艺和方法。可以说，M 公司在这项产品创新过程中发挥了主导作用。虽然它是按照采购方的需求进行创新的，但是它的研发过程是产品创新得以实现的最主要环节。

3. 持续的信息反馈推进创新过程

所谓互动创新，这个过程一定包含着持续多次的信息反馈。U 公司提出需求后，M 公司进行研发设计，但是 M 公司提供的设计方案并不是立即得到 U 公司认可的。在产品设计方案最终形成之前，U 公司和 M 公司之间经历了长达半年的反复沟通。M 公司根据 U 公司的需求不断地提出初步方案，将方案信息传递给 U 公司。U 公司在吸收这些方案信息后，对产品的设计方向有了较明确的认识，并且根据对市场需求的把握，又提出新的设计要求，并将这些新的设计要求反馈给 M 公司。在这种持续的反复沟通下，不断地将产品设计方案明晰化。在这个过程中，M 公司提出了诸多设计细节，这些设计细节有些被 U 公司采纳了，但也有很多设计细节被 U 公司否决了。随着沟通的深入，双方对于产品创新的方向、彼此在其中的投入、创新耗费的成本等问题都有了比较统一的认识。互动双方对于合作关系的认知也在这个沟通过程中不断深化。

> 这个产品也不是说我们一做出来，他们（U公司）就觉得很好，当中还经过了很多次讨论和修改。这是当初的一个外形设计方案（H拿出一张早期的产品外形设计草图与一个成型产品进行比较），与现在的产品还是有很大差异的。前后也换了好几稿，对方一直提出修改意见，我们只能重新修改……有些东西是很快就能确定下来的，比如各个部位的颜色（手柄要用黑色，反面硬的部分要用红色，球的正面要用蓝色）。但是像外形规格还有用料之类的，都要经过很长时间的讨论和修改才能确定下来。（H，来自宁波调查的访谈资料）

这种互动过程不同于一般的按订单生产的模式。U公司提出的需求并不是简单的动作就可以满足的，而是需要M公司调动各方面资源进行研究开发才能实现的。所以，本文认为，M公司在这项产品创新中处于主导地位，具有更重要的意义。假如没有M公司的参与，U公司可能也会推出这项新产品，但是这项新产品能否达到当前的质量水平就不一定了。

M公司与另一家采购商的合作案例就能够充分体现其创新能力的重要意义。M公司为另一家采购商（以下简称T公司）生产用于包装洋酒的酒袋子。虽然只是一个小小的酒袋子，但是其中包含着诸多创新技术。T公司对布料的要求很高，在布料的韧性、色度和翻毛程度上有精确的规定。2005年，M公司就通过技术创新解决了这种布料的生产工艺问题，开始为T公司生产酒袋子。到2007年，由于中国国内的原材料价格和劳动力成本持续上升，制造业的成本也随之增加，T公司就转向东南亚地区寻找采购成本更低的制造商。但是仅仅一年以后，T公司又重新回来与M公司合作，因为东南亚制造商提供的产品虽然成本较低，但是制作工艺技术较差，生产的产品远远无法达到标准要求。考虑到M公司的技术创新能力较强，T公司还是决定重新与M公司合作。这个案例表明，M公司在一定程度上具有无可替代的创新能力，其凭借技术能力往往能在创新活动中发挥主导作用。

4. 小结

本节重点介绍了一个外向型中小企业与一个大型跨国企业互动创新的案例。一般观点认为，外向型中小企业普遍缺乏创新能力，并认为这种创新能力的不足是其在国际市场竞争中缺乏竞争力的主要原因。本文通过对这个互动创新过程的分析，认为外向型中小企业并非只会从事简单的加工，它们在多年的经营活动中积累的丰富技术经验，其背后完善的产业体系以及高素质的第二代企业接班人的介入都会在一定程度上提升其创新能力。最重要的是，与以往认为的中小企业创新意愿不足的看法不同，我们观察到许多中小企业主在创新投入方面具有强烈的意愿和冒险精神。对他们而言，抓住每一次创新机会才能够使企业继续生存下去，而不创新，则会灭亡。

五　案例分析二：尴尬的结局

本文在第四节介绍了 M 公司与 U 公司互动创新的过程，其间，M 公司承担了大部分的创新工作。当产品创新工作完成后，双方签订了一项长期交易协议。这份协议实际上规定了产品创新成果的分配结构，笔者在第三节的基本概念部分就已经提到，互动创新从一开始就隐含着对创新成果进行分配的要求。然而，这项创新成果的分配却出现了一个尴尬的结局：U 公司占有了大部分创新收益，M 公司却只能从生产环节中获取微薄的利润。本节将运用"调动制度资源的博弈模型"来解释这种看似"不合理"的分配现象。

（一）创新成果"不合理"的分配结构

产品创新工作完成后，U 公司和 M 公司通过谈判形成一份长期的交易协议。这份协议在以下方面做出规定①：（1）产品的专利产权归 U 公司所有，由 U 公司在其所在地美国申请专利保护；（2）M 公司按照 U 公司的需求定量生产产品，所有产品只能销售给 U 公司，M 公司无权自行生产该产品并将其出售给其他企业；（3）双方在详细核定成本后，明确规定了产品价格；（4）当原材料价格变动及其他因素导致产品制造成本出现较大变化时，双方可以重新议价。在这份协议中，U 公司占有了更多的权益。第一，对产品专利产权的占有意味着 U 公司享有这项产品的剩余收入和控制权。无论产品在市场上获得多大的收益，M 公司均无权要求分享。M 公司的收益只能通过 U 公司的采购订单得到部分实现，一

---

①　为了保护受访公司的商业秘密，协议中涉及的具体数据暂不公开。协议包含的内容涉及多方面，本文根据分析需要列出其中的部分条款。

且它将产品销售给其他企业或个体，就会违背与 U 公司签订的协议。第
二，在产品定价方面，U 公司详细核算了成本结构，给予 M 公司的价格
只略微高于制造成本。M 公司在这个交易中获得的利润水平是非常低的。

> 这个产品在美国的零售价格是 × 美元，而 U 公司给我们的价格
> 不到 ×/4 美元，相差很多。虽然他们要承担营销成本，但是就算扣
> 除各种成本，U 公司的收益还是非常大的。U 公司在美国棒球大联盟
> 的电视节目《超级碗》上面做广告，这个节目的广告费非常高，单
> 次广告投入的费用就达到 500 万美元。说实话，我们也承认他们在品
> 牌运作和营销方面是非常强大的，也有足够的资金投入去运作。但
> 是，目前这个产品每年销售几百万个，并且销售额增长得很快，市
> 场反应非常好。按照这种销售情况，这些广告投入就不算什么了。
> 　而我们的成本他们非常清楚，原材料多少钱，人工成本多少钱，
> 他们都算好了。如果报价太高，他们肯定不同意。对于我们来说，
> 也不能说一点儿好处都没有，他们的销售额上去了给我们的订单自
> 然也就多了。这几年我们企业的产值规模也随之扩大了很多，但是
> 利润率始终维持在这个水平，很难提高。（H，来自宁波调查的访谈
> 资料）

虽然 M 公司的产值规模在持续扩大，但是这种利润水平并不比一些
简单代工行业的利润高，M 公司在付出巨大努力完成产品创新后，仍然
逃离不了沦为"打工者"的命运。C 老板及其他企业负责人对此也颇感
无奈。那么，究竟是哪些因素导致了这种尴尬的结局？

（二）不对称的谈判地位

不管我们给这个分配结构贴上"合理"或"不合理"的标签，它都
是双方通过自主协商确立下来的结构，协商的结果取决于双方的相对谈
判地位。权益分配结构"不合理"，显然是由于双方的谈判地位不对称造
成的。对于 U 公司和 M 公司之间形成"不合理"的分配结构的原因，我
们可以直观地认为 U 公司比 M 公司的谈判地位高。问题到这里尚未结束，
我们需要探究的是什么因素导致双方不对等的谈判地位。在第三节，笔
者在布劳等的研究基础上分析了几种影响谈判地位的因素。以下，本文
将从现实层面分析影响 U 公司和 M 公司谈判地位的因素。

1. 双方掌握对他人有诱惑力的资源和自己不依赖于他人资源的相对状况

按照布劳的分析，掌握着较多对对方有诱惑力资源的一方有较高的谈判地位；掌握着较多可以不依赖对方资源的一方有较高的谈判地位。U公司拥有数百种的产品资源，即便和M公司的合作没有实现，这款新产品无法推出市场，它的经营活动也不会受到太大的影响，这可以理解为U公司掌握着较多可以不依赖M公司的资源；相反，M公司则对U公司的依赖性很强。如果没有U公司强大的营销能力，那么M公司要自己进行产品销售也是比较困难的。U公司强大的资金实力和金额巨大的订单对M公司也是有很强诱惑力的。这种资源分布的相对状况导致双方的谈判地位不对等，U公司获得了更高的谈判地位。

2. 替代性选择的多少

有较多替代性选择的一方比拥有较少替代性选择的一方有较高的谈判地位。如果这项产品不需要太多的技术创新能力，那么U公司放弃与M公司的合作，转而寻找其他制造商就几乎是无成本的。在这种情况下，U公司就具备了更高的谈判地位。M公司当然也有可能找到替代U公司的合作伙伴。实际上，M公司在其发展历程中，也与很多采购商合作过，但是像U公司这种大客户还是比较稀缺的。相对来说，U公司拥有较多的替代选择，因而更有利于提升它的谈判地位。

3. 专用性资产投入的情况

专用性资产投入较多的一方容易被套牢，从而削弱谈判实力。M公司开始投入产品创新的时候，并没有与U公司签订合作协议，合作协议是在产品创新已经完成的时候才签订的。这时候M公司已经投入了大量的资源用以产品创新工作。这部分资源具有专用性资产的性质，将其转移到其他用途的可能性很小，即便可以转移，也会造成一部分成本损失。当双方开始进入谈判阶段时，M公司为了收回已经投入的专用性资产，不得不向U公司妥协。

以上三点是相关理论已经认识到的可能会影响谈判地位的因素。在本文的案例中，这些因素确实产生了一定的影响。但是笔者认为，在具体案例中，对双方博弈结局起决定性影响的是不对称制度条件。而对于这一种影响因素，现有的理论并未认识到。为了详细刻画不对称制度条件对博弈过程的影响，笔者将它与其他影响因素分开进行讨论。

（三）不对称制度条件下的博弈过程

在 M 公司和 U 公司进行专利博弈时，两家公司所面临的制度条件差异较大。中国的专利保护制度虽然经历了近三十年的快速发展，但众多法律文本仍旧处在需要进一步完善的发展阶段中，特别是法律运作的成本较高，保护的效力也比较有限。相比较而言，美国的专利保护制度已经经历 200 多年的制度演化，特别是围绕专利保护形成的一系列机构和相关法案已经运作多年，有着丰富的专利保护经验。这一制度的不对称性构成了 M 公司和 U 公司博弈过程中的重要制度环境考量。本文将结合"调动制度资源的博弈模型"分析 M 公司和 U 公司关于创新成果分配的博弈过程。一方面，反思上述模型在前提假设和理论逻辑上可能存在的问题；另一方面，为尝试解释现实问题提供一种理论框架。

1. 引入不对称专利保护制度条件前的讨价还价

M 公司的决策者表示，基于对专利保护制度环境的考虑，暂不争取申请该产品的专利产权，只能接受由 U 公司占有产品专利权的现实。这可以理解为，直到考虑到不对称制度条件后，双方的谈判才达到均衡。在逻辑上可以假设，当双方尚未意识到两国专利保护制度对各自收益的影响时，双方的谈判处于持续反复的讨价还价状态。假设该产品创新的总收益是 10，M 公司和 U 公司各提出一种合约方案。M 公司的合约方案（m）是：M 公司占有收益 6，U 公司占有收益 4。U 公司的合约方案（u）是：M 公司占有收益 4，U 公司占有收益 6。双方提出这些合约方案时已经包含了他们意识到的所有能够影响双方谈判地位的因素。这种方案不是随意提出的，而是基于双方对交易关系和相对地位的认知状态提出的。也就是说，双方在考虑到各种条件后仍然无法达成协议，谁也说服不了谁。谈判停留在讨价还价的状态。根据研究调查，M 公司与 U 公司之间关于合作协议的谈判持续了数个月。在谈判的初始阶段，M 公司和 U 公司各自拥有数量不等的谈判筹码。当 M 公司使用一种筹码（即在谈判中向对方展示自己的资源，这种资源支持本方偏好的分配方案）时，合约方案就向 M 公司有利的一方倾斜；U 公司也随之在谈判中使用自己的筹码，合约方案又向 U 公司有利的一方倾斜。双方不断地出示筹码，直到其中一方没有可再展示的筹码。需要指出的是，双方可使用的筹码，与自身的认知状态有关。现实环境中可能改变均衡结果的条件很多，但是这些条件只有被行动者认识到后才会在谈判中发挥作用。

谈判的过程一开始都不太顺利，双方对很多问题的看法不一致，讨论很激烈。有时候就僵住了，你也不让步，我也不让步。但是最后还是要互相做些让步。（C 老板，来自宁波调查的访谈资料）

谈判僵持不下的时候，就是双方都不再有新的筹码可供展示的时候。但是双方都会竭尽所能寻找可供使用的筹码。

2. 引入不对称专利保护制度条件：博弈双方认知的改变

当 U 公司和 M 公司的谈判僵持不下的时候，U 公司首先意识到，美国的专利保护制度环境能够有效保护该产品的专利产权。假设在美国申请专利产权，那么创新收益可以完全实现，沿袭上述假定，即双方总收益为 10。由于在美国申请专利，U 公司更具优势。作为一家中国的中小企业，M 公司到美国申请专利面临许多困难。所以合意的结果就是由 U 公司占有专利产权，即 U 公司占有收益 6，M 公司占有收益 4。如果在中国申请专利产权，那么各种模仿侵权行为会损害双方的总收益，假设损失率为 50%，那么双方的总收益只剩下 5。即便专利产权由 M 公司占有，M 公司和 U 公司的收益也分别只有 3 和 2。

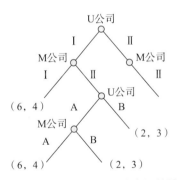

图 3　U 公司和 M 公司调动制度资源的博弈模型

如图 3 所示，结点位置分别表示 U 公司和 M 公司，结点间连线上方的罗马数字分别表示两种分配方案。末端括号中的数字表示双方的收益，第一个数字表示 U 公司的收益，第二个数字表示 M 公司的收益。

在没有考虑到专利保护制度时，双方均认为总收益是 10。U 公司首先进行选择，它选择合约方案 Ⅰ （6，4）。M 公司观察到 U 公司的行动后进行选择，如果它同意合约方案 Ⅰ，那么双方达成均衡；但是在没有其他因素的干扰下，M 公司肯定是偏好合约方案 Ⅱ （4，6），所以双方暂时未能达成均衡。U 公司首先意识到，合约方案 Ⅰ 的实现需要制度 A （美国专利保护制度）的支持，合约方案Ⅱ的实现则需要制度 B（中国专利保护制度）的支持；制度 A 可以保障合约方案Ⅰ充分实现，制度 B 则只能让合约方案Ⅱ得到部分实现，假设损失率为 50%，那么 U 公司只能得到收益 2，M 公司只能得到收益 3。这时候 U 公司将这组信息传递给 M 公司并警告 M 公司，如果选择合约方案Ⅱ，双方都会遭受很大损失。

这时候均衡能否实现还要看 M 公司如何解读这组新信息。如果它不认为收益的实现需要制度 A 或制度 B 的支持，那它仍然会选择方案Ⅱ；或者它承认合约方案Ⅱ会有一定的损失，但是损失率很低，假设是 30%，双方总收益是 7。这时候合约方案Ⅱ产生的收益是（2.8，4.2），M 公司获得的收益是 4.2，仍然高于执行合约方案Ⅰ自己得到的收益 4，因此 M 公司仍然坚持合约方案Ⅱ。在案例中，当 U 公司提出制度差异的影响时，M 公司显然是接受了 U 公司的意见。在这种制度环境不对称的条件下，产品专利权只能让给 U 公司。

通过案例与模型的综合分析，我们得出了几点有启发意义的结论。

第一，当互动创新的双方分别嵌入不同的制度环境时，两个不同的制度构成一个独特的制度组合，这个制度组合对双方具有不同的意义。它常常赋予某一方更多的行动可能性，而对另一方造成更多行动约束。双方并不是在一个统一的规范下开展互动的。

第二，博弈双方关于合约方案的选择经常会忽略一些潜在的影响因素，从而造成实际结果与双方的预期不一致。假设案例中的 M 公司和 U 公司均没有认识到制度因素对合作总收益的影响，即双方都没有申请专利权，那么他们在选择分配方案的时候就类似于一种画饼充饥的做法。大家都以为总收益是 10，最后却只得到 5。所以，通过讨价还价将新的信息引入博弈过程在某种程度上推进了双方对交易关系的认知，对于均衡选择的可能结果有更多的认识。这对于双方达成一个较优的合作方案是有帮助的。

第三，均衡的实现通常是双方认知状态协调的结果。在博弈过程中，每一方都努力引入新的信息，期望改变对方的认知结构，以让对方同意自己的方案。假如 U 公司提出中美两国专利制度的相关信息后，M 公司并不认可，那均衡的结果可能会是另一种形态。

六　总结和研究展望

创新是一个具有理论和现实双重意义的研究课题。自熊彼特的创新理论诞生以来，人们给予创新诸多关注。理论界产生了形色各异的研究成果，政府和企业也在大力推行创新实践。随着创新实践的深入发展，创新的模式和实现机制也出现了一些新的特点，理论研究需要对此反思和做出回应的问题也日益凸显。本文的研究正是对这一问题的回应。

在对创新研究的文献进行梳理之后，本文发现，既有的研究忽略了"创新是通过复杂的社会互动过程实现的"这一视角。熊彼特的创新理论把创新视为企业家个人禀赋的结果；希普尔等虽然认识到创新活动中的社会互动因素，但是并没有深入研究这种社会互动背后的制度因素；国内关于企业创新的研究关注面较广，但是也都不一而足。本文根据当前创新活动的特点，提出互动创新的分析视角，将创新理解为一种社会互动过程，并重点分析双边互动对于创新实现的影响。互动创新包含着创新成果在合作双方之间进行分配的内容，所以互动创新又具有合约的性质，它是双方博弈实现的结果。根据互动双方可能嵌入不同的制度环境这一现实，本文提出不对称制度环境这一概念，将此概念引入博弈模型，分析不对称制度环境对互动创新双方均衡选择的影响。通过案例与理论模型的对话，将逻辑上的推论与现实中的发展轨迹相互佐证，得出一些初步结论：第一，当互动创新双方嵌入不同制度环境时，行动者往往能发现这种制度组合对双方的影响存在不对称结构，并利用其有利结构占有更多的创新收益；第二，互动创新是一个不完全合约实现的过程，在这个过程中，双方通过持续的信息交流使未界定的问题逐步清晰，改变了既有的认知结构。这种认知结构的变化可能有利于双方做出更优的均衡选择。

参考文献

埃里克·冯·希普尔，2005，《创新的源泉：追循创新公司的足迹》，柳卸林、陈道斌等译，知识产权出版社。

安娜李·萨克森尼安，1999，《地区优势：硅谷和128公路地区的文化与竞争》，曹蓬等译，上海远东出版社。

安同良、施浩、Alcorta，2006，《中国制造业企业R&D行为模式的观测与实证——基于江苏省制造业企业问卷调查的实证分析》，《经济研究》第2期。

奥利弗·哈特，2006，《企业、合同与财务结构》，费方域译，上海人民出版社。

彼特·布劳，1988，《社会生活中的交换与权力》，孙非、张黎勤等译，华夏出版社。

程金伟、费方域，2010，《重复博弈下的研发联盟治理模式》，《现代管理科学》第

12 期。

道格拉斯·诺斯，1994，《制度、制度变迁与经济绩效》，杭行译，上海三联书店。

道格拉斯·诺斯、罗伯斯·托马斯，2009，《西方世界的兴起》，厉以平译，华夏出
　　版社。

肯·宾默尔，2010，《博弈论教程》，谢识予等译，格致出版社。

刘世定，2011，《经济社会学》，北京大学出版社。

刘学等，2008，《信任、关系、控制与研发联盟绩效——基于中国制药产业的研究》，
　　《南开经济评论》第 3 期。

王水雄，2005，《制度变迁中的行为逻辑》，知识产权出版社。

吴延兵，2007，《企业规模、市场力量与创新》，《经济研究》第 5 期。

姚建春、雷兴长，2007，《美国专利保护制度的特点分析》，《社科纵横》第 10 期。

约瑟夫·熊彼特，1999，《资本主义、社会主义与民主》，吴良健译，商务印书馆。

约瑟夫·熊彼特，2009，《经济发展理论：对利润、资本、信贷、利息和经济周期的
　　探究 》，叶华译，中国社会科学出版社。

周黎安、罗凯，2005，《企业规模与创新：来自中国省级水平的经验证据》，《经济
　　学》（季刊）第 3 期。

理解创新的三个层面：个体禀赋、
社会互动与环境条件

——对林海堆论文的评论

向静林[*]

随着市场化、全球化过程的不断演进，中国企业特别是中小企业与国外市场的联系越来越紧密，日益融入整个世界的生产和交换体系。传统上，人们可能很少将我国的中小企业与创新关联起来，往往先入为主地认为，中小企业大多属于劳动密集型产业，多是根据订单要求和产品方案完成生产过程，其生产更多的是按部就班的过程，没有多少创新的成分。但林海堆利用田野调查的资料却发现，实际上，很多中小企业在与国外贸易伙伴的合作中进行着了不起的产品创新。这些创新一方面帮助中小企业拓展了海外市场、提升了生存能力；另一方面也充斥着与贸易合作伙伴之间跌宕起伏的谈判博弈过程，而最终创新成果的分配不一定更有利于中小企业自己。林海堆的论文正是敏锐地抓住了这些田野发现，并由此展开了与既有创新研究的对话，提炼了对于企业创新的一种新的理解视角，建构了理论分析模型，进而运用理论视角和模型对一家外向型中小企业的创新案例进行了解读。

对于企业创新研究而言，林海堆的论文至少在三个方面具有新意。

第一，论文在梳理熊彼特、赫波、萨克森尼安等关于创新源泉和机制的经典研究工作基础上，强调并深化了关于创新是一个社会互动过程的视角，明确提出了互动创新的概念，即"通过不同主体之间的信息交流、权益协商及资源交换过程得以实现的创新活动称为互动创新"。这一界定，实际上阐述了互动的三个基本维度，即信息交流、权益协商和资

---

[*] 向静林，中国社会科学院社会学研究所助理研究员。

源交换，为打开创新过程的"黑箱"提供了分析工具。因此，从互动创新的视角出发，论文认为企业的产品创新不一定完全源自企业自身的内发式创新，而常常是在企业与供应商、需求方等多个主体之间的信息交流、权益协商及资源交换过程中实现的。

第二，论文提出了一个有趣而重要的研究问题，即：当创新是一个社会过程，而此过程又嵌入不同的制度环境中时，它将会产生怎样的特征？论文指出，尽管赫波、萨克森尼安不同于熊彼特将创新的源泉归于企业家精神等个体因素，而是强调创新活动是通过复杂的社会互动过程实现的，但他们都未认识到社会互动赖以发生的制度背景；同样，尽管诺斯等制度经济学家强调了制度对于创新的重要影响，却忽视了跨制度环境的主体之间的互动会对创新活动带来何种影响。因此，在这两个经典研究脉络的交叉地带，隐藏着一个潜在的学术生长点，即当互动双方嵌入差异化的制度背景时，会对创新活动带来什么样的影响，这是特别值得深入讨论的理论问题。不难发现，这是因变量导向的提问方式，即在给定因素的情况下分析可能的结果。由于结果可能具有多个维度，一篇论文难以涵盖所有，所以林海堆在后续的分析中选择研究其中一个维度，即创新成果的分配问题。

第三，论文指出，在互动创新的过程中，企业与贸易伙伴所置身的差异化制度环境可能会影响创新成果的分配。具体而言，在协调博弈模型、坚持力博弈模型的基础上，论文创造性地提出"引入不对称制度"的博弈模型，强调制度因素对互动创新的深刻作用，即如果互动双方处于不对称制度条件下，各方所拥有的制度资源是不同的，一方行动者能够动用制度资源以获得相对高的谈判地位，而对方则缺乏这种制度资源。据此，论文发现，在互动创新过程中，具有合作激励的双方之间会产生一系列关于权益归属的谈判，谈判双方总是会动用各种资源提高自身的谈判地位。当互动创新的双方处于不对称制度环境下的时候，将制度因素引入博弈过程就会导致双方谈判地位的变化，进而改变均衡选择的结果。在论文后续的案例分析部分，作者运用上述博弈模型，较为成功地分析了为何在 M 公司与 U 公司的互动创新过程中会出现创新成果分配的"尴尬结局"，即尽管 M 公司承担了大部分的创新工作，却只能从生产环节中获取微薄的利润，而 U 公司则占有了大部分创新收益。

林海堆在论文中提出的上述视角和模型，具有较为广泛的启发性和解释力。尤其是互动创新的理论视角，不仅适用于分析企业的创新活动，也适用于理解其他领域的创新过程。以社会科学领域的学术创新为例，伴随着经济社会的飞速发展以及学科交融日益紧密的时代趋势，完全单枪匹马、闭门造车式的学术创作已经十分少见，无论是学生的学位论文写作还是专职研究人员的学术论文创作，都不可避免地处于社会互动过程中。在学位论文的写作过程中，学生至少会与论文指导老师进行沟通和讨论，二者之间的交流和碰撞常常会产生很多思想的火花，这是学位论文创新的重要源泉。而专职研究人员的每一篇学术论文，除个人写作外，常常会经历师友指正、共同交流、研讨会点评、同行专家评审、期刊编辑部建议等多个系统化的流程和环节，在多重社会互动和多轮修改之后才得以真正面世。当然，学术领域的互动创新中也会涉及创新成果的分配问题。例如，在多位作者联合写作和发表学术论文的过程中，创新成果的分配常常体现在论文署名的人选、人数和次序上。这种分配至少存在两种类型，一种是事先已经确定好最后的分配方式，另一种则是伴随着论文写作过程而不断调整最后的分配方式。尤其是在后一种情况下，创新成果的分配时常夹杂着合作者之间的谈判博弈，即不同作者对于论文的贡献比例以及分配方案如何确定。同样，影响博弈结果的因素很多，论文合作者所置身的不同制度环境就是一个重要的因素，比如当不同作者来自不同的研究机构，而相应的科研绩效认定和考核制度存在差异时，合作者也可能会调动制度资源来影响彼此之间的博弈过程，进而争取更优的创新成果分配。由此可见，林海堆的论文所揭示出来的创新过程和机制，确实是在基础理论层面进行的思考和探索。

从更一般的意义上讲，林海堆的论文启示我们至少应该从三个层面去理解创新活动。第一，个体层面。个体既可以指个人，也可以指单个组织。正如熊彼特所揭示的企业家精神等个体因素是创新源泉一样，林海堆在案例分析中提及的 M 公司在多个产品方面的丰富经验，其实是其能够与 U 公司进行合作并推出产品创新的重要源泉。第二，互动层面。尽管个体因素对于创新具有重要影响，我们也始终不能忽视社会互动过程在创新活动中的重要角色。这正是林海堆在论文中提出互动创新视角的核心要义。相对于个体层面的因素而言，互动过程是中观的影响因素。第三，环境层面。当然，无论个体还是互动过程，都嵌入特定的环境中。林海堆的论文着重强调了不对称制度环境对互动创新的影响。其实，环境不仅包括制度环境，还包括技术环境（Meyer & Rowan，1977），这两种环境都可能对创新活动产生影响。论文中提及的浙江宁波中小企业所置身的产业集群或产业链条，其实就是支撑创新活动的技术环境。相对于个体层面和互动层面的因素，环境层面的因素是更为宏观的影响因素。总之，从这三个层面的因素出发，可能有助于对各种类型的创新活动获得更为全面的理解。

　　理解影响创新的三层因素，不仅需要深入每一个层面的内部进行深入讨论，而且要细致分析不同层面因素之间的相互影响。林海堆的论文启示我们，只有厘清每一层面的因素对于创新活动的影响机制以及相应的其他层面的条件，才能真正在理论深化上做出推进。例如，该论文不是停留于指出制度环境会对创新活动带来影响，而是深入制度环境的内部，指出当两种制度环境存在差异（即存在不对称制度条件）时，会对参与互动创新的行动者的策略以及最后的创新结果带来什么影响。这就使理论分析得以向纵深化的方向发展，同时对很多类似的现象具有潜在的解释力。实际上，这一分析思路与制度逻辑理论这一社会学新制度主义的最新进展（Thornton & Ocasio，2008）有着异曲同工之妙。二者的核心都是试图打开"制度环境"的内在结构，研究不同的制度环境或者制度环境内在的不同部分、不同维度之间的诸种复杂关系，以及这些关系对于中观层面社会互动与微观层面个体行动的影响。尽管林海堆的论文并不是主要从这个角度进行理论开掘，而是将不对称制度作为互动创新的一种外部条件，但"不对称制度条件"这一概念的提出，却在事实上隐含了打开"制度环境"内在结构以及讨论这种结构特征对行动者互动之影响的分析思路。这一概念不仅对理解互动创新过程具有重要意义，而且对理解刘世定教授提出的"利益互动"与"规范互动"（刘世定，2011）如何实现双重均衡问题具有重要的继续开掘潜力。

参考文献

刘世定，2011，《经济社会学》，北京大学出版社。

Meyer, John W. & Brian Rowan. 1977. "Institutionalized Organizations: Formal Structure as Myth and Ceremony." *American Journal of Sociology*, 83: 340 – 363.

Thornton, Patricia H. & William Ocasio. 2008. "Institutional Logics." In Royston Greenwood, Christine Oliver, Roy Suddaby, & Kerstin Sahlin-Andersson (eds.), *The SAGE Handbook of Organizational Institutionalism*. London: Sage.

经济社会学研究　第七辑

第 79～107 页

© SSAP，2021

技术应用何以成功[*]

——一个组织合法性框架的解释

任　敏[**]

摘　要：本文提供了一个技术的组织合法性分析框架来揭示技术在组织中应用成功的条件机制。文章通过回顾信息技术 ERP 在某国企历时 9 年的应用历程，展示了一项新技术在组织中应用或推进或停滞的曲折遭遇是如何与其组织合法性，包括绩效合法性、任务合法性以及价值合法性相对应关联的。研究表明，技术应用成功需要足够的组织内部合法性做支撑。其中，绩效合法性是基础；在技术绩效不确定的情形下，任务合法性为技术应用保证了组织正式层面的资源投入，启动、加速技术应用；价值合法性提供非正式的资源投入，在危机时保存技术、在应用期间促进应用。

关键词：技术应用　组织合法性　绩效合法性　任务合法性　价值合法性

一　问题的提出

技术－组织关系研究在历经几个阶段后，[①] 有学者指出已有研究体现

＊　论文最初发表于《社会学研究》2017 年第 3 期。

＊＊　任敏，华中科技大学社会学院副教授。

①　学者们对此有不同的分类，如张燕（2009）提出技术－组织关系经历技术（转下页注）

了从结构 – 制度研究到过程 – 机制分析的视角转化，趋向于对二者关系动态过程进行历时性分析（黄晓春，2010；谭海波等，2015）。本文以信息技术 ERP 在某国企历时 9 年前后两个启用阶段不同的后续遭遇为例，试图通过比较分析回答技术应用何以成功的问题，探讨影响技术应用中一种可能的组织条件机制。

案例所涉技术为外源性信息技术，这对应用组织意味着是全新的技术（邱泽奇，2005）。那么哪些关键因素会影响组织采用新技术的后果？按照既有研究依据侧重点不同分为三类，分别强调技术面因素，技术 – 组织匹配性因素或组织面因素。前两种视角集中于管理学，第三种视角既来自管理学也来自社会学。

关注技术本身特征影响技术应用后果的，比如技术接受模型（TAM）指出技术的认知有用性和易用性决定了个体的技术使用态度和使用行为（Davis，1986，1989；Davis et al.，1989；Venkatesh，2000）；又如，创新扩散理论（Innovation Diffusion）认为技术的相对优势、相容性、复杂性、可试验性和可观察性会影响其在组织中的扩散（Tatnall，2010）。技术应用研究关注技术特征似乎是题中应有之义，但这却不能解释相同的技术在不同组织中应用何以导向不同结果的问题，即"一个技术包，两个结果"的问题（Martinsons，2004）。组织 – 技术匹配视角强调信息技术，比如 ERP 与组织在数据、流程等方面的匹配性，彼此对应调适、组织抵抗等因素对技术应用成功的影响（Hong & Kim，2002）。若从组织因素中找答案，管理学视角分为组织的技术基础和非技术因素两类。前者强调组织既有技术能力基础对技术在企业中扩散的影响（殷国鹏、陈禹，2009）。后者强调组织文化（Zhen et al.，2012；李静，2002）或领导、沟通及团队赋权等管理要素（Sarker & Lee，2003）对技术应用的影响。

管理学的技术应用研究因其服务于解决具体管理问题的学科定位，相比社会学视角较少探讨抽象程度更高的、更为深层的整体性机制。它也通常假定新技术即最优技术方案，立足技术不变，强调组织设计为新技术的效率发挥创造条件；社会学则强调技术应用的实践性特征，提倡实证研究。比如，晚近的互构论学派假定组织是既定的结构性存在，而

（接上页注①）技决定论、技术的结构化理论及互构论三个阶段，任敏（2012）提出技术决定论、技术的社会建构论、结构化理论及互构论四个阶段，谭海波等（2015）提出了技术决定论、制度约束论及策略选择论三个阶段。

术内含了组织性结构要求，所以技术应用是一个技术与组织在各层次的结构上彼此形塑的过程（邱泽奇，2005；刘振业，2004；谢铮，2007；刘伟华，2007），并实证地揭示了技术应用带来的组织变迁（刘小涛，2004；任敏，2012）。在技术–组织互动逻辑上，信息技术被依据制度逻辑而非效率逻辑定制（黄晓春，2010），而组织的改变也非依据技术的效率逻辑进行管理活动的优化，不过是利益逻辑与权力逻辑的展示（谭海波等，2015）。近年来，在英文的组织研究文献中关注组织–技术关系议题的并不多，社会学的关注更是非常有限（邱泽奇，2017）。20 世纪 80 年代以来的结构化学派因其过度强调技术应用导致的组织变迁之突变性使技术应用变得不可认知、无可作为而过分脱离实践，学术吸引力与生命力日衰。至 90 年代末，相关研究也无本质性突破（张燕，2009），技术主题逐渐淡出（Zammuto et al.，2007）。

　　总结社会学的视角，它强调两方面内容。第一，技术本质上被视作一个揭示组织运行逻辑的道具。第二，强调技术的输入也是结构的输入，新技术必然与组织既有的形式结构、行动结构或技术结构遭遇一个激烈的冲突过程。但既有研究留下一些缺口，比如，当技术与组织在结构上剧烈冲突，技术完全可能从组织中退场，正如常见的组织中其他任何项目失败一样，但技术经历与组织的冲突走向应用成功的例子也很常见，所以究竟是什么支撑技术走过激烈的技术–组织互构阶段？又如，揭示信息技术应用中的制度逻辑、利益逻辑和权力逻辑并不能回应信息技术应用成功率持续上升，组织绩效提升的现状，技术应用研究中无效率逻辑是否足够？当组织运行被简化为利益、权力博弈，组织成员都被假定为自利者时，似乎他们从来不会考虑组织利益，这是不是对古典组织研究阶段"组织人"假设矫枉过正？当组织被视作制度操纵的木偶，组织理性及其目标追求从研究中被摒弃时，这对组织，尤其是内含了以理性手段组织生产以追求绩效目标的企业组织的技术应用而言是否合适？

　　基于这些缺口，本文试图有所补充。不是将技术仅仅视作窥探组织运行的道具，而是直接关注技术本身对于组织的意义，包括在组织–技术关系的阐释框架中纳入技术的效率逻辑——技术之于组织的绩效意义以及组织对技术的角色定位。需要表明的是，本文关注的绩效不是可客观测量的绩效，而是组织成员对于绩效的理解。① 复杂新技术在长周期的

——————————

① 绩效作为管理学术语在技术–组织研究中是高频出现的（邱泽奇，2017），多指客观绩效。

技术应用中通常其客观绩效都是高度不确定的，这使组织成员对技术绩效的主观理解变得十分重要。它形成技术应用的直接环境，这可以理解为技术在组织内部的合法性问题。之前已有学者提到过这个议题（Brown，1995，1998；邱泽奇，2005），但却鲜见实证研究。布朗（Brown，1995，1998）揭示了技术支持者如何操纵符号谋求技术的组织合法性之微观政治过程，但他未解的问题是：（1）假定技术应用必然有组织合法性问题，而没有追问这个假定是否成立，夯实其理论基础；（2）没有对合法性（符号）本身进行明确的分类认识；（3）组织对技术的认知依然被简化为利益和权力的再分配，不见技术对促进组织目标实现的绩效意义之考量。

基于以上知识脉络，本文的问题是技术应用中是否存在一个合法性的问题，它如何影响技术的应用，技术的组织合法性主要有哪些维度，其作用基础及其作用机制怎样？文章从组织成员对技术－组织关系的技术面认知（强调技术之于组织的功能、角色、意义等）而非组织面认知（强调技术应用中的组织运作逻辑）来探讨技术应用的组织合法性问题，包括技术在组织中的绩效合法性、任务合法性和价值合法性如何在不同条件下影响技术应用的效果。三类合法性分别对应组织成员对技术之于组织的绩效促进能力、技术占用组织资源的资格及其与组织未来发展趋势之契合性的评估与认可。

本文采用个案研究法。案例呈现了一项革新性技术 ERP① 自 1999～2008 年在大鹏公司历时 9 年遭遇上线、停滞、重启再到深入应用的曲折过程，为我们对比前后两个阶段——技术应用的停滞与重启，进而追问技术在组织中应用成功的条件机制提供了丰富的素材。案例资料来自笔者于 2008 年 8～10 月、2013 年 1 月、2016 年 4 月对公司相关人员的面访、电访以及相关公开信息。技术应用中的关键人员名单通过公司历届信息化深度参与者推荐获得，对因职务变迁离开的人员我们进行了追访。文中所涉名称皆为化名。②

---

① ERP（Enterprise Resource Planning）即企业资源计划，是一个以管理会计为核心的信息系统，用以识别企业资源并将其整合在一起，对采购、生产、成本、库存、销售、运输、财务、人力资源进行规划和优化，从而实现最佳资源组合，获取最高利润。它在物理逻辑上体现为各个功能模块的组合，比如 FI 财务模块、SD 销售模块、MM 物料模块等，将企业关键业务流程信息化，即对应企业中的物料流动在 ERP 系统中形成财务流和信息流，从而实现精细化管理。

② 后文引用访谈资料时，核心人物在脚注中给出背景介绍。

二　分析框架

探讨新技术应用的合法性十分必要。一方面，新事物得到理解与支持直接关涉它对资源的动员能力（Bergek et al.，2008；Hekkert et al.，2007；Rao，2002），合法性对于新技术调动资源以谋求存活或发展是第一位的（Markard et al.，2016）。组织内部合法性为组织提供认知与态度支持，影响到组织成员在组织活动中的资源投入（Human & Provan，2000），而革新性技术意味着对组织冲击大，持续时间长，需要耗费大量组织资源。另一方面，新技术被引入组织，其内在的不确定性及风险，以及组织决策与执行活动的分离等因素都导致技术在引入时被赋予的合法性在后续必将经历一个被建构和再确认的过程。这其中的变数直接影响到组织资源在技术应用上的投入多寡，从而影响到技术的应用效果。

但是在采用新技术的组织内部，合法性问题长期被学界所忽视，这或与合法性总被用于中宏观层面的组织－环境关系研究的学术承袭有关。一直以来合法性多被用于指称组织与环境（律法、规范、价值、信念、实践、期待等）之间的相容性，但是合法性本身是一个有强大解释力的概念（高丙中，2000），这部分来源于其含义的模糊性与丰富性。合法性之"法"通常被定义为建构起来的一套规范、价值、信念和实践（做法）等（Scott，2008；Suchman，1995），或者被定义为表明某一事物具有被承认、被认可、被接受的基础（高丙中，2000）。其中，规范、价值、信念、基础具体指称什么因研究对象和研究情境而异，这成就了合法性的解释力，使其被广泛应用于政治学、社会学、人类学、组织学等领域，经验研究也涉及各个层次。①

---

① 组织领域的合法性概念内涵经历了一个逐渐拓展的过程。莫勒（Maurer，1971）指出，合法性是超越了具体任务或技术需要的理性神话深入组织的过程。费弗等（Dowling & Pfeffer，1975；Pfeffer，1982）强调合法性是一种评估，合法性是组织活动所体现出的价值与整个社会系统行为准则的一致性。迈耶和斯科特（Meyer & Scott，1983）认为组织的合法性在于社会承认而非社会期待，合法性取决于组织可以被公众熟悉和了解的程度。萨奇曼（Suchman，1995）同时从评价和认知两方面定义合法性，合法性是在特定的信念、规范和价值观等社会化建构的系统对组织行动是否合乎期望的一般认识和假定。吕夫和斯格特（Ruef & Scott，1998）认定韦伯为合法性研究第一人，权威类型理论作为合法性的理论源头之一，其基础就是认可，区别不过是认可个人魅力、传统规定还是法理，这又提出了合法性概念内涵的"认可"要素。在此基础上合法性概念内涵被逐渐拓展开来，包括了行动者依"法"对组织进行评估，得出其合法不合法的"认知"，态度上是否"认可"。

　　组织合法性存在多元主体的问题，即谁评估，谁承认。组织内外部的人都会对组织合法性进行评估（Suchman，1995；Human & Provan，2000），对应产生内、外部合法性，外部合法性指组织在社会环境中被接纳的程度，内部合法性是指组织被其内部成员接纳的程度（Human & Provan，2000）。既有的组织合法性分类暗含了评估主体及评估标准两个维度，比如萨奇曼（Suchman，1995）将组织合法性区分为三类，基于利益相关者自我利益计算的实用合法性（pragmatic legitimacy），大众评判之规范适宜性的道德合法性（moral legitimacy），以及基于大众之理所当然认知的认知合法性（cognitive legitimacy）。我们交互评估主体（是外部观察者还是内部观察者）与其所评估的活动（考察的是组织外部活动还是组织内部活动）两个维度提出一个分类框架：（1）外部观察者结合社会期待考察组织的外部行为，即组织与社会互动中的组织合法性，比如企业的社会责任议题；（2）外部观察者结合社会期待评估组织内部活动与社会规范的相容性得出组织的外部合法性，比如外界对组织生产或服务活动进行绩效合法性评估，对组织内部的管理活动进行管理合法性评估（Ruef & Scott，1998）；（3）内部观察者结合社会期待考察的组织外部合法性，这影响到组织成员对组织一般化的忠诚度，对于那些处于初创期或危机期的组织来说尤为重要；①（4）内部观察者结合组织规范、价值考察特定组织活动的内部合法性，组织成员据此决定在多大程度上参与该组织活动，向其投入资源。前两类外部观察者评估为组织的外部合法性，后两类内部观察者评估为内部合法性。

　　本文关注第四类合法性，具体是探讨技术的组织内部合法性。关于合法性，研究者多根据具体研究目的和理论来选择分析维度，并无统一标准（王丹丹、张英华，2012）。本文定义技术应用的组织合法性包括三个维度：绩效合法性、任务合法性和价值合法性。

1. 绩效合法性

　　从帕森斯的合法性理论推论，技术在组织中的合法性首先源自它对组织的绩效促进功能，正如许多学者指出的，技术能力决定了技术，决

---

①　传销组织是一类特殊的组织，尤其注意自身的合法性建构，会用专家、国家政策、全球趋势等符号来增强自身在传销成员中的合法性（刘颖婷，2010）。这类极端组织的行为逻辑鲜明地表明了组织获得内部合法性之必要性。

定了它被接受或拒绝的程度（Grint & Woolgar，1997）。[①] 基于组织成员对技术可实现的组织绩效促进功能之共识，其核心是评估其能否提高组织效率且提高多少、衡量成本 – 收益比等，我们称之为绩效合法性。绩效合法性概念并无统一内涵（Ruef & Scott，1998；杨宏星、赵鼎新，2013；张践祚、朱芸，2016），但皆内含了利益诉求及实用主义取向。它与萨奇曼（Suchman，1995）的实用合法性的共通之处在于强调对组织或个人利益的认知及态度，这种认知及态度是制度参与定义的，且评估共识会形成一种认知与态度合力，对组织行为产生制度性的作用，是组织利益或绩效具有合法性的一面。

新技术的绩效合法性通常涉及对技术在两个层面上的评估，即技术的外部绩效评估和在组织内部的绩效预判。前者如技术行业本身是否成熟，所选技术在行业中的排名，市场成功案例多寡，等等，由外部市场用户口碑决定；后者如技术是否适合本组织，成本 – 收益比，等等，由组织内部用户判定。二者共同构成了技术的绩效合法性。外部绩效合法性参与决定了组织是否引进技术，它回答了在以追求绩效为目标的企业组织中绩效未卜的技术何以进入组织的问题。外部合法性的高低也影响技术获得内部合法性空间的大小。外部绩效合法性越高，组织成员对技术无绩效期的容忍时间越长，对技术应用中的问题忍耐度越高。技术越新则组织内部的绩效预判越依赖外部信息，本文案例中的 ERP 在公司应用之初对整个技术行业来讲都是新出现的，在技术可否进入组织的决策中以及后来在应用中遇到挫折时，其外部绩效都是组织评估技术的重要参考。这是为何本文试图限于组织内部讨论技术应用却无法轻易割离其外部技术合法性的原因。

2. 任务合法性

任务合法性代表科层组织权力将技术应用定义为一项必需的组织活动的组织命令，它规定了技术可以在多大程度上占用组织资源，使得技术强制组织成员配合具有正当性。任务合法性本质上是组织内部的强制合法性，来源于组织结构的强制力，依靠"自上而下"的组织权威推行。

组织资源总是有限的，组织成员会将资源向那些被定义为"必需"的组织任务倾斜，而搁置那些"必需"级别较低的组织任务。革新性技

[①] 技术之于组织的意义与组织的类型相关，比如政府组织和企业组织应用技术的逻辑不同，研究显示前者多遵循制度逻辑和权力逻辑。

术应用必将改变组织成员的行为，若技术的任务合法性充分，组织成员面对改变要求会努力适应而非消极怠工；但若技术的任务合法性不足，组织成员会倾向于抵制改变，如果再伴随着自身利益受损，则会把技术应用难题用作向组织决策层讨价还价的工具，"不是我不用，是这个技术有问题"（归仁，20080808）。① 本案例中的任务合法性主要通过三个指标体现：一是最高决策者对技术的支持力度，体现在公开表态的强度上；二是信息化负责人老印的职位升降；三是信管团队规模扩缩。后两个客观指标佐证了前一个主观指标。

3. 价值合法性

价值合法性是组织成员基于技术 – 组织关系前景认知以及对组织的忠诚、责任、使命感等价值而衍生的拥护技术应用的坚定信念。组织成员认识到技术应用是大势所趋，对组织未来发展具有重要意义，而且组织成员应当、愿意为组织的发展贡献力量，由此形成了他们关于必然、必须应用技术的强大信念，这驱动其成为技术应用坚定的支持者。这被称为价值合法性与其信念内涵相关。

上述说法本质上源于韦伯的价值行动理论，强调组织成员也是价值行动者。从具体内涵上看是萨奇曼（Suchman，1995）的认知合法性和道德合法性的混合产物，即认知强调合理性，专业技术人员超越短期可观察的绩效考量，上升到技术 – 组织战略发展之关系以及社会大势等层面去认知技术应用的合理性；组织成员对组织的忠诚成为专业人员之专业认知坚持强度的一个条件，忠诚度越高，其越可能将专业坚持提升到价值层面，从而驱动其在技术应用中投入非正式的组织资源甚至个人资源。价值合法性作为一种非正式却有价值、有力量的组织资源，一直被研究者所忽视。案例中我们通过对相关行动者的 ERP 评价进行话语分析来判断其是否持有价值合法性。

4. 三维度组织合法性之关系与比较

目标定义组织行动，联系本文案例所指的组织类型——企业组织，

---

① 组织决策层的意志与组织执行层之间具有不一致性。组织决策层可以定义组织注意力的指向，但是组织决策层的决策也并非独立于其他组织成员，而是嵌入其中，依赖于决策执行中的反馈保持对组织决策的监测，这个组织修正机制客观上为执行层的讨价还价提供了空间。该空间的大小也与决策本身内含的风险性以及决策层的决策自信有关。决策内含的风险越高，决策层对决策越没自信，决策修正越依赖于执行层的反馈，则后者讨价还价的空间越大，决策越可能在后期执行中被修改。革新性技术的采用就属于典型的这类情况。

就其鲜明的绩效追求、引入技术的初衷，以及组织成员就技术用还是不用的争议所用话语体系始终围绕技术能否促进组织绩效等情况来看，绩效合法性是强合法性，是技术之组织合法性的基础。但技术在应用成功之前其绩效能力始终是不确定的，这是技术应用推进会出现波折的一个重要原因，而源于组织权威结构内含强制力的任务合法性弥补了绩效合法性的不足，它保证技术在绩效未卜的应用前期得到足够的组织资源投入，以面对不确定启动或加速技术的应用。而当组织内部尚未就技术的绩效潜力达成共识，也被取消作为一项组织任务的资格，遭遇组织危机时，来自专业人员及其同盟者的价值合法性则会以投入非正式资源的方式维续技术的存在，为其等待重启机会提供回旋空间。三个维度的合法性在评估主体、评估标准、作用之源、作用部位、作用机制、作用意义方面的区别见表1。

表1 技术的组织合法性三维度比较

组织合法性维度	评估主体	评估标准	作用之源	作用部位	作用机制	作用意义
绩效合法性	市场用户	技术成熟度、行业排名、成功案例等	基于技术的外部绩效认同	组织引入技术的决策	影响组织是否引入/应用技术	技术被引入组织的重要条件
	组织成员①	技术-组织匹配性，成本-收益比	基于技术的内部绩效认同	组织用户对技术要求的配合度	影响组织对技术应用的问题大小、所需人力投入等的预期	技术被应用的基本依据
任务合法性	组织领导	技术应用之组织命令的强度	基于组织科层制的权威认同	正式层面的组织资源投入	决定组织投入资源的限度，流程变革对组织成员的强制强度、组织抵抗空间	技术应用成功的根本保障
价值合法性	组织成员	技术应用于组织发展的长远意义	基于技术于组织战略发展之重要意义的价值认同	非正式组织资源的投入	危机时期存续技术，应用时期推进应用深度、加快应用速度	危机时期的支撑力量，应用时期的促进力量

本文的技术之组织合法性分析维度相较于之前的合法性研究的不同之处在于：（1）联系具体的技术应用这一组织活动，强调技术的应用组

---

① 包括组织领导。

织属性，即从应用组织对技术的定义来考量技术，凸显技术应用的实践性特征；（2）通过揭示组织成员对技术的价值评估而凸显组织行动者行动中的价值属性。

综上所述，我们认为新技术在组织中应用的一个基本的组织条件是获得足够的组织合法性，这是来自绩效合法性、任务合法性和价值合法性的合力。后文我们将以此框架分析 ERP 在大鹏公司的应用来展示技术的组织合法性是如何与其应用效果紧密关联的。

三 大鹏公司应用 ERP 的历程：起"死"回"生"

大鹏公司是国有集团公司，由若干职能部门组成，经管部、财务部、采购部、审计部、质控部等统称平台部门，对下辖分/子公司履行服务、参谋、监督、管理职责。ERP 意在将整个公司的生产、管理流程电子化进而实现管理优化，集团公司各个平台部门以及后期上线的各个分/子公司为系统主要用户。公司兼营军品和民品，在民品方面，2004年之前公司主营电视机生产。

1998 年 6 月，公司试图垄断电视核心元件彩管市场进而垄断电视机生产市场，后却因库存不清无法降价出售，导致产品积压，市场占有率下滑，公司深感信息不透明成为自身发展瓶颈，试图寻找解决办法。同年 12 月公司成立信息管理处，指定老印①负责企业信息化规划。1999 年 4 月，公司董事长兼总经理季总决定引进 ERP 系统。8 月，大鹏公司与 SAP 公司签订 ERP 购买合同；10 月，ERP 启动实施；预计 2000 年 5 月上线一期项目的四个模块——财务（FI/CO）、销售（SD）、物料（MM）和售后（SM）。与此同时，大鹏公司市场受挫，利润从 1998 年的 31.5 亿元下滑到 1999 年的 15.7 亿元，1999 年下半年利润产出不足 1 亿元。2000年 5 月，季总病休，耀总接任。2000 年 7 月，比预计时间晚两个月，耀总主持 ERP 一期上线，老印负责具体工作。

截至 2001 年 1 月，公司经营无起色，季总返回公司重掌经营大权，耀总离开。信息化是季总之前针对公司积弊定下的解决方案，他重回公司之初也试图继续推进该方案。3 月，季总将老印从信息处处长提拔为综

---

① 老印是公司老员工，19 岁进厂直至退休。他从 1998 年开始负责公司的信息化工作直到2005 年退休。

合管理部部长。① 但各用户部门对 ERP 的抱怨之声群涌而来，说 ERP 过度占据人力且因流程设置不合理极大地阻碍了业务。季总就质疑 ERP，5 月撤老印职务，从董事、部长"一撤到底当群众"（老印，20080809）。6 月，老印再任信息处处长。同月，公司召开中层管理干部会议，各部部长纷纷指责信息化过度占用企业资源且无效益，提议下架 ERP，老印泪洒会场。② 自此 ERP 应用进入 3 年停滞期，即搁置 ERP 的推进工作，已上的几个模块勉强维持，甚至技术被进行破坏性修改，ERP 系统的数据基本没人用，信息处技术人员持续流失，整个机构处于一个持续被质疑、勉强存在的状态。2002 年，公司因一期项目上线两年后二期仍遥遥无期而引发业界广泛关注，关于大鹏公司应用 ERP 失败及败因的论争见诸报端。③

2004 年 7 月，季总退休，耀总再次出任董事长兼总经理。同月，耀总提拔老印就任综管部副部长，且明确宣布"从此我们不讨论上不上 ERP 的问题，只讨论如何上好 ERP 的问题""谁不上，我就让谁下"（归仁，20080809）。自此，大鹏公司应用 ERP 进入快速推行阶段。至 12 月，曾经意见最大的销售模块在 4 个月内被推广到全国 203 个销售分公司。随即公司重组，信息管理处并入公司主管考核的第一权力部门经管部，老印任副部长分管信息化工作。

2005 年，老印退休，其部下归仁接任副部长，后升任部长。同期，信息技术人员队伍迅速扩充，之前外流的人员开始回流。是年底，信息化团队获得"总裁特别奖"。2006 年，信息化进入全面推进期，整个公司的信息化需求呈井喷状态。2008 年 3 月，大鹏公司成立信宜软件公司，整合内部经验面向市场提供企业信息化服务。

如图 1 所示，各个数字键代表各关键时间点，图框中文字标注了大鹏公司 ERP 的应用历程：引进、上线、停滞、重启、深入应用及信息化技术团队成立公司对外部市场提供 ERP 实施服务。图中箭头走向代表时

---

① 公司的职位结构为各部长对总经理负责，部下设处，处长对部长负责。
② 老印是大鹏公司信息化历程中的一位标志性人物，其职位升降成为 ERP 在企业中应用状况的一个符号。老印因为 ERP 人前洒泪成为该公司信息化历程中一个别具深意的组织历史事件。调研过程中绝大多数被访对象都会提到这一事件，它表征了 ERP 在大鹏公司应用的艰难与波折。
③ 外界视大鹏公司应用 ERP 失败，一些 ERP 销售商在竞标时甚至以大鹏公司的案例来攻击竞争对手 SAP 公司（杨超，2002），但是大鹏公司自己并不承认失败。

间轴。横线代表一般的组织活动，比如常规性任务作为组织任务的基本资格，指示组织活动之于组织的必要性，决定了组织是否向其投入资源。首尾两条竖虚线被用于指示、定位 ERP 应用在整个组织任务体系中受重视程度的相对位置，超出/低于横线（基本资格）则表示组织任务相对于一般组织任务的相对受重视程度。这条起伏变化的线大致展示了 ERP 在某国企 9 年的应用过程中受组织重视程度的变迁历程。

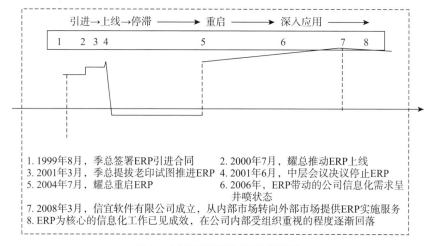

图 1　大鹏公司应用 ERP 的历程

四　多重组织合法性变迁与技术的应用起伏

（一）引进：强外部绩效合法性决定技术引入

新技术何以进入公司？技术引进需要支付成本，公司首先要考虑其回报，即技术的绩效潜力，这时技术在外部市场中的行业综合排名、市场占有率、业界评价等对公司决策就显得至关重要。企业引进技术前要进行技术选型。大鹏公司在选择哪家 ERP 的决策上反复比较。1999 年初在产品选型时有八家厂商入围，其中三家国际供应商表现突出——Oracle、BaaN 和 SAP。Oracle 之前与大鹏公司已有合作且价格优惠，公司财务部也倾向于选择 Oracle——ERP 系统通常以财务管理为核心。但 BaaN 的 ERP 可进行动态建模，流程重组更方便，而流程重组是 ERP 应用中的重难点。最后是 SAP 公司，其为全球最大的 ERP 供应商。当时 ERP 在中国市场刚刚兴起，各供应商都缺乏成功案例，这增加了大鹏公司的选择难度。最终在前景不明朗，整个中国对 ERP 缺乏认知的情况下，是 SAP 的行业综合排名、市场占有率、业界评价等指标对某国企的决策起到了决定性作用。公司在前期已经与 Oracle 草签协议的情况下转而改签 SAP，BaaN 落败。

在引入阶段，ERP 在公司的任务合法性强度高，因为这是由最高决策者季总拍板引进并亲任领导小组组长的项目。

此阶段技术的价值合法性总体不高，主要来自老印。他始终是上线 ERP 的坚定拥护者。一个组织故事说，1999 年 4 月季总是在听取了老印团队 9 个小时的汇报后拍板决定上线 ERP 的。老印对 ERP 应用及企业信息化道路的信心来源于他多年来对 ERP 的观察、思索和实践。1992 年，他到德国出差接触到 ERP，看到了 ERP 给供应商公司带来高效管理，回国后他自己开发库存管理系统，接近 MRP 的雏形，① 运行至 1998 年底使得采购部的资金周转率从 128 天降到 21 天。1995 年他为公司考察过 MRP Ⅱ，1997 年他着手调研 ERP。相比之下，季总对于 ERP 有所期待但并不了解其技术因而信心不坚定，致使其后来对 ERP 的态度出现反复。"老板将信将疑。老板只是感觉到需要效率更高的东西，但他并不确定这个东西是否就是 ERP……这在后面就成为问题。"（老印，20080809）

总之，在外部绩效合法性支持下 ERP 被引入某国企，组织决策赋予技术较强的任务合法性，但是技术在最高领导那里并没有价值合法性，这预示了后面技术应用遇到困难时领导从支持技术转向质疑技术的可能性。

（二）上线：同一个任务，不同强度的任务合法性

公司原计划于 2000 年 5 月上线 ERP 一期项目，但上级主管部门因质疑其"前景不明"而反对，季总决定暂缓上线 ERP。"当时（国内）上 ERP 的很少，谁都不敢拍胸脯保证（效果）。"（归仁，20080808）7 月，季总病休，耀总接任。与季总不同，耀总在信息化符合企业发展战略这点上态度坚定，他"决定顶着压力上"（老印，20080809）。其任职的 8 个月期间信管处人员数量翻倍。上线时，ERP 的任务合法性突出，其强度直接决定了 ERP 能否进入应用阶段。对比季总和耀总，同样是公司最高决策者，都亲任 ERP 实施小组组长，同一个关于 ERP 一期项目上线的

---

① ERP 的发展历程如下：第一阶段为 MRP 物料需求计划，第二阶段扩展为 MRP Ⅱ 制造资源计划，第三阶段为 ERP 企业资源计划。

决策，同样遭遇上级主管部门的反对，但是季总"暂缓"（停止）了 ERP 上线，而耀总"顶着压力上"了。

组织研究常将企业决策与企业领导的个人特质，比如企业家精神联系在一起。但在本案例中，两位老总的个人特质完全不能解释两位在 ERP 上线决策中的实施差异。季总自 1985 年开始执掌大鹏公司，素有"铁腕"成就公司辉煌的口碑，带领企业净资产翻番 300 多倍，被奉为公司的"英雄"，多被员工评价为"独断""有魄力"，在公司有绝对的权力。而耀总则是"温和"的，且在 2001 年上任时才 36 岁。但决断有魄力的季总并没有坚持自己上 ERP 的前期决策，而年轻温和的耀总却顶着上级主管部门的压力将 ERP 上线，由此可见，上级主管部门的否定意见很重要。正是这一技术应用危机致使两位老总在 ERP 应用必要性与重要性上的认知深浅和认同强弱的不同外显化。可见，当遭遇困境时，出自同一组织权力级别的形式命令就暴露出来其与实质认同的分离，而只有后者才能为技术渡过困境提供资源。

（三）停滞：价值合法性支撑度过危机

上线 8 个月后，ERP 的内部绩效合法性总体来说并没有建立起来。2001 年 3 月，季总重返公司掌权。同月，老印由信管处处长升任主管考核的综合管理部部长，信管处并入该部。信管处将此视作 ERP 应用的机遇。但季总很快听说一期四个模块除财务外都怨声载道。以销售部为例，因 ERP 系统与后台数据库不匹配，系统反应慢，加之单子多，导致录入不及时、数据不同步；这又连锁导致每月无法按期打印发票给商家去抵扣进项税，从而影响了销售。这个后果无疑是非常严重的。但信管处认为，销售部业绩关键在于产品创新和市场竞争，ERP 带来的短期不便成为"替罪羔羊"。也有人认为，因为 ERP 上线后数据及时变得透明，挤压了之前部分销售人员不当得利的操作空间，从而引发销售人员抵制。如前所述，对 ERP 缺乏信心、看重销售的季总选择相信销售部的说法，随即于 5 月撤销综管部，将老印从部长、董事"一撤到底当群众"（老印，20080809）。老印职位的"一上一下"，单位级别"一升一降"，"让下面做事的人很茫然"（嘉利，20080809）。6 月，公司召开中层管理大会，各部门公开指责 ERP 运行不良，老印泪洒会场，成为公司 ERP 应用历程上的一个分水岭。ERP 的任务合法性直线跌落，信管处人员流失，12 人的团队迅速缩减至 3 人。

ERP 应用随即陷入三年停滞期。项目一期几个模块勉强维持，并被反复修改——本应该根据 ERP 的要求修改企业生产管理流程以实现优化，但实际上是各部门不断要求信管处修改系统模块来将就自己的旧流程和老习惯。而技术人员为保持 ERP 在公司最低限度的存在——"有人用"而不得不"迎合"，对 ERP 系统做破坏性修改。ERP 的外部绩效合法性同样堪危。此时市场上广为流行"不上 ERP 等死，上 ERP 找死"的说法，各个媒体报道的 ERP 应用成功率仅 20% ~ 30%。尽管如此，那么 ERP 又为什么没被清除出去呢？

这主要依赖于老印及其团队在非正式层面的资源投入。主观上，老印对 ERP 一直有理性的认知和坚定的信念，认为"ERP 实施起来风险大，但对公司未来发展非常重要，所以一定要上，尽快上"（老印，20080809）。客观上，他在公司多年积累的声望与人际网络为维持 ERP 在公司的基本运行提供了最低限度的资源。他于 20 世纪 60 年代初进厂，从底层做到公司董事，是公司的"英雄"之一。他泪洒中层领导会场事件之后信管处人员纷纷离职，其他公司也来高薪"挖"他。但他立志留下来，尽其所能保留ERP。老印团队充分动用自身人际网络寻找的资源包括：（1）维持系统运行所必需的资金。当时一个副总"偷偷地"给予老印资金支持，"向上我找到兰总……他有时候要批给我几万块钱，去做一点不得不做的东西"（老印，20080809）。（2）系统调适所需的技术能力。技术队伍的流失使得系统"向前向后"的问题都无力解决，老印"厚着脸皮"给跳槽离开"出去自己成长"的技术人员打电话，这些"编外兵团"为大鹏公司的 ERP 维护提供了必要的技术支持。

> 任何一个事业总要有人牺牲，付出些超常劳动，不然不可能成功……而我就愿意为这个企业来拼一拼、搏一搏。在这个公司里 ERP 不好用，我们就跟做了什么对不起人的事一样，各个部门的脸色都不好……那段时间，我所起的主要作用是，对于这个部门，我始终在那里扛着，领导那里挨什么批评我去扛。但是还有其他业务部门的脸色……就是归仁他们去挨。他们回来跟我汇报，要我找网络我就找网络，要找谁我就找谁，我厚着脸皮去找各部门的负责人……当信息化得不到领导支持时，如果企业再没有一支队伍，一支愿意为了企业的信息化去拼搏的队伍，那么企业的信息化多半会失败……你凭什么走下去呢？（老印，20080809）

技术的价值合法性内含了组织成员对技术之于组织的意义认知，这种认知可经人际信任传递，形成公司范围内的松散价值同盟。兰总对信管处的暗地支持就是基于他对老印的信任。当季总已明确不支持继续应用ERP，但模块依然勉强运行的另一个原因就是"ERP上线是耀总当初亲自抓的，他在市里当副市长又是国内第一个博士后总经理，对这个系统那么支持，大家都认为他支持的东西大概不会错吧"（老印，20080809）。

在绩效合法性上，ERP也遇到一些自证的机会。一是外部市场开始出现成功案例，比如联想公司，当时大量报道涌现对国内ERP市场起到了很好的培育作用。二是2003年，美国因反倾销案调查大鹏公司时ERP发挥了大作用。"这时候美国人说了只有ERP的数据我们才相信……别的都不行。这样一来尽管这个系统不成样子但是厂里就是不敢把它砍掉。"（老印，20080809）在内部绩效合法性方面，部门之间的绩效合法性分化也为ERP的存续提供了一定的空间。在上线的各模块中，财务模块应用相对较好。尽管2001年6月在中层管理干部会议上财务部也质疑过ERP，但是在后面的停滞期，财务部一直试图坚持用好ERP。究其原因，是财务部团队对技术的价值假定不同，"大家有个假设，你最终要走这条路，只是我们走得有问题（ERP优势发挥不出来），而别的部门的人不这么看，他们怀疑是不是这条路"（大林，20080808）。[①] 细究起来这也是财务部的ERP价值合法性在发挥作用。

总之，停滞期技术在丧失任务合法性以及基本没有内部绩效合法性的情况下还能存在于组织中，主要得益于组织成员之间在技术价值合法性上的分化，老印团队及其价值同盟为ERP存续提供了基本的资源。同时，外部绩效合法性的增长在一定程度上增加了技术内部组织合法性认定中的不确定空间，使得技术不至于被彻底排斥。

（四）重启：任务合法性的强化

走过停滞期，ERP被重启首先是由于任务合法性的增强。

2004年7月，耀总再次接替季总执掌公司。他做的第一件事就是重启ERP，明确公开表明自己对ERP的态度和意志。随后，耀总不断强化ERP的任务合法性。一是鲜明表态；二是结构调整将信管处并入经管部，并提拔信管处负责人担任部长；三是企业每年都会精简各部，但信管处

---

① 大林时任股份公司财务总监。

反而给进人指标；四是 2005 年底，授予信管团队"总裁特别奖"。信管
团队逐渐扩大，从 2004 年的 4 人发展到 2005 年的二十多人。作为一项组
织任务的 ERP 应用被赋予最高"必需"级别，全公司对于 ERP 的态度发
生转变，从之前的"一旦出现问题业务部门和信管处彼此指责"到"大
家一起想办法把问题解决掉"（黎明，20080808）。①

这个过程也是 ERP 的外部绩效合法性增强的过程。市场上 ERP 供应
商不断涌现，ERP 应用成功的案例日渐增多，以及社会范围内关于企业
信息化的讨论都增进了大家对 ERP 的了解。在内部绩效合法性方面，有
两件事情改变了人们的认知和态度。一是信管处在 4 个月内将一个销售
订单管理模块推向全国 203 个销售分公司，系统调通后，公司就能及时地
获取全国各地分公司的销售数据，此前销售部的技术问题和管理难题都
得到了解决。二是 2005 年信管处推出了在线采购招标系统，在采购原材
料价格翻番的情况下，在线招标却使原材料采购价格下降 19%，后续招
标最高降幅在 40% 多。"两个小时就为公司节约了 300 多万元，有人开玩
笑说这比印钞票还快……很让大家服气。"（归仁，20080808）

在价值合法性上，组织内部的各级领导培训讲话都让公司的各级员
工意识到用好 ERP 对于公司发展具有重要意义，ERP 是必然趋势，呈
现了从耀总、老印以及信管团队向各个业务部门扩散的趋势。简阳也是
公司的"老资格"，2001 年时任公司销售部部长，在 6 月召开的中层管
理干部会议上他对 ERP 的反对之声最为激烈。但到 2005 年他总结自己
的认知转变时说："公司的信息化走到今天，我从不理解到理解，到支
持，再到现在是坚决支持。"（简阳，20080808）

总之，自 ERP 重启至 2005 年底，耀总不断强化 ERP 的任务合法性，
信管负责人升任第一权力部门部长，信管队伍扩大为之前的 5 倍。ERP
的外部市场发育增强了其外部绩效合法性，其内部绩效合法性随着模块
被调通、被应用也日渐增强。ERP 的价值合法性随着组织的内部培训层
层传导在组织范围内扩散。

---

① 于 ERP 停滞期从采购部主动要求转入信管处的"ERP 三代"员工之一，技术应用的坚
定拥护者，主动申请"下调"到信管处是他关于信息技术应用作为未来趋势的认知与
其个人谋求培育核心竞争力的职业成长计划结合的结果，后成长为公司重要技术骨干及
高层管理人员。

（五）深入应用：内部绩效合法性确立

截至 2006 年，技术绩效彰显出来，ERP 的内部绩效合法性历经 6 年终于建立起来。比如，采购部在同等条件下采购周期从 25～30 天降到最短只要 2 天，库存物资资金占用从原来的 15 亿～17 亿元降至 2 亿～3 亿元；资金周转从 18 天降到 10 天。财务部因持续致力于将惯例化的工作用系统解决，公司规模不断扩大人员却持续精简。以下属多媒体公司为例，100 多亿元的销售规模只需 20 个财务人员，而"对比某同类、同等规模没上 ERP 的公司，它的财务人员有 110 人"（佳佳，20080808）。

技术持续深入应用，从 2006 年至 2008 年，公司的信息化工作先后进入平台集成阶段、系统集成阶段，以及向上下游延伸出去的整合价值链阶段。与此同时，信管处人员规模快速扩张，出走的前员工持续回流，至 2008 年初有 80 多人，年底达到 120 人。

绩效合法性进一步刺激了任务合法性从董事会、经管部向各用户部门以及各分/子公司扩散。当绩效合法性、任务合法性一定，价值合法性又一次发挥了作为技术应用深层推动力的作用。它导致了即使在同一公司内部，在排除了模块之间的技术难度差异外，各部门在 ERP 应用上也存在速度快慢之分，应用效果在同一阶段存在高下之别。

对比集团公司下属多媒体公司的 FI 模块与 PPCO 模块的应用后，2005 年底多媒体公司开始上线 ERP。嘉讯从集团财务部调至多媒体财务部出任部长，将集团财务部的信息化理念带入，层层向下传导一种观念："任何问题首先想到用信息技术解决，形成自动反应""要革自己的命"（嘉讯，20080808），"我们最大的目的就是把自己优化掉"（邵航，20080809）。① 到 2006 年即打造出共享服务中心，会计业务都用信息技术手段解决，财务人员转向数据分析与挖掘，比如业务计划监控、预算执行监督、降本分析，对外的客户信用管理和风控等，以财务深入业务，带动业务提升。因为多媒体公司主营家电生产，PPCO 模块对公司极为重要。但是与财务部的积极态度不同，PPCO 模块的上线则是被动的。当项目负责

---

① 邵航时任股份公司财务部信息化小组组长。公司里信管处提供信息化技术支持，但在各个平台部门和分/子公司内部也有对接的信息化小组，负责提出需求并为本部门提供技术支持。从嘉讯到邵航的话语体系的一致性可见信息技术价值合法性"自上而下"地传导。

人潮泽发现业务部门不配合流程梳理需求调研时，就请示许总增强 ERP 的任务合法性，许总公开表态"谁挡道谁'下课'"，但是"毕竟认识不到位，他也就好一点"。对潮泽来说"并不能真的让谁'下课'"，他只能从个人行动策略包括"杀鸡儆猴、当面发火、背后道歉"，到奖惩制度激励设置，"只奖励不惩罚""多鼓励不批评"来推进项目。他提出"先僵化后固化再优化"的方案，这与财务部主动用信息化手段"革自己的命"的情况截然不同。在排除模块复杂性之外，PPCO 模块相比 FI 模块花了"冤枉"时间，即使"这个模块对公司来说更重要"（潮泽，20080809）。

总结该阶段的技术应用，技术的绩效合法性得以确立，技术的任务合法性持续往公司纵深方向扩散，在前两个合法性一定的情况下，价值合法性再次独立地凸显了其促进技术实质性应用的作用。

五　技术的应用效果与技术之组织合法性的共变

前面我们详细展示了技术的组织合法性，包括绩效合法性、任务合法性及价值合法性的起落变迁及其缘由，看到技术应用每个阶段都有技术的组织合法性在合力发挥作用，而每一阶段又都有特定的合法性起主导作用。技术应用的成败如何与其组织合法性相对应呢？我们先讨论如何定义技术应用成败。

技术应用成败的定义颇为复杂，通常依据技术的应用效果或者用户满意度来评估。而当根据技术应用效果评估时又有一个是根据过程性指标还是结果性指标的问题。比如，当 2002 年业界界定大鹏公司应用 ERP 失败时，老印却并不承认失败，理由是"每天还有大量的数据在线上跑""技术还在公司，公司还有人用"（老印，20080207）。但季总认为 ERP 不能说没有失败，因为系统中的数据并不能用于生产决策。而如果根据用户满意度评判，就会有谁的满意度来决定、评估者之间对技术的基本理解及期望值差异等问题。比如 2005 年公司上线 PPCO 模块前的成本核算差异率在 20% 左右，上线两个模块之后降低到 3‰，信管处和用户部门都觉得很好，但耀总不满意，因为他要求降至 1‰。所以技术应用的成败如果被理解为绩效改善的一个过程，那么与其说成败是一个临界点不如说是一个连续谱。本文采用客观评估法，使用国际通用的 Oliver Wight 公司的 ERP 应用绩效指标 ABCD 考评表来为 ERP 应用各阶段的效果打分。①

总结前面 ERP 应用中各阶段的技术之组织合法性变迁以及技术应用效果，我们得到如表 2 所示的对应共变关系。

表 2　ERP 应用各阶段的组织合法性及其应用效果一览

应用阶段	绩效合法性	任务合法性	价值合法性	组织合法性	技术应用成功程度
引进					
上线 1		−	−	−	
上线 2		+	+	+	1.5
停滞	−	−	−	−	0.8②
重启	+	+	+	+	2.5
深入应用	+	+	+	+	3.8

注：+代表相对于上一阶段，合法性增强；−代表相对于上一阶段，合法性减弱。

如表 2 所示，以 ERP 引进为起点阶段，在上线阶段，上线 2（2000年 7 月）的合法性增强是相对上线 1（2000 年 5 月）而言的。在面临上级主管部门反对技术应用压力的情况下，季总的态度由引进技术时的支持变为迟疑（任务合法性降低）而推迟上线，耀总则因对系统的高价值合法性而决定顶压力上线，是任务合法性的增强才让 ERP 顺利上线。技术上线后，绩效合法性因为存在分化，销售部和采购部固然抱怨多，但是财务部"用得还可以"，既有有利因素也有不利因素，所以对冲大致无变化。在停滞期，各个维度的合法性都降低了，组织合法性总体降低，而技术应用效果也随之降低。在重启阶段，任务合法性增强，引导组织

---

① 该评估表最早由 Oliver Wight 公司于 1977 年提出，共 20 个问题，分为技术、数据准确性和系统使用情况三组。后增加了"教育和培训"分组的第二版使用最广。公司根据自己的 ERP 应用情况对应每个指标打分，从 0 分到 4 分分别对应"没有"（该活动必须做但目前没做）、"差"（人员、过程、数据和系统尚未达到规定的最低水平，如果有效益，也是极低的）、"一般"（大部分过程和工具已准备就绪，但尚未得到充分利用，或者尚未得到所期望的结果）、"良好"（全部完成该项活动并达到预期目标）、"优秀"（取得所希望的最好结果）。在对所有指标打分汇总后得出 ERP 应用程度 A、B、C、D 四个等级。A 级：≥3.5 分，在整个企业范围从高层主管到底层业务人员皆有效运用了计划和控制业务流程，显著地改进了本企业的客户服务、生产率、库存、成本等方面。B 级：2.5 ~ 3.49 分，流程得到高层支持，并被中层所接受和使用，公司内产生显而易见的进步。C 级：1.5 ~ 2.49 分，流程主要被用作一种物料采购方法，对库存管理有较大促进。D 级：≤1.5 分，流程的信息准确性差，对实际经营管理过程帮助甚少。

② 此阶段相对于"上线"阶段出现分数下降是因为信管处迎合各部门要求对系统进行了破坏性修改，且各部门对系统要求反应冷淡，导致系统运行更加不畅。

资源大量投入技术应用，技术效率逐渐发挥，绩效合法性增强，价值合法性也在组织内部从上到下层层传导，总体的组织合法性增强，技术应用效果迅速跃迁。到深入应用阶段，各个维度上及总体的组织合法性增强，技术的应用效果继续向好，根据量表评定，ERP 应用达到 "优秀" 级别（≥3.5 分）。基于此，我们可以有把握地说技术应用中确定存在一个技术的组织合法性问题，这影响到组织对技术应用的资源投入，从而影响到技术的应用效果。

六　结论和讨论

本文提供了一个技术的组织合法性分析框架来揭示技术在组织中应用或成或败的条件机制。研究表明，技术的组织合法性影响到组织投入技术应用的资源多寡，从而影响到各个阶段技术应用效果在百分之百成功或失败之间这一连续谱上的具体位置及其分布。所以技术的组织合法性成为技术应用中极为重要的组织条件。没有足够强度的绩效合法性、任务合法性和价值合法性合力，技术难以在组织内部顺利应用，达到成功。

在技术之组织合法性的三个维度中，绩效合法性是基础，但技术在应用成功之前其绩效能力总是不确定的，任务合法性的作用就在于武断地悬置这种不确定，向技术应用投入组织资源，这成为技术应用的根本保障。但最高决策者的决策行为在组织行动结构中的嵌入性，以及技术绩效的不确定性都会导致该决策后期可能被各应用部门反对，也包括对利益博弈格局的影响，甚至可能被否决，导致技术的任务合法性失落。同时，组织成员在一定程度上是自我决策的意义行动者，这决定了他们对组织决策的执行力度可能增强也可能削弱，即他们对技术的认可与否会在整体上增加或削减技术的任务合法性。基于此，组织成员对技术的价值认同对技术应用也有重要作用。当技术遭遇任务合法性危机时，价值合法性能够驱动非正式的资源投入技术应用，从而支撑其继续留存于组织等待转机。而当技术之绩效合法性和任务合法性一定时，价值合法性又为促进技术实质性应用发挥作用，导致组织中各子单元对技术应用效果的差异。

本文的理论意义主要有两个方面。第一，推进技术－组织研究。包括：（1）揭示了在内外环境不确定条件下，新技术进入组织并成功得到应用的内在合法性机制，对已有的技术 – 组织关系研究做一补充；（2）建构了组织内部的多维合法性分析框架，通过比较不同维度合法性的不同评价主体、评价标准、作用之源、作用部位、作用机制和作用意义等，解析了新技术在组织内部获取多方成员认可的微观过程，打开了"黑箱"，展现了技术应用成功条件的复杂性。第二，补充组织研究。既有社会学研究对组织内部行动者的利益诉求和权力行动方面关注过多，却对其作为价值行动者的方面关注不够；既有科层制研究对组织"自上而下"的命令得不到执行，对如何危害组织目标等负功能强调较多，而对组织内部上下不一致如何增加了组织弹性，缓冲了"自上而下"的组织决策风险揭示不多，本研究亦为一个补充。

本研究的实践价值主要有两点。第一，超越将技术在组织中应用成败的条件等同于领导意志，且领导意志独立于企业的普遍认知，指出领导的行动是嵌入组织结构中。当外源性技术应用这一组织任务具有高度不确定性时，领导执行决策的意志则更易受到下属之间博弈行动的影响。第二，本研究所提出的组织合法性多维分析框架可被实践者用于侦测技术应用各阶段的技术之组织合法性状况，认识到：（1）领导命令并非技术应用的唯一资源动员机制，从而拓宽技术应用中的资源视野；（2）技术应用过程中重视技术的价值同盟建设，这是技术在组织应用过程中遭遇危机时可以倚赖的重要资源，甚至可能是唯一资源；（3）外部绩效合法性对于新技术应用颇为重要，应注意组织内部关键人员与外部技术市场的联结。

需稍做探讨的是，技术在组织内部的合法性受到外部因素的影响。比如在任务合法性上，决策者关于技术在组织任务中的优先级序定义也部分地嵌入组织的外部环境认知，如果市场压力骤增，组织就可能收缩投向技术应用的资源，转而投入市场活动；而在价值合法性上，技术发展及其应用趋势的明朗化为技术的价值坚持者提供支持；等等。但因视角取舍之故，本文主要限于组织内部的合法性探讨。

此外，本文采用个案法，致使推广其结论需谨慎。但个案研究的逻辑不在于表明某个个案在统计上能否代表总体（王富伟，2012），而在于揭示一个社会/组织过程和过程的内部机制，通过个案归纳一些高质量的待检验的假设（Mitchell，1983；Small，2009）。当然，我们须强调本案例所涉技术为平台性信息技术，所涉组织类型为大型国企集团公司，技术应用时组织内外部的技术环境皆具有高度不确定性，应用过程起伏复杂，这或许有助于厘清它后续被进一步检验的情境条件。

参考文献

高丙中，2000，《社会团体的合法性问题》，《中国社会科学》第 2 期。

黄晓春，2010，《技术治理的运作机制研究：以上海市 L 街道一门式电子政务中心为案例》，《社会》第 4 期。

李静，2002，《构建信息技术在组织中有效运用的文化基础》，《信息文化、科学技术与工程》第 6 期。

刘伟华，2007，《技术结构刚性的限度》，硕士学位论文，北京大学社会学系。

刘小涛，2004，《双重代理与信息技术在传统企业中的推广》，硕士学位论文，北京大学社会学系。

刘颖婷，2010，《从组织合法性的角度探讨非法传销组织存在与发展的机制》，学士学位论文，武汉大学社会学系。

刘振业，2004，《组织化的信息技术系统与组织结构的互动机制——来自青岛啤酒公司的案例》，硕士学位论文，北京大学社会学系。

邱泽奇，2005，《技术与组织的互构——以信息技术在制造企业的应用为例》，《社会学研究》第 2 期。

邱泽奇，2017，《技术与组织：多学科研究格局与社会学关注》，《社会学研究》第 4 期。

任敏，2012，《信息技术应用与组织文化变迁——以大型国企 C 公司的 ERP 应用为例》，《社会学研究》第 6 期。

谭海波、孟庆国、张楠，2015，《信息技术应用中的政府运作机制研究》，《社会学研究》第 6 期。

王丹丹、张英华，2012，《组织合法性的概念界定及研究脉络分析》，《求索》第 10 期。

王富伟，2012，《个案研究的意义和限度——基于知识的增长》，《社会学研究》第 5 期。

谢铮，2007，《信息技术特征与组织结构变迁》，博士学位论文，北京大学社会学系。

杨超，2002，《长虹 ERP 成败论》，《每周电脑报》9 月 16 日。

杨宏星、赵鼎新，2013，《绩效合法性与中国经济奇迹》，《学海》第 3 期。

殷国鹏、陈禹，2009，《企业信息技术能力及其对信息化成功影响的实证研究——基于 RBV 理论视角》，《南开管理评论》第 4 期。

张践祚、朱芸，2016，《政府内部上下级间的责任配置互动——以 S 市安全生产管理为例》,《社会发展研究》第 3 期。

张燕, 2009,《技术与组织关系的三个视角》,《社会学研究》第 2 期。

Bergek, A., S. Jacobsson, & B. A. Sandén. 2008. "'Legitimation' and 'Development of External Economies': Two Key Processes in the Formation Phase of Technological Innovation Systems." *Technology Analysis & Strategic Management*, 20 (5): 633 – 648.

Brown, A. D. 1995. "Managing Understandings: Politics, Symbolism, Niche Marketing and the Quest for Legitimacy in IT Implementation." *Organization Studies*, 16 (6): 951 – 969.

Brown, A. D. 1998. "Narrative, Politics and Legitimacy in an IT Implementation." *Journal of Management Studies*, 35 (1): 35 – 38.

Davis, F. D. 1986. "A Technology Acceptance Model for Empirically Testing New End-user Information Systems: Theory and Results." Doctoral Dissertation. Sloan of Management, Massachusetts Institute of Technology.

Davis, F. D. 1989. "Perceived Usefulness, Perceived Ease of Use, and User Acceptance of Information Technology." *MIS Quarterly*, 13 (3): 319 – 340.

Davis, F. D., R. P. Bagozzi, & P. R. Warshaw. 1989. "User Acceptance of Computer Technology: A Comparison of Two Theoretical Models." *Management Science*, 35 (8): 982 – 1003.

Dowling, J. & J. Pfeffer. 1975. "Organizational Legitimacy: Social Values and Organizational Behavior." *Pacific Sociological Review*, 18 (1): 122 – 136.

Grint, K. & S. Woolgar. 1997. *The Machine at Work: Technology, Work and Society*. Cambridge: Polity Press.

Hekkert, M. P., R. A. Suurs, S. O. Negro, S. Kuhlmann, & R. E. Smits. 2007. "Functions of Innovation Systems: A New Approach for Analysing Technological Change." *Technological Forecasting and Social Change*, 74 (4): 413 – 432.

Hong, K. K. & Y. G. Kim. 2002. "The Critical Success Factors for ERP Implementation: An Organizational Fit Perspective." *Information & Management*, 40 (1): 25 – 40.

Human, S. E. & K. G. Provan. 2000. "Legitimacy Building in the Evolution of Small-firm Multilateral Networks: A Comparative Study of Success and Demise." *Administrative Science Quarterly*, 45 (2): 327 – 365.

Markard, J., S. Wirth, & B. Truffer. 2016. "Institutional Dynamics and Technology Legitimacy: A Framework and a Case Study on Biogas Technology." *Research Policy*, 45 (1): 330 – 344.

Martinsons, M. G. 2004. "ERP in China: One Package, Two Profiles." *Communications of the ACM*, 47 (7): 65 – 68.

Maurer, J. G. 1971. *Readings in Organization Theory: Open-system Approaches*. NY: Random

House.

Meyer, J. W. & W. R. Scott. 1983. "Centralization and the Legitimacy Problems of Local Government. " In J. W. Meyer (ed.), *Organizational Environments: Ritual and Rationality.* Beverly Hills: Sage.

Mitchell, J. C. 1983. "Case and Situation Analysis. " *Sociological Review*, 31 (2): 187 – 211.

Pfeffer, J. 1982. *Organizations and Organization Theory.* Boston: Pitman.

Rao, H. 2002. " 'Tests Tell': Constitutive Legitimacy and Consumer Acceptance of the Automobile: 1895 – 1912. " In P. Ingram & B. Silverman (ed.), *The New Institutionalism in Strategic Management.* Stamford, CT: JAI Press.

Ruef, M. & W. R. Scott. 1998. " A Multidimensional Model of Organizational Legitimacy: Hospital Survival in Changing Institutional Environments. " *Administrative Science Quarterly*, 43 (4): 877 – 904.

Sarker, S. & A. S. Lee. 2003. "Using a Case Study to Test the Role of Three Key Social Enablers in ERP Implementation. " *Information & Management*, 40 (8): 813 – 829.

Scott, W. R. 2008. *Institutions and Organizations: Ideas and Interests* (4th Ed.). London: Sage.

Small, M. L. 2009. "How Many Cases Do I Need? On Science and the Logic of Case Selection in Field-based Research. " *Ethnography*, 10 (1): 5 – 38.

Suchman, M. C. 1995. "Managing? Legitimacy: Strategic and Institutional Approaches. " *The Academy of Management Review*, 20 (3): 571 – 610.

Tatnall, A. 2010. "Innovation Translation, Innovation Diffusion and the Technology Acceptance Model: Comparing Three Different Approaches to Theorising Technological Innovation. " In A. Tatnall (ed.), *Actor-Network Theory and Technology Innovation: Advancements and New Concepts.* Hershey, PA: IGI Global.

Venkatesh, V. 2000. "Determinants of Perceived Ease of Use: Integrating Control, Intrinsic Motivation and Emotion into the Technology Acceptance Model. " *Information Systems Research*, 11 (4): 342 – 365.

Zammuto, R. F. , T. L. Griffith, A. Majchrzak, D. J. Dougherty, & S. Faraj. 2007. "Information Technology and the Changing Fabric of Organization. " *Organization Science*, 18 (5): 749 – 762.

Zhen, S. , Y. Feng, & L. Liu. 2012. "The Mediating Effect of Organizational Culture and Knowledge Sharing on Transformational Leadership and Enterprise Resource Planning Systems Success: An Empirical Study in China. " *Computers in Human Behavior*, 28 (6): 2400 – 2413.

效率机制与合法性机制解释逻辑的比较分析

——对任敏论文的评论

张茂元[*]

《技术应用何以成功——一个组织合法性框架的解释》一文，通过详细、深入考察一项新技术（ERP）在一家国企中长达 9 年的应用历程——具体包括启动应用、停滞甚至失败，到重启并最终成功应用——分析了新技术在组织中应用成败的机制。作者通过对该大型国企多年的长时段考察，收集了丰富的一手材料（该文只呈现了其中的一小部分），并在此基础上为我们展现了企业组织应用信息技术（ERP）的具体场景及其内部各主体间的互动（任敏，2017）。这为"技术 - 社会"研究（邱泽奇，2005）提供了丰富一手素材的同时，也丰富、拓展了研究视角和研究思路。

与技术 - 社会研究通常所采用的经济效率视角（萨姆纳，2005；世界银行，2007）、权力视角（Barley，1986；Bruns and McFarlan，1987）、文化视角（任敏，2012）等不同，《技术应用何以成功——一个组织合法性框架的解释》选择从合法性视角来考察、解释新技术应用的成败。这无疑是个很大胆并富有创新性的尝试。文章尽管没有清晰界定"组织合法性"的内涵和外延，但并没有从根本上损及文章的解释逻辑，因为文章明确给出了"组织合法性"的三个维度或者说三个类型，即绩效合法性、任务合法性、价值合法性。上述三类合法性是否周延、互斥性地构成了"组织合法性"的全部内涵，我们暂且不论；但它们的确具有极为不同的含义，并分别指向组织内部合法性的不同方向和类型，并有机地联结在一起。正如文章所总结的那样："其中，绩效合法性是基础；在技

＊　张茂元，广州大学公共管理学院教授。

术绩效不确定的情形下，任务合法性为技术应用保证了组织正式层面的资源投入，启动、加速技术应用；价值合法性提供非正式的资源投入，在危机时保存技术、在应用期间促进应用。"（任敏，2017：169）这也奠定了该文的基础价值。合法性视角或许不是解释文中案例技术应用成败的最有效视角，但无疑具有创新性且有解释力。

实际上，组织合法性中的三个维度都是从合法性来源的维度加以区分的。其中，文章认为绩效合法性是"基于组织成员对技术可实现的组织绩效促进功能之共识，其核心是评估其能否提高组织效率且提高多少、衡量成本－收益比等"（任敏，2017：174）。因此，绩效合法性实质上指向合法性的来源，即因为能够提高绩效而拥有合法性。这实际上就是经济学所强调的效率机制。如 ERP 技术，因其能降低成本、提高效率和产出而拥有绩效合法性。

任务合法性则来源于组织权力。"这代表科层组织权力将技术应用定义为必需的组织活动的组织命令，它规定了技术可以在多大程度上占用组织资源，使得技术强制组织成员配合具有正当性。任务合法性本质上是组织内部的强制合法性，来源于组织结构的强制力，依靠'自上而下'的组织权威推行。"（任敏，2017：175）而权力为何如此规定、为何赋予特定技术任务合法性，文章虽有提及但并未做深入探讨。这无疑又是一个值得深入探讨的议题。

相较于绩效合法性和任务合法性，价值合法性的来源则更加"神秘"。"这是组织成员基于技术－组织关系前景认知以及对组织的忠诚、责任、使命感等价值而衍生的拥护技术应用的坚定信念。"（任敏，2017：176）它来源于某种组织成员所认同的价值。在文章所关注的案例中，这种价值可能是基于对某个人的认同，也可能是基于对组织的认同。

可见，组织合法性实质上指向的就是经济效率（或效益）、组织权力和观念认同。或许是为了统摄于"合法性"这一概念下，作者分别用绩效合法性、任务合法性和价值合法性来指称；或许，这套概念体系也可能更适用于特定的组织场域。由此，我们也可发现作者对组织合法性的界定与马克斯·韦伯对阶层的概念界定有异曲同工之妙。韦伯将阶层划分为经济、政治、社会三个维度，分别指向经济财富、政治权力和社会声望。当然，很多时候，用什么词和概念或许并不重要，重要的是其背后的解释逻辑是否自洽、有效。

跳出文章的解释逻辑，该文关于组织合法性的讨论还启发笔者重新思考合法性机制和效率机制等相关概念及其逻辑关联。

在社会学的新制度主义看来，合法性机制是经济学效率机制的竞争性（如果不是相对立的话）解释机制，它强调的恰恰是除经济效率之外的因素在发挥作用，甚至往往指向的就是在经济意义并无效率的制度、行为的存在。而为了尽量减少无效率的制度、行为对组织效率的伤害，很多组织采取松散联结的方式将相关制度、规定等"束之高阁"，让其远离组织的日常运作以尽可能降低其侵扰（Meyer and Rowan，1977；Powell and DiMaggio，1991；周雪光，2004）。通常来说，合法性机制所要解释的就是（对组织本身而言）并无效率的制度、行为等因何能够存在。

由此也就涉及"谁的效率"（米尔格罗姆、罗伯茨，2004）这一问题，即效率的主体。对特定主体并无经济效率的制度、行为等，可能对更大的外部环境而言又是有效率的。因此，新制度主义所强调的"无效率"，是针对所分析的主体而言，并不是泛化的。因此，在新制度主义的解释框架里，就作为分析单位的组织而言，合法性是不可能来自绩效的——那是经济效率机制的解释范畴。

从内部而言，"谁的效率"同样至关重要。就像文章所提到的那样，很多部门和个体之所以反对新技术（ERP）应用，就是因为新技术会降低他们所看重的效率，最终损害他们的利益——具体可能表现为经济收入、权力、自由度等多种形态。这在技术应用的停滞期表现得尤为明显。由此我们可以发现，文章最有意思的地方也正在于此，即组织是如何克服这种因新技术应用所带来的利益调整问题而进入技术应用新阶段的。就文章中的案例而言，那就是当组织领导不支持（即丧失任务合法性）的时候，新技术应用何以能够存续；当领导支持的时候，又有哪些条件使新技术应用顺畅。

总体看来，新技术（ERP）应用是能够提高经济效率的，但是，还是有不少部门和个体会反对新技术应用，究其原因，可能有利益受损、偏见或其他各类因素。因此，在新技术应用过程中，如何让新技术惠及利益相关群体以构筑更加坚实的新技术应用社会基础（张茂元、邱泽奇，2009；张茂元，2009），仍然是一个永恒的议题。

参考文献

简·E. 芳汀，2004，《构建虚拟政府——信息技术与制度创新》，邵国松译，中国人民大学出版社。

玛丽·道格拉斯，2013，《制度如何思考》，张晨曲译，经济管理出版社。

玛丽·萨姆纳，2005，《ERP——企业资源计划》，张玉亭、杨晓云译，中国人民大学出版社。

曼纽尔·卡斯特，2001，《网络社会的崛起》，夏铸九、王志弘等译，社会科学文献出版社。

米尔格罗姆、罗伯茨，2004，《经济学、组织与管理》，费方域译，经济科学出版社。

邱泽奇，2005，《技术与组织的互构：以信息技术在制造企业的应用为例》，《社会学研究》第 2 期。

任敏，2012，《信息技术应用与组织文化变迁——以大型国企 C 公司的 ERP 应用为例》，《社会学研究》第 6 期。

任敏，2017，《技术应用何以成功？——一个组织合法性框架的解释》，《社会学研究》第 3 期。

世界银行编，2007，《中国的信息革命：推动经济和社会转型》，经济科学出版社。

张茂元，2009，《技术应用的社会基础》，《社会》第 5 期。

张茂元、邱泽奇，2009，《技术应用为什么失败——以近代长三角和珠三角地区机器缫丝业为例（1860~1936）》，《中国社会科学》第 1 期。

周雪光，2004，《组织社会学十讲》，社会科学文献出版社。

Barley, Stephen R. 1986. "Technology as an Occasion for Structuring: Evidence from Observations of CT Scaners and the Social Order of Radiology Departments." *Administrative Science Quarterly*, 31 (1): 78 - 108.

Bruns, Wilian J. and F. Warren McFarlan. 1987. "Information Technology Puts Power in Control Systems." *Harvard Business Review*, 65 (5): 89 - 94.

Meyer, John and Brian Rowan. 1977. "Institutionalized Organizations: Formal Structure as Myth and Ceremony." *American Journal of Sociology*, 83 (2): 340 - 363.

Powell, Walter and Paul J. DiMaggio. 1991. *The New Institutionalism in Organizational Analysis*. Chicago: The University of Chicago Press.

经济社会学研究　第七辑

第 108～144 页

© SSAP, 2021

技术治理的运作机制研究[*]

——以上海市 L 街道一门式服务中心为案例

黄晓春[**]

摘　要：本文试图从信息技术与组织结构之间互动机制的角度，对中国政府改革进程中信息技术促进基层公共部门革新的方式和路径做出较为深刻的分析。本文进一步发展了巴利和简·E. 芳汀关于新技术与组织互动机制的模式化分析框架，建立了"技术－结构"时间序列互动分析模型，进而对上海 L 街道引进信息技术革新一门式服务中心的复杂过程进行研究。

关键词：信息技术　互动机制　实践情境

一　引言

信息通信技术（ICT）是一种通用技术（GPT），能带来经济与社会运行的根本性重构。与增量式的技术进步（技术变革幅度较小并可以预期）不同，通用技术意味着根本性的变革，它所带来的是技术发展的里程碑式跳跃（世界银行，2007：8）。随着 20 世纪 90 年代信息技术在发达国家大规模地快速应用，这些国家普遍开始探索运用先进信息技术来提升公共部门的治理效能（其内容包括更为及时地"按需"提供公共产品、改善与公民社会之间的关系、突破传统科层制的结构约束），同样，

---

　　*　本文首发于《社会》2010 年第 4 期。

　　**　黄晓春，上海大学社会学院教授。

中国政府也在打造"数字政府"方面表现出了高度的积极性。与此同时，越来越多的官员和学者对运用现代信息技术来提升政府治理能力表现出了极大的信心，比如，美国前副总统戈尔就曾多次指出，"信息技术有助于提高政府效率和服务水准，并能有效地防止官僚主义和官员腐败"。可见，技术治理①开始成为现代政府改革的方向和必由之路。然而，随着种种实践的不断深化，越来越多的研究发现，现代信息技术的引入，虽然对传统科层结构提出了诸多挑战，但并不必然会促使公共部门"扁平化"，进而提升组织效能（Heks，2001；World Bank，2006），这也迫使研究者进一步追问：技术治理"何以可能"？它的运作机制究竟是怎样的？

最初的研究几乎都聚焦于信息技术对传统组织结构的影响（或者说"再造"），研究者们倾向于认为：现代信息技术有可能对工业时代以来广泛应用于各类组织的科层制层级结构产生重大挑战，并使现代组织更趋于扁平化。这类理论观点最早兴起于美国工商业史研究，并成为开启"后钱德勒"时代（Post Chandlerism）研究的标志，比如 Lamoreaux 等（2003）在《超越市场和科层制：走向美国工商业史的新综合》中提出，"在 19 世纪后半期（即第一次市场革命时期），伴随着铁路和电报的扩张、运输成本和通信成本的下降，管理科层制替代了其他形式的经济协调机制，作为响应，各类企业向前整合营销体系并向后整合（原材料或配件）供应体系。但是在计算机时代，随着运输以及（特别是）通信成本的不断下降（第二次市场革命），各类企业所做出的响应是从大型企业集团（conglomeration）和垂直一体化中撤出来，日益将它们的管理科层制协调替换为长期关系协调"。相似的理论观点很快在政治学和社会学等领域中扩散，比如，政治学家赫克斯（Heks，2001）认为，"现代信息技术的应用有可能打造一个全新的灵敏反应政府，而这恰恰是扁平化的另一种形态"。

随着研究工作的深入，越来越多的学者发现，早先憧憬信息技术带来现代组织结构的根本性重构似乎是一个值得深入推敲的问题。因为这一时期的大量研究发现，信息技术在改变现代商业和公共部门运作的同

---

① 近年来"技术治理"在国内社会学、政治学的相关研究中正在越来越多地被提及，其内涵可以从两个层面来理解：第一个层面是现代国家通过引入新技术——尤其是现代信息技术，来更好地提升自己在公共管理和公共服务中的效能；第二个层面指涉的是国家在实现自身管理目标时，其管理技术、治理手段正在变得越来越"技术化"（可参见渠敬东等，2009）。本文主要是在第一个层面上来理解和阐释"技术治理"的内涵。

时，也被组织原有结构形塑和修正，换句话说，技术变得不再纯粹（至少与实验室技术大不相同），而是和人为的社会建构掺杂在一起作用于现代组织。持此类观点的学者重新拾起"技术的社会建构论"传统，他们指出，在新技术与组织的相互作用中，组织建构了技术系统并赋予技术系统以意义（Sproull and Goodman，1990）。在论及新技术的未来走向时，一些学者甚至不无担忧地指出，"即使信息技术为效率增长提供了可能，系统和结构依然抵制变化，因此依托新技术革命而带来组织革命的美好前景可能不会实现"（Motrton，1996）。

由于单纯在理论和形而上层面讨论太容易让人产生"似是而非"的判断，因此，许多研究开始掉转信息技术与结构之间的简单因果箭头，而将探讨的焦点集中在信息系统和组织安排在设计和使用的灵活性方面，这挑战了那些更趋决定论（无论是技术决定论还是社会建构论）的观点（芳汀，2004）。换言之，这些研究更倾向于在新技术与组织互动的机制层面讨论问题，并借助这种分析对两者的复杂关系做出更深刻的洞见，这有助于在实践层面加深人们对"技术治理何以可能"这一课题的进一步认识。

本文试图从信息技术与组织结构间互动机制的角度来展开研究，进而对中国政府改革进程中信息技术促进公共部门革新的方式和路径做出较为深刻的分析。文章试图追问以下一些问题：信息技术是如何改变（优化）政府组织运行的？它从哪些环节切入？它与原有结构之间的复杂互动关系如何？在什么意义上它遇到了已有结构的挑战？本文在实证研究的基础上，进一步发展了巴利和简·E.芳汀关于新技术与组织互动机制的模式化分析框架，尝试建立了"技术－结构"时间序列互动分析模型。

二 研究视角的转变：从结构碰撞到机制互动

现代信息技术的广泛应用是 20 世纪八九十年代之交的事情，从这个意义上说，诸如"信息技术如何影响现代组织运作？如何推动公共部门的治理革新"之类的问题，在漫长的组织研究史中确实可以说是新问题。当学者们试图对这类问题做出深刻分析时，他们回顾已有的研究基础，并首先从"技术与组织"这一多产的经典研究领域汲取理论洞见和灵感。

"技术与组织"可谓早期组织研究中的核心领域之一，经过数十年的沉淀与积累，该领域产生了许多经典研究。早期的研究主要是在"结构碰撞"的层面理解技术对组织的影响，即将技术和组织都视为某种结构性载体，而把两者的交遇看作相互碰撞以及修正对方逻辑的过程，比如："技术决定论"倾向于把新技术看作某种会引发人类社会调整的刚性结构（宋朝龙，2007）；而社会建构论则倾向于把技术看作社会和历史建构的一种结构（Child，1972）。

20 世纪 80 年代以后，关于新技术的研究开始采纳更为综合的理论视角，研究者倾向于把技术与组织看作在结构上相互构造的两种力量，即形成了一种"互构"的分析思路。该思路比早期的"技术决定论"或社会建构论显得更灵活且贴近现实。历史社会学家 Hughs（1994）认为，社会建构论和技术决定论在解释复杂的技术变化时都存在一些弊病，而用他提出的"技术势头"（technological momentum）概念却能完成解释任务。这个介于社会建构主义和技术决定论之间的概念认为，技术既是原因也是效果；社会的发展塑造了技术，但也被技术所塑造。奥里可夫斯基（Orlikowski）提出了一种更综合的分析框架，并对吉登斯的社会结构二重性概念加以修改，将其用于技术和组织关系的分析中，他总结了这个概念所包括的两个前提：首先，技术表现出二重性（既是产品，也是客体）；其次，即使经历了具体化过程，技术在各自的"解释灵活性"方面也各不相同，即人类代理人通过与技术的相互作用（从自然和社会两个角度）可以改变技术的潜力。

技术与组织相互建构的观点体现出了更为强大的解释力，但问题的关键在于，如果不发展出更为细致的分析框架，那么单纯在"谁影响谁"的层面上讨论"变化是什么"仍然是于事无补的。巴利有感于这种研究现状，曾感言，"在经历了多年的研究后，那些关于信息技术影响组织的经验证据也不过是含混不清甚至是矛盾的"（巴利，2008：186）。一些学者进而开始对已有研究进行反思，转而在信息技术与组织之间的互动机制层面讨论"这些变化究竟是如何发生的"（邱泽奇，2005）。

巴利（Barley，1986）对医院的两个放射科各自在最初引进计算机 X 射线扫描仪（CT）时的内部秩序变化进行了研究。他认为，从实际效果来看，新技术不是决定因素，新技术的引进是重新构建技术系统的"一个理由"。"扫描仪引起了变化，因为它已经成为社会客体，其意义也就由使用的环境来定义。"（Barley，1986：213）巴利还指出，放射专家和技术专家之间的互动会随时间而变化，因为既定的可判读"代码"的顺序是在不断变化的。由于背景环境、专业背景以及互动方式的不同，不同结构中的识别结果也会不同。

许多学者认为，巴利的这篇论文（以下统称"巴文"）最重要的学术贡献是发现技术只是触发而不是决定了组织结构的变迁。但本文认为，巴文的贡献还在于进一步发展出了研究技术与组织相互影响机制的操作性框架，为观察信息技术与组织结构之间的互动提供了一种非常重要的"历时性"视角，这有助于研究者更好地观察两者之间的互动机制。巴利在 CT 扫描仪案例的研究中，引入了一个很重要的分析维度，即作为理解情境关键要素的时间段。他在回顾已有研究的基础上发现，"解释组织的变迁和稳定性一样，都需要建立一个结构化过程的时间模型"。在考察技术对组织的影响时，该时间模型尤为重要，因为技术虽然为组织调整创造了条件，但这种调整的意义可能一时还不会显现，然而随着组织对其处境进行重新界定，就会有缓慢的改变。因此，巴利（Barley，1986：189）试图通过建立连续性结构化的组织变迁模型而非共时性结构化的组织变迁模型来扩展其研究。

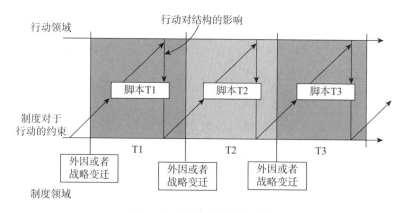

图 1 结构化过程的连续模型

注：逐渐加深的背景表示结构化的累计效果。

相对于巴利的研究最终得出的结论而言，其方法上的贡献长期被低估了，即他提出的观察技术进入组织并引发变革的研究框架（结构化过程连续模型）为后来的研究者突破"技术决定组织，组织决定技术"的逻辑循环辟出了一条蹊径。这种研究框架由于运用了"历时性"分析视角，因此得以使技术与组织结构间复杂互动的过程呈现出来。它使我们看到，技术对组织的影响（以及组织对技术运用的界定）并不是在一次性的简单互动中实现的，而是处于一个时间流中，经由多次反复互动才最终形成。从这个意义上说，离开了多个彼此互为因果的时间流去讨论两者之间的相互影响显然是不明智的。

巴利的研究虽然丰富了对技术与组织互动机制的认识，但是仍未回答一个关键性的问题：技术与组织间互动的实质是什么？如果说巴利的研究为分析信息技术与组织结构之间的互动机制提供了一种"形式"上的新思路，那么简·E.芳汀的执行技术分析框架则为人们更好地洞察技术与组织之间互动的"实质"提供了一种新视角。简·E.芳汀（2004：109）在研究现代信息技术作用于美国联邦政府以及陆军的过程中，始终关注一个核心问题：作为一个变量，技术处理和传播所产生的根本性变革，以什么样的方式影响着既有制度结构？这个问题也可以被表达为：信息技术的执行是怎样加强或削弱制度所构成的束缚的？围绕上述问题，简·E.芳汀提出了执行技术的分析框架（见图2）。在该框架中，信息技术被看作内生的——在设计和应用的过程中，信息技术被不断改变。她区分了客观的信息技术和被执行的信息技术，前者包括互联网、其他数字信息传播技术、硬件和软件，后者则包括用户对技术的理解以及技术在特殊情境中的设计和使用。之所以强调"执行技术"这个概念，是因为信息技术不同于制造技术或生产技术。相比之下，信息技术灵活开放得多，更容易被拆分，而且可以有无数种设计方式和使用方法；工业技术是肌力，而信息技术是大脑和神经系统；工业技术取代的是胳膊、手和肌肉，信息技术替换的是传播、思考和计算。因此，对信息技术不能单纯地从客观技术指标的角度来理解，而要考察它在执行过程中实际上被嵌入了怎样的制度"思维"和组织"印记"。

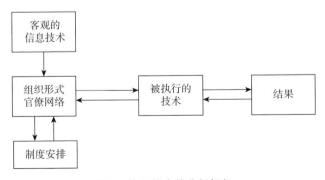

图2 执行技术的分析框架

在简·E.芳汀看来，当某种客观的信息技术被引入组织内部时，必然会受到既有组织安排和制度安排的影响，它在某种意义上被后两者所"嵌入"。制度和组织使信息技术得以执行；反之，信息技术会改造组织和制度，使之更好地适应技术的发展。通过现行组织安排和制度安排的中介作用，新的信息技术得以执行，即被理解、设计和使用，但对于组织安排和制度安排而言，这些"执行技术"具有自身内在的逻辑和偏好。这多重的逻辑就体现在日常运作、官僚政治、规范准则、文化信仰和社会网络中。在她的研究中，"执行技术"是理解组织与技术互动的关键，而这种"执行技术"的塑造与形成其实是不同制度逻辑相互影响的过程，由此，她把技术与组织间的互动带回到制度分析领域。换言之，她为观察技术与组织的形式互动机制注入了新内容——制度性因素。

上述两人的研究从不同角度打开了分析技术与组织互动的新视角，前者引入了"时序"这一分析维度，后者将技术与组织的互动重新带回制度分析领域。从某种意义上说，不同的研究思路背后其实暗含了组织社会学不同发展阶段的理论旨趣：对于巴利及其同时代研究者而言（身处 20 世纪 80 年代，初步感受到新技术对社会变迁的影响），他们或多或少受到吉登斯的结构二重性理论影响，因此，当他们讨论信息技术之于组织变迁的影响时，关注更多的是如何在行动－结构的时空连绵中"捕捉"技术的独特作用机制与轨迹，相比之下，技术自身的特质反而或多或少被忽略了；而简·E. 芳汀的研究所处的时代（20 世纪 90 年代后期，正是美国联邦机构大力引入信息技术构造虚拟政府之际），是一个信息技术快速绽放夺目光辉的时代，同时代的思想家如曼纽尔、卡斯特等，都是从信息技术的特质出发来理解新技术革命的宏大社会影响的，简·E. 芳汀显然也深受这些研究的影响，因此她更倾向于从"内生"的角度去理解信息技术在执行时被赋予的结构性内涵，并观察执行技术是如何进一步作用于已有结构的。

就此而言，这两种侧重点各有不同的研究视角，恰恰为人们更好地管窥技术治理的运作机制提供了一个互为相倚的分析思路：巴利的"时序"分析提供了历时性的观察框架，并将技术植入组织的过程理解为前后相互影响的不同"片段"之组合，这恰恰有助于更为细致地观察执行技术在不同阶段的制度内涵；而简·E. 芳汀的制度分析则提醒人们，在技术与组织互动的每个阶段都要注重技术自身制度逻辑与组织结构暗含制度逻辑的相互修正与影响。不过，如果简单地将巴利和简·E. 芳汀的研究框架进行叠加，一些关键问题仍得不到较好的解答，比如，不同阶段技术与组织的互动是否存在一般性的特点？不同阶段技术与组织之间互动的逻辑是什么？为什么有些技术可以被组织结构很好地吸纳、接受，而另一些则不行？

　　要进一步追问这些疑惑，就需要对技术植入组织的过程进行全景式的深描，细致地分析两者间互动机制的演化形态，梳理不同时期两者互动的核心组织议题，并在此基础上划分相应的互动阶段，进而思考不同阶段的相互影响在多大程度上决定技术植入组织的效能。本研究试图以上述思考，通过实证观察进一步对已有分析框架予以发展。

三　个案与研究发现

　　L 街道始建于 1988 年 10 月，街道总面积 1.99 平方公里，规划人口 10 万。总的来说，L 街道是一个正在建设与发展中的纯居住区，其居民结构在 20 世纪 80 年代末 90 年代初主要以工人群体为主，最近几年其居住结构有了一定的变化，但普通市民仍是主要构成部分。

　　从 2000 年起，L 街道一直在探索提升公共服务能力的有效路径，其焦点是加强政府公共部门间的协同水平。2005 年，L 街道建立了第一个一门式服务中心，当时其核心理念是要减少百姓奔波于多个部门间的烦恼，提高行政部门间的协同水平。但客观地看，这一时期的一门式服务中心只是在街道原劳动保障事务所的基础上扩大了服务设施的建筑面积，将其他相关为民服务部门（如民政、计生等业务科室）迁入而已。

　　这些部门聚集在一处，避免了居民为一件事情在多个"门"之间来回奔波，但不同部门之间的业务并未整合，每个部门常常"各自为战"，在许多需要协同处理、信息共享的领域（比如，居民低保的申请与核实需要劳动和民政共同协同），各部门的快速协同能力仍较为有限，往往是按照传统方法不定期人工相互查询资料，因此许多审批事项仍需要较长时间才能办结。从 2006 年开始，L 街道被上海市有关部门定为第一批运用现代信息技术来提升服务能力的一门式服务中心试点。自此，现代化的信息技术开始被引入该一门式服务中心。

　　本文的分析将聚焦于以下四个环节：首先，本文将通过对一个更宏大的结构层面的描述来帮助读者理解新一代信息技术引入 L 街道一门式服务中心所试图解决的体制结构性问题；其次，本文将呈现现有结构选择技术方案的思维逻辑；再次，研究将重点关注被选择的新技术如何融入组织现有结构；最后，着力观察已经"扎根"的新技术如何不断影响组织的运作，进而发挥技术治理效能。

（一）作为新技术相对面的既有结构

当本文试图分析技术治理的运作机制时，首先必须将"理解既有结构的特征"作为分析的基点，唯有如此，才可能更深刻地洞察技术与组织互动所面临的核心问题。

经过二十多年的发展，中国政府各部门围绕社区服务形成了一套规模巨大的组织体系。这个组织体系主要由两部分构成：第一部分包括由从中央各部委到地方各委、局构成的政府"条线部门"，它们凭借其专业力量承担着社区就业服务、社会保障服务、救助服务等职能；第二部分包括省、市、区（县）的"块"上的地方政府部门，它们根据本地区的实际情况和居民的需求，提供或组织各种内容丰富的综合性社区服务，它们同时也为"条线"部门的服务提供支持和保障。

在社区服务的过程中，上述两个组成部分常以一种非常复杂的机制交错结合在一起。"条"上行政部门负责大量社区公共服务的供给，但它们自身的组织力量并不完全"落地"，除了公安部门外，大多数供给社区服务的"条"上部门只在区这一级的层面上设立机构，在街道和居民区层面上则需要依靠"块"上的力量来提供信息、接受居民服务申请以及进行审批。有时为了更好地完成工作，"条"上部门还需要"块"上机构帮助整合其他平行的"条"上资源。"块"上政府机构离开"条"的资源和专业指导也无法为社区提供充分而有效的服务。

对 L 街道来说，整合各部门的行政资源，使它们能有效地进行合作就成为提升社区公共服务供给水平的重要路径。然而，客观地看，这种高效合作在体制和制度架构上仍然面临着一些困境，即虽然街道办事处（及社区党组织）被赋予了协调整合其他行政单位的权威，但是这种权威的有效性却常常处于不稳定状态。这是因为街道党政部门的协调整合权大多是由市、区"块"上党政机构授予的，而社区中的"条"上行政机构的行为（包括人事任免）则更多地受到上级"条"上组织的管理，从某种角度来说，这种协调整合权更多的是一种"合法性"意义上的，而非实际管理层面上的。

就此而言，如果我们把 L 街道由多个行政单位共同构筑的公共服务体系看作一个整体性结构的话，那么这个结构具有以下三方面的特征。

（1）主要行政协同单位之间不存在明确的科层结构。L 街道辖区范围内的主要行政协同单位虽然要接受街道党工委和办事处的领导，但是这种领导并不建立在明确的科层层级结构基础上。这一方面意味着在横向协同过程中"谁是领导者，谁服从谁"的规则常常是不明确的；另一方面也意味着横向协调的成本有时会比较大。

（2）各单位的管辖权皆有清晰的界定，超越此范围的行为可能会造成压力。在过去十多年的时间里，在"规范行政行为"精神指引下，大多数行政部门的管辖权限得到了清晰的规定，这些行政部门往往会本着"有所为"和"有所不为"的态度来应对日常生活中提出的服务需求。值得注意的是，在管辖权限被明确界定的背景下，越权行为（即便其是出于一种公心或善意）会被视为一种危险的举动，因此大多数行政部门往往不愿意超越自己的授权范围行动。这常常会成为部门合作陷入困境的一个重要原因之一。

（3）同时存在的多种含糊的规则体系为协同作业提供了前景不明晰的指向。当"条""块"机构由于为民服务而需要彼此合作时，首先面临的问题是："遵循什么规则？"由于"条"与"块"内部的管理条例彼此有异，各自的注意力分配结构不同，因此常常会围绕着合作规则的确立产生复杂的互动，在互动过程中，由于不同的规则体系为协同提供了前景不明的指向，故在一定程度上使协同问题变得更加难以把握。

L 街道公共服务领域的结构性特征，使不同行政部门之间的高效协同面临着许多困境。其实，这个问题也是与中国政府体系中一直暗含着的一种内在的"结构性紧张"相关的。

从某种意义上说，中国政府是以科层制和某种松散网络相结合的方式组织起来的，其科层制特征体现在权力和资源的分级配置上，而松散的网络则表现为"条"与"条"之间、"条"与"块"之间相对封闭而又保持协同的结构形态。[①] 以这种方式组织起来的中国政府，从 1949 年至今一直面临着两个重要问题，一是如何在保证科层体系中较高层级对较低层级有效管控的前提下充分发挥下级部门的灵活性；二是如何在保持科层制整体特征的前提下，使内部网络以更高效率运作。由于这两个重要问题中都暗含着完全相反的改革取向，当中国政府以传统的分权、分税、部门重组等手段试图调整内部结构时，这两种完全相反的取向就

①　澳大利亚学者 Audrey Donithorne 曾用另一种表述称其为"蜂窝状"结构。

会以一种矛盾的形态呈现出来，最后表现为"一放就乱（赋予网络更多灵活性，但却导致'自上而下'效率的受损），一收就死（提升了'自上而下'效率，但网络的灵活性和活力大大受损）"的格局。

简言之，今日城市基层社区中"条""块"行政部门所构成的政府公共管理与服务体系可以被看作中国政府体系的"缩影"与"分形"。就 L 街道的情况而言，自 20 世纪 90 年代中后期以来，社区行政部门的改革实际上一直徘徊于两种制度取向所推动的运动之中，即一方面为了促进不同部门间的横向协同，打造一种"无缝衔接""敏捷服务"的基层公共服务体系，就有必要更好地构造不同部门间的横向互动网络；另一方面这种横向网络的建设又往往会干扰甚至危及单个行政体系内"自上而下"的权力运作，因而引发相应反弹，而反弹的结果是对已有横向协同制度安排产生反作用，使其受到削弱，这又势必会在新的层面提出新的横向整合问题，由此，形成了一种循环。

基于上述分析，我们发现一种基层行政体系在科层与网络两极间长程运动的动态过程。从这一过程的视角来看，既有研究提出的"以块为主"或"条强块弱"不过是对这个长程运动中特定横截面的解读罢了。在这种背景下，如何有效提升不同行政部门的协同效率、打造一个"敏捷服务"的政府就应当被看作一个更为复杂的问题。

（二）新技术引入与制度"偏好"

在对既有体制结构有一个相对清晰的认识后，现在让我们聚焦于 L 街道引入信息技术建设数字化一门式服务中心的运作过程。作为一个较晚引入信息技术解决方案的街道，当 L 街道管理层萌生用新技术来推动既有一门式服务中心改革的意图时，其至少面临着三种技术安排上的选择。

1. 方案一：自有数据库支持下的协同整合模式

该技术方案最早在上海中心城区的 W 街道得到应用，其后 J 街道进一步改进了该技术方案的实现框架。

该模式的技术原型来自发达国家（如芬兰、新加坡）电子政务实践中的"后台信息共享模式"。"后台信息共享模式"强调公共服务顾客导向的价值取向，它赋予了公共服务受理前台较强的信息共享能力，包括前台顾客数据的收集、整理和定位存储，后台政府数据和已储存顾客数据的索引、定位等。在这一技术模式下，无论是政府信息的简单提供，还是双向信息的交流以及事务处理中需要调用的其他部门已经采集的顾客信息，都可以在已有信息中准确、快速地定位、提取，并最大限度地保持数据的唯一性、准确性（李靖华，2006：65～66）。从传统服务模式到"后台信息共享模式"转换示意见图3。

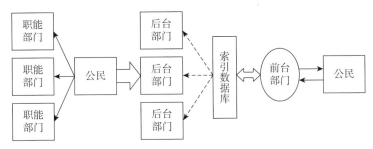

图3　从传统服务模式到"后台信息共享模式"

在技术研发部门和有关主管部门的参与下，"后台信息共享模式"在上海的社区服务实践中得到了新的扩展，扩展的方向主要有以下三个。

方向一：健全、优化街道内的相关网络。通过加载安全设施的社区网络，把一门式服务中心的前台受理和后台各业务部门之间联结起来，把街道与区有关部门联结起来，从而实现信息的高速传递和同步化。

方向二：研发、设计专业运作软件。系统整理不同业务部门间的工作流程并进行优化，然后把这种对流程优化、整合的结果反映到软件的窗口、命令和菜单中去，从而通过训练服务中心人员使用软件的方式，强制性地在工作中引入新流程。新设计的软件要强化对服务的质量控制、促进部门间的快速协同。

方向三：建立基于自有数据库的社区事务服务综合管理平台。这一点也是该方案的一大创新，采用该技术方案的街道建立了以公安部门人口管理系统为模板的实有人口数据库，并在此基础上建立了综合管理信息平台。在该技术方案的推广方看来，这一平台的功能很重要，通过它，街道不仅拥有了强大的辅助决策数据系统，而且可以通过这个平台，在几个业务条线之间进行资料的快速查询和信息共享。

从使用效果上来看，运用该技术安排的W街道和J街道都在很短时间内提高了行政部门间的协同效能。更重要的是，由于该技术方案在街道层面自建了基于人口数据库的社区事务综合信息平台，因此它客观上可以通过街道自己导入信息，以不断更新的方式为不同部门协同和资源共享提供支持，而不必依赖其他"条"上部门的数据支持。从这个意义上说，该技术方案似乎比较彻底地解决了数据整合、共享和部门协同的问题。

2. 方案二：网络联动支持下的协同整合模式

如果说前一种协同整合模式的核心与灵魂是街道自建的数据库系统，那么第二种方案的核心就是灵活的网络互联、共享技术。

第二种技术方案的原型是发达国家电子政务发展中的"过程集成"模式（该模式在美国和澳大利亚有较好的应用）。在"过程集成"模式中电子政府同样被分为接受公民事务受理的前台和部门协同解决问题的后台。前台作为一个虚拟的、统一对外的服务窗口，承担起公众请求的接受和最终服务结果的返回工作；后台作为各个实际的服务流程运作环节，由各职能部门内的相关执行结构和人员组成，负责具体的服务执行。通过这种安排，公民与后台被完全隔离开来，只需要与前台接触即可。而后台各部门之间的密切协同则建立在网络技术的协助同步基础之上（换句话说，以网络联动来实现部门联动）（李靖华，2006：89）。从传统服务过程模式向"过程集成"模式转变的过程见图4。

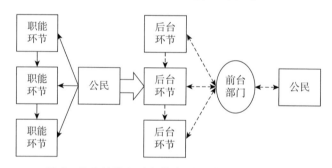

图4 从传统服务过程模式到"过程集成"模式

总的来说，这种技术安排更注重通过网络联动（技术术语为"关联技术"）在相关条线的专网间建立协同和数据整合机制。在实践中，网络联动支持下的协同模式在许多街道都有相对成功的运行经验。L街道的考察人员发现：该系统的最大好处不仅仅在于其技术先进（毕竟，对实践部门来说，"先进"本身不是目标），还在于它在促进部门协同的同时能减少许多额外的投入，比如，相对于前一种技术安排而言，它不需要街道再花力气去维护自己的数据库平台。

3. 方案三：一种折中的技术安排

如果说在前两种技术方案中，第一种技术方案更强调在街道层面建立整合的数据库，而第二种技术方案更强调在不同政府部门间建立起灵活先进的网络联动机制，那么第三种技术方案则更像是一种折中的选择。

它同时要求在街道层面建立数据整合体系和网络互联（整合）机制，但在两方面所实现的功能都相对有限，整体技术安排趋于保守。

就网络互联机制而言，第三种技术方案提供的网络技术并不足以支持不同行政部门之间专网的动态关联。其基本思路是，在街道层面建立一个专网整合服务器，以整合各个专网的数据（见图5）。

如图5所示，第三种技术方案运用专网整合服务器把各个专网整合到街道层面。但这种整合并不能直接进行各专网之间的实时数据交换，而只是将这些专网共同接入同一个虚拟平台（这和第二种技术方案有很大的不同，后者可以在整合的同时直接进行不同行政部门专网间的数据同步），各专网之间仍然是彼此封闭的状态。在该方案中，数据信息之间的共享还需要第二个步骤才能解决，这就是运用装载专门软件的一门式服务器来进行信息协同。

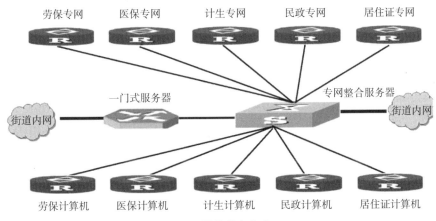

图5　网络整合方案

当劳保、医保等专网被整合到专网整合服务器后，技术设计方通过一门式服务器来读取这些信息，同时提供数据整合与共享功能。一门式服务器运用社区事务受理软件的数据库支持 SQLServer 数据库和 Oracle 数据库，可更大限度地整合不同部门的数据库，保持数据的统一性、完整性和一致性。其中，专门设计的社区事务受理软件可以在读取专网数据的过程中实现以下功能：与上海市民政信息系统之间的信息交换，与上海市劳动保障信息系统之间的信息交换，与上海市医疗保障信息系统之间的信息交换。

值得说明的是，一门式服务器只能依据需要，有限度地从不同专网中读取数据（一般来说，能读取多少类别的数据取决于程序的事先设定），这与第一种技术方案中街道自建的数据库不同，它不能实现数据在街道层面的累积，更不能随时运用这些数据用于其他决策活动（换句话说，它只能做到读取数据，不能存储数据）。

4. 技术方案的确定：制度是如何思维的

大多数技术专家从纯技术主义的角度出发，在分析了上述三种技术方案后都倾向于认为：若从解决问题的彻底性来看，第一种技术方案更佳；若从投入－产出的效率来看，第二种技术方案有更大的优势；相比之下，第三种技术方案的架构最复杂，但由于其既不能"打通"各专网，又不能产生街道独立的数据库支持系统，因此其效率不如前两种技术方案。

人类学家玛丽·道格拉斯（Mary Douglas）于 1985 年出版了一本有趣的著作《制度如何思考》（*How Institutions Think*），这本书涉及制度的起源以及它是如何发挥作用的。其中，有一个颇具社会学制度学派"标志性"特征的观点是："制度影响人们的行为的一个重要原因是在于制度中储存着信息和规则。这些信息和规则替代了个人思维的必要性。制度的一个重要功能是强化人们对某些领域和规则的记忆，而同时忽略其他的领域和规则，通过这种记忆系统来引导人们的注意力。"（转引自周雪光，2003）按照这一观点，当人们在诸多方案中进行选择时，与其说是根据理性原则和效率原则来选择最优，不如说是依据制度所赋予的认知，选择"被认为"是"最优"的方案。

当 L 街道领导层面对上述三种技术方案时，他们又是如何思维的？需要说明的是：从 2005 年至今，基层政府虽一直在探索一门式服务中心的数字化解决方案，但更高行政层级却一直未对相关标准予以确定。在此背景下，L 街道的选择只得更为谨慎，因为一旦自己选择的方案和最终确定的标准相去甚远，就意味着一切都有可能"推倒重来"。

对于 L 街道决策层来说，最理智的选择是依据未来基层社区行政改革的方向来确定一门式服务中心的技术安排。而在未来走向显得并不清晰的情境下，最保险的选择就是依据对现有体制结构特征的判断来选择技术方案。简单来说就是选择与当前社区行政体制特征最相近的方案，因为这样至少可以保证技术方案更有可能被整个结构所接纳，未来也有更大的可周旋余地。换句话说，就是要保证技术方案既要有利于解决部门协同的困境，又不能过度地挑战当前"条""块"结构。

上述决策思路形成后，"排除选择法"就变得很容易操作了：第一个技术方案首先被排除，因为它需要"块"上街道办事处承担太大的职责，它的有效运作需要建立在街道办事处以一己之力承担起数据维护责任的基础上。从深层次上看，这个方案看起来对"条"上部门的依赖最弱（因为其不从"条"上部门获取数据），但恰恰因为这种依赖过弱，它反而更容易在体制调整中受到现有"条""块"结构的冲击。

第二个技术方案也很容易就被排除了，因为这个方案的网络互联机制在很大程度上危及了每个"条"自成一体的格局，因此也潜存着很大的不确定性——正如前文分析的那样，保持自身信息的垄断性一直是"条"上机构制度安排的潜在取向，一旦"条"上部门调整自己的专网技术标准，那么这一技术安排很可能就会陷入困境。

这样第三个技术方案反而成为最有"可持续性"潜力的方案。因为它的技术框架和现有的体制架构有很大的相近性，在这个方案里，人们既可以看到"相互独立"的专网，又可以看到发挥一定限度的横向整合功能的"块"上一门式服务器，后者在促进协同的同时，并未危及"条"上部门的相对封闭性。从这个意义来看，现有体制的特征"相得益彰"地并存于该方案中，同时它又提供了两者相互协同的有效弹性空间。

按照这种决策思路，L街道最终确定了第三个技术方案，决定引入相关技术力量在街道内搭建一个以专网整合服务器和一门式服务器为核心的信息技术应用框架。

（三）技术扎根以及现有结构"虚拟再造"

当L街道确定了即将植入的信息技术整体方案后，便开始和技术推广方合作打造数字化一门式服务中心。正是在这个过程中，新技术开始在组织内扎根——扎根的标志是技术通过特定的安排在一个虚拟的空间内再造出与既有组织结构相近的设置。

1. 在植入过程中不断调整的新技术

据本研究的观察，技术植入期的核心问题是，管理人员使技术的各项特征更符合现有组织的制度期待，人们根据现有体制和制度的预期在虚拟结构中再造了一个具有"合法性"的虚拟机构。这一点正如L街道领导G主任所说：

> 这些技术要真正做到"为我所用"，一个重要的前提是使这些技术体现出我们的改革和优化思路……当然，这个过程并不是我们关

起门来自己设计的，我们也要考虑整个时期全市层面社区建设的一些政策、制度，这些技术设计是改革的一种具体化……

正是基于这种改革思路，技术植入过程中原有技术安排得到了不断修正和调整，这尤其体现在专网整合平台和一门式服务软件的设计调整上。

专网整合平台的技术调整。根据 L 街道的摸底调研，一门式服务中心所提供的公共服务主要涉及劳保、医保、计生、民政、居住证五条专线。而在引入新技术之前，这五条专线的接入方式各不相同，既有光纤又有 ISDN 传统网络，还有有线通 VPN 拨号，它们之间在物理层面上彼此隔离，如图6所示。

劳保专网　医保专网　计生专网　民政专网　居住证专网

劳保计算机　医保计算机　计生计算机　民政计算机　居住证计算机

图6　引入新技术前的公共服务信息网络架构

针对这种情况，L 街道根据技术方案的设计，请专业人员设计了一个面向内网的专网整合平台，将上述五条专线全部接入这个专网整合平台。但专网整合平台并不致力于打破专线之间的物理隔离，它仅仅提供了一个专网与街道内网数据汇聚的平台。

虽说该方案较为保守，但在具体实施时还是遇到了一些阻力。这些阻力来自相关"条"上的技术管理部门，L 街道的一位技术人员回忆到：

> 不同"条"线的专网有严格的管理条例，他们有技术设施监察自身网络，主要防止非法接入。我们一旦开始整合专网，他们的技术部门就发现了，并与我们进行交涉。我们把技术方案给他们看，告诉他们我们只是把所有数据全部用 VPN 接到一个虚拟平台上，只是改变一下它们的接入方式，本身并不在专网之间做直接的数据转换，但他们的技术部门还是很有顾虑。最后经过多方交涉，对方同意我们做这个专网整合，但有一个附带条件，就是我们必须向有关

部门申请专用 IP 段，只有在专用 IP 段的主机才可以联通专网整合服务器。而这个设计原来在我们的计划里是没有的……

从以上的访谈中可以发现，L 街道最初的设计是用专网整合服务器整合多条专线后直接联通街道内网，而上级技术部门对这种做法有很大的顾虑，在双方协商下，原定技术方案变得更为复杂了，连接专网整合服务器的网络由一般的政务内网变成了指定 IP 段的内网。这种安排意味着，可以通过专网整合服务器读取数据的计算机范围进一步缩小了，只有 L 街道相关部门有业务操作需求的十多台计算机可以登录专网整合服务器。

那么，这种技术安排的意义是什么？仅仅是出于安全考虑吗？在研究中，一位技术专家谈了自己的看法：

其实这并不单纯是一种安全的考虑，坦率地说，街道层面的内网本身是与外界网络物理隔离的，也就是说，街道原先的技术安排本身是有一定安全保证的，再说加密的方式有很多种——那么为什么有关部门还要申请专用 IP 段呢？我的理解是，这其实是为了勾勒出一个架构的边界，大多数人看到一门式服务中心的时候，看到的是这个服务中心的物理地址，它的大楼，它的设施。其实就数字化一门式服务中心而言，作为电子政府的一个层面，在物理的结构背后还有一个虚拟的架构，那么这个虚拟机构的组织边界在哪儿？如果缺乏界定的话，那么就有可能使虚拟组织的运作缺乏效率……

这位专家的分析引出了一个很重要的线索，那就是：当 L 街道试图通过专网整合服务器将多条专线集中在一个虚拟平台时，实际上它已经开始以自己的理解来构造一个虚拟的协同机构（专网整合服务器是这个虚拟机构的数据来源）。这种虚拟机构由网络化的计算机连接而成，它是跨部门的一种"虚拟而真实"的存在。犹如在现实生活中，一个组织的边界不可能无限大，必须界定其边界一样，虚拟机构虽然更灵活，但是为了构造起其运作中的秩序，确定它的整合范围，更重要的是使其尽可能面对稳定的环境（汤普森，2007），也必须确定它的边界，它的协调范围，在必要的时候需要将它与其他组织环境隔离。而 IP 段接入技术则是这样一种灵活的构筑虚拟机构边界的支撑性技术，人们可以通过定义 IP 段，来决定原本分属于某个现实机构（如民政科、劳动科）的机器及其操作者是否有可能进入这个虚拟机构的"大门"。

换个角度来看，一旦虚拟机构的边界被确定，现实工作中的责任、义务、权利以及风险就都可以很方便地被重新定位到这个虚拟机构中去。有鉴于此，我们便可以分析出为何"条"上技术部门坚持要 L 街道额外申请 IP 专用段，这在某种意义上是在虚拟空间中再造出"条"上部门可以明确对应、指导的清晰的组织架构——犹如现实中接受"条"上部门业务指导的对应部门一样。

一门式服务软件的技术调整。就像专网整合服务器的建设并非"一帆风顺"一样，一门式服务软件及服务器的安装过程也遇到了一些意外的波折。在 L 街道安装一门式服务软件的过程中，有关部门又提出了进一步的要求：强化授权管理制度。有关专网只能为街道提供非常有限的高级访问账户，其他访问账户也依据工作的需要，逐层被授予查询权限。这种授权管理制度比技术方案的最初设计要严格得多。

这样，虽然借助一门式服务软件（及服务器），不同部门可以进行必要的数据协同，但这个协同所基于的虚拟结构仍然是具有科层制特征的授权体系构成了这一科层体制的等级结构。

总的来看，通过不断的技术调整，原有的技术安排得以修正，而最终目标是形成与现有体制架构相匹配的技术结构。

2. 虚拟机构的结构特征

当新技术陆续到位后，一个虚拟机构逐步成形，这个虚拟机构由覆盖在多个正式科层机构之上的网络计算机体系构成，它以促进部门协同，提升公共服务供给水平，进而优化一门式服务中心的运作为目标。该虚拟机构有明确的边界（由 IP 段技术塑造）和清晰的等级制（由网络授权体系构成）。从某种意义上说，它在虚拟空间中再造了一个与传统科层制组织相似的组织架构（见表 1）。

表 1　传统科层体系与虚拟机构的比较

传统科层体系的结构性特征	虚拟机构的结构性特征
功能区分，准确的劳动分工，清晰的管辖权限	组织结构由信息系统来定义并划分，不同模块具有清晰的功能，但模块与模块之间保持有效协同
严格的等级结构	存在由程序定义的授权结构
组织以文件、书面档案来进行管理	用传感器、条形码、应答机和计算机等电子设备维护和传送形式多变的数字化文件；记录、存储、分析和传送资料

传统科层体系的结构性特征	虚拟机构的结构性特征
组织成员是中立的、不带个人感情的	虽然雇员在信息技术的支持下有可能承担更多的功能，但是其也受到管理程序的约束，使其尽可能保持"标准化"处理状态
强调严格的规章制度和运作程序	规则内嵌在应用系统和信息系统里，一个看不见的虚拟结构系统
反馈和调整的循环周期过长	对反馈的持续监控和更新、即时的调整成为可能

根据现有体制的结构特征，由信息技术再造的虚拟机构，不仅具有和已有环境相近的特征，而且具有以下一些非常独特的自身特征：在尊重独立中促进横向整合。从某种意义上说，由新技术打造的虚拟机构是一个跨行政部门的整合性组织。它从分属于不同部门的多个独立网络系统中获取信息，并对这些信息再编码、建立索引，使其能在最短时间发挥最大效用，被需求者及时获取。信息技术在虚拟机构中的有效应用，使不同行政单位聚合为一个相互匹配的系统。与传统的整合性组织所不同的是，它强调横向整合，同时也强调系统所涵盖每个单元的独立性：它从不同专网读取数据，但并不重组它们之间的关系；它为不同业务单位提供及时的协同信息，但并不对其行使权力；它重塑行政流程，但并不改造流程所涉及的行政单元。一言以蔽之，这种虚拟机构在建立部门间横向联结的同时，并没有削弱部门的自主性——它以尊重每个单元的独立为基本前提。

虚拟机构的这种结构性特征恰恰更能适应前文提到的基层社区中的制度结构：它在发挥街道办事处"块"上整合能力的同时，却并未干涉"条"上行政部门潜存的封闭与内敛制度取向。这正是虚拟机构更容易被实际组织环境接受的重要原因。

扩权与收权并存。大多数经典的管理理论倾向于认为任务的复杂性与人在等级中的地位正相关。在追求效率的过程中，为了简化任务，提高效率，许多工作中职能的分化已经达到了极致。从20世纪90年代中期开始，随着管理与服务任务的加重，上海城市社区行政管理部门开始出现职能日益细化的现象，每个行政人员开始面对越来越细化的职责，其权限也越来越有限。过细分权是导致行政管理部门反应速度变慢，变得缺乏灵敏性。

而计算机化既能合并许多过度细化的任务，又能使个人应对更多的任务，这在现代管理转型中被称为"扩权"（empowerment）。L 街道打造的这个虚拟机构，通过重组流程、赋予操作人员更多的信息来源等方式，使每个操作人员的权限扩大——他们进行计算机化的信息处理，并通过灵活获得更多协同信息得到"决策支持"（decision support），由此承担了更多的责任。在这个"扩权"的过程中，每个行政人员的自主性和积极性得到了充分发挥，他们可以做出更多的决定。

但这种"扩权"是有限的，行政人员的权力尽管被扩大，但他们所拥有的潜在选择范围经常受制于软件，即受制于内嵌在软件中的、上级行政主管事先实现的控制，这意味着虚拟机构的核心管理层借助软件实现了最终决策权的向上集中，即"收权"。而"收权"体现为只有较高层级人员才可接触更丰富的信息资源，他们控制着整个行政协同的进度。此外，操作人员所做出的决定在更上端的主管眼中是相对透明的，软件能自动报告操作人员执行标准程序时所出现的偏差，并对其工作状况进行统计分析。由此，在虚拟机构中，观察者便可以在既看到职员得到"扩权"的同时又看到组织实现另一种意义上"收权"的一个过程。在日常工作中，这两个过程同时发生，使效率和秩序的维护同时得到观照。

更具弹性和灵活性。在保持单个行政机构"独立性"的同时，实现"横向整合"；在向基层"扩权"的同时，实现向上"收权"。虚拟机构在既有体制面临的"两难困境"中，都能寻找到相互均衡的支撑点。据本文分析，这与虚拟机构的又一特征密切相关：更具弹性和灵活性。

有研究曾精辟地指出：信息技术在被运用于特定组织或社群时，提供了一种解决各种核心问题的空前弹性。它提供了一种在新的层面重组结构的能力，这在以不断变化和组织流动为特征的社会里是一种决定性的特征。它有可能影响规则，却不破坏组织，因为组织的物质基础可以重新设定与调整（卡斯特，2001）。这实际上意味着，革新的推动者可能运用信息技术在不改变既有组织及其根本运行架构的基础上，悄然改变其具体运作规则。这种"静悄悄"的革命却有可能取得与整体上体制革命所取得的相近的效力。

就 L 街道的案例而言，其虚拟机构使不同结构和行为在新的维度上具有"可通约性"的潜质，这使得改革者可以借助信息交换机制在不同部门间动态平衡开放的诉求和封闭的诉求，亦可使组织中促进活力和实现有序的安排相互兼容，最终促进组织效能的快速提升。

当新技术被系统引入 L 街道一门式服务中心后，组织开始形成与新技术匹配的制度安排，并使植入的新技术逐步进入"自我强化"阶段。在新技术植入 L 街道一门式服务中心后，街道领导层先后在人员管理、流程管理两个方面推出新的制度安排，这些制度安排使新技术的有效应用得到了更好的保证。

从这个时期开始，新技术开始融入既有结构，它"定义"了日常工作中关于"最佳"与"合适"的新标准，同样，它也约束了人们相应的选择。它在对组织的运行进行再安排的同时，开始与结构中其他制度要素结合，最终成为制度环境的一个有机构成部分。

（四）刚性的呈现：技术作为结构的一面

一个有趣的理论现象是：在关于技术与组织互动的这一研究领域中，大多数学者更强调技术对结构创新的意义，相反，对技术作为结构的讨论却相对较少。这其中或许暗含着在该研究领域的某种现实价值取向。

当新技术植入 L 街道并借助"自我强化"机制而演变为既有结构的一部分时，新技术的刚性开始外显，这在很大程度上对革新后的一门式服务中心运行产生了较大的影响。以下，本文主要从"技术标准化对运行绩效的稳定维持"及"促进制度变革"这两个方面来展开分析。

1. 技术标准化对运行绩效的维持

从 L 街道一门式服务中心成立之初的情况来看，由于为民服务和政务受理涉及复杂的制度与条例体系，而具体工作人员对制度、条例的把握又不尽相同，因此服务中心的运作绩效常常是不稳定的。此外，政务受理还需要以部门协同为基础，而不同行政部门间的协同水平又长期不稳定，这进一步使服务中心的绩效时常处于波动之中。

新技术的引入在两个层面上使上述情况出现了根本性的转变。第一个层面是新技术（尤其是一门式服务软件）提供了标准化的无差异操作程序，这使每个操作人员运用的都是同样得到最优设计的工作流程。此外，新技术所提供的"政务知识咨询"功能，使人们可以在操作过程中随时得到计算机辅助政务助手的帮助，准确地告知居民每项业务所需要的基本材料和申请条件，这使操作人员从"强记"中摆脱出来，进而使他们的工作状态更趋稳定。

下面以最为常见的民政低保、协保申请业务为例来比较新技术引入前后的操作程序：在新技术引入之前，居民向一门式服务中心提交低保、协保补助申请时，操作人员根据守则需要居民提交以下材料：户口簿、书面申请、劳动手册、身份证、社会保障卡、职工工资卡或工资领取凭证、养老金领取凭证、职工收入情况证明（街镇、乡镇劳动服务部门出具）、失业保险金领取情况证明（街镇、乡镇劳动服务部门出具）、协保人员和再就业特困人员生活补助情况证明、失业人员丧劳鉴定书（区县劳动保障部门出具）、离异家庭子女抚养费证明以及社会救助申请表等。

上述材料都是同步递交的，工作人员在审阅材料上并无严格的先后之分，对这些材料的上网查询验证也充满随机性。由于有时相邻部门不能及时提供协同信息（比如劳动部门不能提供失业保险金的验证资料），因此材料审阅需要的时间也高度不确定。

在新技术引入后，一门式服务软件对低保、协保申请提出了标准化的审阅路径：（1）首先提交劳动手册，操作人员调用劳动数据库进行信息比对；（2）查阅居民书面申请，同步扫描进入系统，以备日后查阅；（3）要求居民提交户口簿，与民政网上数据比对；（4）提交身份证，同时记录居民的身份证号；（5）出示单位发职工工资单或工资领取凭证，并接收材料；（6）出示养老金领取凭证，并接受；（7）出示区县法院出具的离异家庭子女抚养费证明，并接受。自此之后，申请人无须再额外提交材料，操作人员开始在计算机上输入身份证号和备注信息，计算机数据库系统自动调出申请人的相关资料，操作人员进行核对，最后系统自动提示还需要进一步确认的内容（比如居委会证明、职工收入情况证明等）。

可见，一门式服务软件、数据库系统以及便利的部门信息协同机制，使原先繁杂而无规律的受理过程变得清晰而程序化，在这种背景下，操作人员将有可能实现稳定的操作，其工作绩效也得到了大幅度提升。

第二个层面是新技术提供了稳定的信息协同支持机制。在新技术引入之前，行政部门之间的信息协同，其实质更多的是建立在良好同僚关系基础上的沟通机制或者基于分管领导关注下的一种"协同默契"，它带有很强的不稳定性和随机性。

而L街道引入新技术后，信息协同的机制变得相对简单而稳定：（1）通过专网整合服务器整合专网；（2）再通过一门式服务器读取所需数据。在此背景下，操作人员能否及时获得协同数据不再与其个人能力以及运气相关，而是有稳定的技术支持，在此基础上其工作绩效往往能得到更好的发挥。有关部门的统计资料很好地证明了这一点：

　　试点前，每件事务受理平均近 10 分钟，每天单个窗口受理量仅 40 项左右。试点后每件事务的平均时间缩短至 6 分多钟，而受理量则提高到平均 60 项左右。经测算，中心整体运行绩效稳定，呈现逐步提升的趋势……（L 街道 2006 年总结报告，2006）

2. 促进制度变革

　　新技术的应用同时会促进相关领域制度的快速变革，这主要是由于新技术的应用会使之前不那么明显的制度缺陷以更快、更清晰的方式呈现出来。一个典型的例子是基于横向协同的评估技术在很大程度上推动了一门式服务中心的人员薪酬制度改革。

　　在新技术引入之前，一门式服务中心的人员评估是由不同"条"上业务部门完成的，比如，劳动科聘用的职员由劳动服务所来评估。由于评估在彼此上分割，且无法呈现一门式服务中心人员在工作量、工作绩效上的比较情况，因此虽然有"同工不同酬"的现象存在，但可比性并不突出，人们的心态也相对比较平和。

　　但当基于业务流程和横向协同的评估技术投入应用后，不同工作人员在一定时间里完成的工作量及其在流程协同中所发挥的作用都以非常鲜明的方式被计算机评估出来。在这种情况下，人们之间的工作绩效便成为能够清晰地进行横向的事情了，由此，工作绩效和收入薪酬不对称的问题也变得日益明显。一位工作人员曾在访谈中说：

　　　　如果说我做的没别人多，没别人好，收入也就比别人低点，这我是可以接受的。但如果我做的和别人一样多，却仅仅因为属于不同业务部门，在工资上就比别人少，这就很难理解了。……在我看来，如果评估好以后，薪酬不能和评估结果对应，那么还不如不评估的好……

　　在上级部门的支持下，L 街道很快推出了新的一门式服务中心人员薪酬标准：街道把各条线部门支付的薪酬统筹在一起，再加上街道自身的配套款，根据员工的评估绩效等因素，按照"鼓励优秀、公平合理"的方式确定每个人的薪酬标准。一位街道中层干部对这一制度的实行，颇有感慨，他认为这和新技术的应用有很大关系：

外人可能不清楚，其实在街道里同工不同酬的现象是非常普遍的。仅仅因为你分属不同"条"线就会造成收入上的差距。这种不合理现象，许多人都看到了，也都有呼吁，但那又怎么样？因为我们对于绩效的评估本身就缺乏一套相对客观的标准，因此若贸然改革这种制度，说不准又产生了新的不公平。但一门式服务中心的这个例子里，计算机评估技术发挥了很大的作用，它第一次以比较形象的方式把人们的工作量绩效统计了出来，并促使人们相互比较，因此直接推动了薪酬制度的改革……

从这个意义上说，新技术无疑是一种变化的赋能者，它促进了组织以更快的速度改革相关制度，从而协调技术结构与既有结构之间的张力。

四 对已有研究模型的进一步发展

以上的分析表明，信息技术植入公共部门的过程并非简单地用一种结构改变另一种结构的过程，而是涉及一系列逐级演进的互动阶段，每个阶段都有各自独特的核心议题，并对后一阶段技术治理的运作效能产生重要影响。在此过程中，既有组织结构的制度逻辑与新技术暗含的制度逻辑始终处于微妙的互动中，但不同阶段的互动态势又相互区别。本文的研究表明，如果人们要更为贴切地理解现代技术治理的运作机制，就必须建立起更为精致的研究模型。

巴利的研究看到了技术与结构互动中存在着不同的时序阶段，但他并未揭示出这些阶段在技术植入过程中的独特意义，而仅仅将其视为连绵时空结构中行动与结构互动的不同"区位"；简·E.芳汀的研究看到了执行技术生成过程中既有结构与客观技术融合中制度层面的互动，但并未识别出这种制度结构在不同情境下互动的独特机制。本文的实证研究表明，只有在此基础上，对技术与既有结构互动的关键阶段进行准确划分和深刻解读，并有效地去分析不同阶段互动机制的结构特征，才能对技术治理的复杂运作过程有比较深刻的认识，这就需要建立一种更为精致的"技术－结构"时间序列互动分析模型（见图7）。

上述模型除了借鉴巴利与简·E.芳汀的分析框架外，还汲取了当前（IT）管理学相关领域的理论洞见，它表达了三层核心的含义。含义一：信息技术进入组织并影响组织运作是一个多阶段复合的过程。在每个阶段，

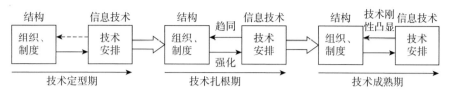

图7 "技术－结构"时间序列互动分析模型

两者间的互动处于特定的情境中，并面对不同的核心问题。在此，本文借鉴了 Nolan 与罗杰斯的相关分析，按照技术与结构互动内涵的发展将互动阶段分为三段："技术定型期"、"技术扎根期"以及"技术成熟期"，它们处于连绵的时空情境中并前后相互影响，离开了作为背景的前一阶段，人们难以理解后一阶段互动的形式与方向①。比如，在许多失败的技术植入案例中，人们会发现，由于技术并未度过"扎根期"，因此其刚性的一面无法呈现出来。

　　含义二：更重要的是，该框架暗示在不同互动阶段，技术与结构的相互形塑方式、路径以及相互影响的核心议题是不一样的。在"技术定型期"，两者间的关系更多地呈现为结构对技术的选择、理解与重新安排，相比之下，技术对结构的作用则取决于一些案例性（或者说偶然性）的机会，因此在图7中，表示技术影响结构的线条用虚线来表示。在"技术扎根期"，信息技术面临的核心问题是在虚拟的空间中（该空间由数据库、网络、网关等构成）以趋同的方式再造一种与现实组织结构相适宜的虚拟结构，并由此获得更大意义上的合法性支持，这一阶段中技术和结构相互影响，技术以其自身的灵活性适应结构的刚性要求，同时在充分提高效率的基础上促进结构"微调"。而一旦进入"技术成熟期"，信息技术就已实现"融入"组织内部的目标，成为组织中的一个重要组成部分，它界定、制约着其他的组织行为，其刚性的一面日益凸显，按照一些制度研究的结论，它已成为新的"常规化"的结构②，因此推动着组织变革的方向。

　　在该框架中，组织结构被理解为两个范畴：组织安排与制度安排。其中，组织安排通常可以从三个方面来观察③：等级结构、专业知识的配

---

① 关于管理学对于技术进入组织的研究，可进一步参考：萨姆纳，2005；罗杰斯，2002。

② 相关研究可参见 Ranson et al. ，1980。

③ 本文对组织安排的理解更多的是遵循米歇尔斯在1982年提出的经典分析架构。

置以及组织网络特征。制度安排则可从两个方面来理解①：法律和正式的制度安排及众所周知的（具有实际合法性）的行为规范。

含义三：该分析框架暗含的思路是，信息技术不仅具有结构嵌入性特征，同时也具有其自身的刚性，但这种刚性的呈现是一个渐进的过程（许多相关研究并没有注意到这一点，它们倾向于认为这种刚性是技术自身特有的），一旦组织引入的信息技术进入发展成熟期后，它就具有很强的刚性约束特征。而恰恰由于对信息技术刚性呈现的渐进性认识不足，一些研究会简单地评估技术植入的组织效应。

值得说明的是，本研究在深入调研过程中已经逐步意识到，信息技术引入组织的过程同时是一个组织内部复杂的微观"政治过程"：技术提供了变革的可能，并被组织内不同的行动者赋予不同的期望和意义，这些行动者借助技术的引入——更确切地说，通过设定技术发挥作用的方式——而延续着以前组织内不同部门、力量间的相互角力。从这个意义上说，信息技术本身并不能直接引发变化，它通过为组织内关键行动者提供机会、新的资源而促动组织的变革。当然，这一过程显得更为隐蔽，若要对其进行深刻的揭示，必须借助更为详尽的实地分析资料和一组关于权力技术的分析框架②。从某种意义上说，本分析框架所揭示的技术－结构互动过程仍属形式上的中观分析层次，它所揭示的问题相对于权力关系的视角要显得更形式化，但它却是理解后者必不可少的一个分析层次。

五 余论：技术治理——并非一蹴而就的过程

新一代信息技术在 20 世纪 90 年代末开始在中国得到快速应用，一个具有说服力的证据是：中国拥有世界上最大的电信市场，信息产业已成为中国经济发展的主要动力，十年来以高于 GDP 增速 2～3 倍的速度增长（世界银行，2007）。如果说中国进入工业社会的时间比西方至少晚了一个世纪的话，那么中国当前所遭遇的信息革命与西方发达国家间的距离则短得多（普遍认为不超过 20 年）。事实上，自 20 世纪 90 年代中期以

---

① 本文对制度安排的理解更多的是遵循社会学制度学派（以迈耶、罗文、鲍威尔为代表）的研究传统。

② 此类研究可见沃尔姆斯，2008。

来，中国政府对信息技术推动经济社会发展的潜力表现出了极大的兴趣。在各级政府的持续关注下，中国已经确定了信息通信技术在可持续发展战略中的主导地位，并确定了其在实现核心经济和社会发展目标中的重要作用。由于中国政府在该领域投入了大量的资源，因此中国当前的信息革命与西方的相比，最大的差异并非在技术水平上，而是在应用的方式以及和既有经济社会结构的结合机制上。

然而，近些年来，通过信息技术来全面优化组织运行的愿景在中国并非实现得一帆风顺：企业界对引入企业资源规划（ERP）的实际绩效一直存在争议，而政府改革领域的信息化则引发了更多的争论，一些学者发现，引入新技术并不足以克服"条""块"分割这类困扰中国政府绩效提升的核心问题，甚至，有研究发现，新技术有时还会进一步加大政府内部的分割（马伊里，2006）。在这种背景下，虽然唯技术主义开始引起人们深入的反思，但是另一种观点和判断正在逐步变得更具影响力，这就是低估信息技术给组织运行所带来的影响。

然而通过本文的分析，我们发现，对信息技术影响组织运作的讨论不应在一般性层面以简单推论的方式进行。事实上，信息技术植入组织的过程是一个历时性的、具有很强实践情境特征的"连续谱"，在每个阶段都会遇到不同的问题，而前一个阶段的问题往往会影响到后一个阶段技术与组织的相互影响。一些失败的案例之所以发生，很大程度上是因为技术尚未完全扎根于组织之中便遇到了其他挑战的干扰，技术的刚性自然也就无法更好地发挥出来。从这个意义上说，技术的刚性发挥以及它对组织深层运作的再组织，都是在一个组织与技术互动关系动态演变的历时性情境中展现出来的。

本文的案例分析表明，信息技术的魅力在于它提供了一种解决组织问题的空前巨大的弹性，它可以在重组运行机制的同时不打破既有结构（如前所述，L街道虚拟机构可同时面对既有结构两种矛盾性制度取向，使其在新的层面上达到另一种衔接），但这种弹性空间的生产却是需要特定的组织与制度安排予以支持的，只有当新技术被制度更合理地配置时，虚拟机构才有可能发挥更大的整合效率。由此说来，中国政府的信息化不是一个一蹴而就的过程，它需要在长期的治理过程中进行制度安排的反复调适，以适应越来越复杂的社会情境。

参考文献

埃弗雷特 · M. 罗杰斯，2002，《创新的扩散》，辛欣译，中央编译出版社。

埃哈尔·费埃德伯格，2005，《权力与规则——组织行动的动力》，张月等译，上海人民出版社。

简·E. 芳汀，2004，《构建虚拟政府：信息技术与制度创新》，邵国松译，中国人民大学出版社。

雷洁琼，2001，《转型中的城市基层社区组织》，北京大学出版社。

李靖华，2006，《电子政府一站式服务：浙江实证》，光明日报出版社。

理查德·H. 霍尔，2003，《组织：结构、过程及结果》，张友星等译，上海财经大学出版社。

罗伯特·丹哈特，2002，《公共组织理论》，项龙、刘俊生译，华夏出版社。

马伊里，2006，《合作困境的组织社会学分析》，博士学位论文，上海大学文学院。

玛丽·萨姆纳，2005，《ERP——企业资源计划》，张玉亭、杨晓云译，中国人民大学出版社。

曼纽尔·卡斯特，2001，《网络社会的崛起》，夏铸九、王志弘等译，社会科学文献出版社。

邱泽奇，2005，《技术与组织的互构——以信息技术在制造企业的应用为例》，《社会学研究》第 2 期。

渠敬东、周飞舟、应星，2009，《从总体支配到技术治理：基于中国 30 年改革经验的社会学分析》，《中国社会科学》第 6 期。

让－皮埃尔 · 沃尔姆斯，2008，《省长和他的政要们》，载李友梅、李路路、蔡禾、邱泽奇主编《组织管理与组织创新：组织社会学实证研究文选》，上海人民出版社。

世界银行编，2007，《中国的信息革命：推动经济和社会转型》，经济科学出版社。

斯蒂芬·巴利，2008，《技术作为结构化的诱因：观察 CT 扫描仪与放射科社会秩序获取的证据》，载李友梅等主编《组织管理与组织创新——组织社会学实证研究文选》，上海人民出版社。

宋朝龙，2007，《社会生产方式的二重结构——技术决定批判》，经济管理出版社。

汤普森，2007，《行动中的组织》，敬义嘉译，上海人民出版社。

约翰·希利·布朗、保罗·杜奎德，2003，《信息的社会层面》，王铁生、葛立成译，商务印书馆。

周雪光，2003，《组织社会学十讲》，社会科学文献出版社。

Barley, Stephen R. 1986. "Technology as an Occasion for Structuring: Evidence from Observations of CT Scaners and the Social Order of Radiology Departments. " *Administrative*

Science Quarterly, 31 (1): 78 – 108.

Barzelay, Michael. 2001. *The New Public Management: Improving Research and Policy Dialogue*. University of California Press.

Bruns, Wilian J. and F. WarenMcFarlan. 1987. "Information Technology Puts Power in Control Systems. " *Harvard Business Review*, 65 (5): 89 – 94.

Child, John. 1972. *Organization Structure, Environment and Performance: The Role of Strategic Choice*. London: MIT Pres.

Crozier, Michel and Erhard Friedberg. 1980. *Actors and Systems: The Politics of Collective Action*. University of Chicago Pres.

Heks, Richard. 2001. *Reinventing Government in the Information Age: International Practice in IT-enabled Public Sector Reform*. New York: Routledge.

Horsley, Janie. 2004. *Shanghai Advances the Cause of Open Government Information in China*. *Yale China Law Center*, 20: 1 – 9.

Hughs, Thomas P. 1994. "Technological Momentum. " In *Does Technology Drive History?* edited by Merit Roe Smith and Leo Marx. London: MIT Pres.

Lamoreaux, Naomi R. , Daniel M. G. Raf, and Peter Temin. 2003. "Beyond Markets and Hierarchies: Towards a New Syntheses of American Business History. " *American History Review*, 108 (2): 404 – 433.

Motrton. 1996. "Procuct Policies in Two French Computer Firms: SEA and Bull. " In *Information Acumen: The Understanding and Use of Knowledge in Modern* Business, edited by Lisa Bud Frierman. London: Routledge Press.

Ranson, S. , Hinings, B. , and Grenwod, R. 1980. "The Structuring of Organizational Structures. " *Administrative Science Quarterly*, 25: 1 – 17.

Sproull, Lee S. and Paul S. Goodman. 1990. "Technology and Organizations: Integration and Opportunities. " In *Technology and Organization*, eds. by Paul S. Goodman & Lee S. Sproull. San Francisco: Jossey-Bass.

World Bank. 2006. "World Information and Communication for Development Report 2006: Trends and Policies for the Information Society. " Worldbank working paper.

技术与组织关系分析的时间序列互动分析模型：
从问题意识到概念工具、分析框架

——对黄晓春论文的评论

王旭辉 [*]

  在很大程度上，技术与组织的关系这一专题研究领域衍生于学界对超越技术约束的科层制和最佳组织结构反思以及组织结构从自变量向因变量的转变（Scott，1975），并伴随信息技术等新技术的日新月异及广泛应用而发展，其范式演进则呈现为单向决定论到双向互动视角的基本脉络（邱泽奇，2005）。迄今，研究者显然已经意识到技术与组织关系并不单向依循技术强制或社会建构逻辑，同时，脱离时间维度和具体社会情境条件的静态、宏观分析也过于僵化。那么，如何在考虑行动者建构性作用和制度框架约束性影响的前提下，展开两者间双向、动态关系及其作用条件的理论模型建构和经验分析，无疑是新近研究的焦点所在（Beekun and Glick，2001）。

  与上述研究趋势相契合，黄晓春一文结合信息技术在上海市 L 街道一门式服务中心的引入及应用，在整合"技术结构化理论"（Barley，1986）和"执行技术的分析框架"（芳汀，2004）的基础上，既提出了技术与组织关系的时间序列互动分析模型这一综融性理论框架，又通过历时性案例分析为读者呈现了信息技术在基层政府组织中发挥作用的过程、机制及限度，并尝试将制度分析纳入新技术应用与组织结构变迁的关系讨论。作为一名读者和同行研究者，笔者仅从问题意识、概念工具和分析框架这三个层面，对该文做出简单回应，也可视为一种自我反思。

---

  * 王旭辉，中央民族大学民族学与社会学学院社会学系副教授。

一　研究问题的现实及理论指向

作为对社会学视域下技术与组织关系研究的其中一类批评意见，两者双向作用关系的辩证法式讨论背后很可能是其对实质性现实问题的掩盖。但此篇文章不同，与有关中国政府组织和行政体系的既有观点一致——以科层制和某种松散网络相结合的方式组织起来的"混合型组织"，它既强调围绕社区服务所形成的基层政府组织体系，又呈现出"条块分割"的内在张力，还操作化了行政协同单位间不存在明确的科层结构、超越各单位管辖权的行为会造成矛盾和压力三方面结构性特征。这既是 L 街道信息技术引入和应用的现实前提，也是该研究的基本现实问题指向：信息技术应用是否以及在多大程度上可以打破"条""块"分割格局、实现不同行政部门之间的有效协同？在通过信息技术应用来重塑"敏捷反应"和"无缝链接"政府组织的政策期待意义上，作者为文章树立了一个鲜明的标靶。在很大程度上，这也是文章以"技术治理的运作机制"作为主分析线索、淡化技术与组织之间互动机制分析的现实背景。

不过，与现实指向的聚焦性相比，研究问题的理论指向性却不够坚定，同时面临多头问题：一方面，由于"互动机制分析"指向技术与组织关系的理论探讨范畴，并与文章第四部分"对已有研究模型的进一步发展"中的延展讨论相呼应，而"技术治理的运作机制分析"则关涉作为一种独特治理手段、治理模式意义上的治理理论范畴，更多关心依托于新技术的治理何以可能、何以可为的问题，两者的理论基础和分析框架差异明显。如此一来，作者尝试将两者融入同一案例分析的努力就面临理论对话空间不明的挑战，并削弱每一个维度理论讨论的系统性和深入性。另一方面，考虑到时间因素已经在技术结构化理论和互构理论等新理论框架中受到重视，并借助行动者的动态建构过程分析在诸多经验研究中得以实现（邱泽奇，2005），相对于将时间、动态过程因素引入技术与组织关系分析的努力而言，如何将"制度分析"纳入综合模型中才是文章更为突出的理论亮点。然而，作者却既致力于整体性搭建时间序列互动分析模型，又希望基于制度逻辑这一概念系统阐释制度因素对技术与组织关系的影响，尽管两者在逻辑上是兼容的，但是也限制了每一类理论诉求的实现程度。例如，在制度逻辑究竟是什么、如何变化以及怎样发挥作用这三个层面，文章均未有效展开，而这或许正是文章的最大理论价值所在——恰好能与"技术的绩效制约原理"以及"制度的合法性压力机制"等实质性解释机制展开理论对话（Woodward, 1965; Meyer and Rowan, 1977）。

二 关键概念的使用

在这篇文章中，一方面，作者通过引进"制度逻辑"这一分析性概念工具，找到了实现复杂制度因素影响及其变动性分析的经验路径，并为组织研究中"技术视角"和"制度主义"的融合提供了一种可能。在某种意义上，这可以视为该研究的最大可能贡献之所在。另一方面，从互动机制、运作机制到技术治理、技术执行再到制度逻辑、规则体系等众多不同层面的概念工具，它们构成了复杂甚至内在矛盾的概念谱系，需要回到文章的核心研究问题而做出取舍和概念细化。在此，笔者仅从"互动机制"与"运作机制"这两个概念之间的关系、技术治理的概念辨析以及制度分析的概念谱系三个问题层面给出简单评论。

首先，互动机制分析和运作机制分析有何差异、何者为主？文章中，在讨论信息技术应用与组织结构变迁之间关系的意义上，作者同时使用了"互动机制"和"运作机制"这两个各有偏重的概念。如果说，互动机制分析的焦点是技术（结构）和组织（结构）两个结构性面向的相互作用或整合机制，重在分析两者之间结构性要求的实现方式和结构刚性程度；那么运作机制分析则指向依托新技术的一种治理方式的落地、发挥作用过程及路径，重在探讨关键行动者通过何种行动策略和社会行动实现"技术治理"、提升治理效能。而这两个概念的并用，一方面造成了文章的分析线索及侧重点摇摆不定；另一方面也模糊了文章的理论对话焦点及贡献点，需要做出概念取舍或进一步的概念关系辨析。

其次，"技术治理"这一概念是否必要以及如何理解？概括而言，"技术治理"这一概念在社会学研究中主要有三类概念内涵及范畴：第一类概念的使用最为广泛，常与总体支配方式、非正式制度等相对应，意指管理工具的精细化、治理模式的理性化——科层化、规范化、数字化等，并不必然和信息技术等具体技术相关联（渠敬东等，2009）。第二类概念有所不同，往往以有形的具体技术或技术体系为基础，意指借助于技术而实现特定治理目标的一种治理过程及形式（王雨磊，2016）。第三类概念则在对新技术的引导和规制意义上界定和使用，主要关涉国家、市场等行动主体对技术演进和技术应用的管制方式。相应地，鉴于文章所要回应的是如何运用先进信息技术来提升公共部门的治理效能这一现实问题，文章使用的"技术治理"概念就有其合理性，并可归入第二类概念类型。而且，通过"技术定型期－技术扎根期－技术成熟期（刚性期）"这一动态过程，作者还使新技术被引入并逐渐强化治理效能的过程和机制得以系统呈现。不过，如果能在凸显提升治理效能这一目标向度的同时，更好地考虑治理主体和治理机制等必要概念操作化构件，将会使文章对"提供标准化、无差异操作程序""量化评估"等具体技术治理机制的讨论更为系统。同时，作为对"技术治理"概念的进一步完善，除可以提升部门间协同水平外，提高针对居民的公共服务水平等效能维度也值得被纳入讨论，因为不同维度的治理效能比较分析将有助于我们更好地理解技术治理的性质及内在张力。

最后，是否需要以及如何完善制度分析的概念工具谱系？一方面，必须肯定的是，作者以芳汀的"执行技术"分析框架为参照（芳汀，2004），从技术所嵌入制度逻辑和组织结构暗含制度逻辑之间角力及相互修正角度，不仅将技术与组织间的互动关系带回制度分析层面，还以类型化的制度逻辑概念简化了复杂的制度要素分析。事实上，作者也正是基于基层公共服务组织场域内的两类竞争性制度逻辑——打造"无缝衔接"的基层公共服务体系、促进不同部门间的横向协同和强化单个行政体系内"自上而下"的权力运作、削弱横向协同，从两类制度逻辑对于组织主体"思维方式"的供给或塑造角度，完成了制度因素对信息技术和组织结构之间关系的约束性影响分析。但是，针对"制度逻辑是什么（操作化）"、"制度逻辑是否以及为什么变化"和"制度逻辑如何影响技术与组织关系"等逻辑性关联的一系列问题，纳入制度主义分析还需要下列三个方面的概念完善：第一，从规范性概念操作化层面，给出涵盖认知框架和行动模式两个基本维度的"制度逻辑"概念，以弥补文章缺乏一致性测量方案并且未能充分切入认知、规则或行动取向层面经验分析的不足。第二，引入关键行动者（利益主体）及其地位、认同等变量，以辅助研究者展开制度逻辑变动过程及动力机制的完整分析。第三，借助制度多样性（制度安排多元性）、制度化这两个次级概念，进一步澄清制度逻辑如何限定或重塑技术与组织之间的关系。

三 制度分析与时间序列互动分析模型

尝试将制度主义纳入技术与组织之间关系分析的努力并非该研究的新创，我们在新制度主义甚至旧制度主义学派的相关研究中均可窥得其踪迹。但整体而言，既有研究大致依循制度作为一种利益认知、均衡机制或者利益主体增选机制的分析路径（Thelen，1999；Selznick，1949），这在一定意义上能够解释邱泽奇、张茂元等学者为什么会聚焦技术红利分配问题，以及关联正式、非正式制度因素对技术红利分配的约束性影响分析（张茂元、邱泽奇，2009）。不过，该研究与上述分析路径有所不同，受芳汀"执行技术"分析框架的启发，作者在认知框架和行动方案选择偏好意义上操作化了制度概念，并将复杂的制度体系简化为类型化的制度逻辑分析要素。如此一来，研究者就既能探讨组织场域中主导性制度逻辑对新技术的认定、筛选和同构化塑造，也能反向分析新技术所暗含的制度逻辑以及其对适应性组织结构的偏好和变革路径选择，并奠定了产出超越技术与组织关系研究中"技术效率逻辑""制度合法性逻辑"等实质性解释机制的良好基础。而在很大程度上，正是基于这一研究思路，作者在文章第四部分才构建出更为精致的"技术－结构"时间序列互动分析模型（参见文章中的图 7）。

然而，与前文对于研究问题现实及理论指向性的讨论相一致，由于文章要兼顾澄清技术与组织结构之间动态互构关系和阐释制度因素在其中发挥的影响及作用机制两类任务，而这两者又分别依托于两个不同层次的分析框架——时间序列互动分析模型和制度逻辑理论，作者的研究志趣恐怕难以在一篇有限篇幅的文章中达致。

一方面，在制度逻辑作为核心分析性概念的前提下，如果其性质、变化过程、变化动因、影响及作用机制不能在完整的制度逻辑理论框架中得到充分考虑，那么读者就很难理解制度要素是通过哪类行动主体以及何种动态过程、作用机制发挥了作用，而这无疑是关乎制度分析能否真正被融合进技术与组织关系研究的根本性问题（Thornton and Ocasio，1999）。以"技术成熟期"的技术刚性凸显及组织变革促动为例，尽管我们很容易理解"技术标准化对运行绩效的维持"和"动态量化考核带动薪酬制度改革"这方面论证的合理性，但此阶段的主导性制度逻辑到底是什么、它发挥了什么作用尤其是如何发挥作用等关键内容均未有效展开，实际上滑向了单纯的技术重塑组织分析，只不过是更多地关注了组织的制度面向，甚至还另外借助"虚拟机构"概念展开结构碰撞分析，而这无疑会削弱制度分析在时间序列互动分析模型中的整合性价值。这方面，可以参考和对话既有研究对于制度逻辑影响组织及其内部行动者常用机制分析，例如，改变组织决策者的注意力配置（Thornton and Ocasio，2008）。

　　另一方面，正如文章中图7"技术－结构"时间序列互动分析模型所示，组织结构被作者理解为组织安排与制度安排两个不同范畴的复合，虽然有既有研究脉络上的合理性，学界也承认组织结构的关系及规范等多重属性，但这一概念处理却使文章在技术和组织（结构）之外再引入制度要素显得自相矛盾，同时还面临难以澄清组织安排与制度安排之间关系的难题，况且制度安排还包含制度环境和组织内部制度框架两个不同层面。而实际上，文章在第四部分才提出组织安排、制度安排分别对应的观察及分析维度，组织安排主要对应等级结构、专业知识的配置以及组织网络特征三个维度，而制度安排则对应法律和正式的制度安排、众所周知的行为规范。倘若作者能够在这篇文章一开始便申明这两个概念，并构思好制度逻辑概念在制度安排分析中的角色，又或者在将来的进一步研究中推动这一工作，制度分析在时间序列互动分析模型中的融入无疑会更具理论和现实价值。

参考文献

简·E. 芳汀，2004，《构建虚拟政府：信息技术与制度创新》，邵国松译，中国人民大学出版社。

马伊里，2006，《合作困境的组织社会学分析》，博士学位论文，上海大学文学院。

邱泽奇，2005，《技术与组织的互构：以信息技术在制造企业的应用为例》，《社会学研究》第2期。

渠敬东、周飞舟、应星，2009，《从总体支配到技术治理——基于中国30年改革经验的社会学分析》，《中国社会科学》第6期。

谭海波、孟庆国、张楠，2015，《信息技术应用中的政府运作机制研究——以J市政府网上行政服务系统建设为例》，《社会学研究》第6期。

王雨磊，2016，《数字下乡：农村精准扶贫中的技术治理》，《社会学研究》第6期。

张茂元、邱泽奇，2009，《技术应用为什么失败——以近代长三角和珠三角地区机器缫丝业为例（1860~1936）》，《中国社会科学》第1期。

周雪光，2011，《权威体制与有效治理：当代中国国家治理的制度逻辑》，《开放时代》第 10 期。

Barley, Stephen R. 1986. "Technology as an Occasion for Structuring: Evidence from Observations of CT Scaners and the Social Order of Radiology Departments." *Administrative Science Quarterly*, 31 (1): 78 – 108.

Beekun, R. I. and W. H. Glick. 2001. "Organization Structure from a Loose Coupling Perspective: A Multidimensional Approach." *Decision Sciences*, 32 (2): 227 – 250.

Meyer, John W. and Brian Rowan. 1977. "Institutionalized Organizations: Formal Structure as Myth and Ceremony." *American Journal of Sociology*, 83: 340 – 363.

Scott, W. Richard. 1975. "Organizational Structure." *Annual Review of Sociology*, 1: 1 – 20.

Selznick, P. 1949. *TVA and the Grass Roots*. Berkeley, CA: University of California Press.

Thelen, Katheleen. 1999. "Historical Institutionalism in Comparative Politics." *Annual Review of Political Science*, 2: 369 – 404.

Thornton, Patricia H. and William Ocasio. 1999. "Institutional Logics and the Historical Contingency of Power in Organizations: Executive Succession in the Higher Education Publishing Industry, 1958 – 1990." *American Journal of Sociology*, 105 (3): 801 – 843.

Thornton, Patricia, H. and William Ocasio. 2008. "Institutional Logics." In Royston Greenwood, Christine Oliver, Kerstin Sahlin, and Roy Suddaby (eds.), *Handbook of Organizational*. London: Sage.

Woodward, Joan. 1965. *Industrial Organization: Theory and Practice*. New York: Oxford University Press.

经济社会学研究　第七辑

第 145～166 页

身体的数据化：可穿戴设备与身体管理*

宋庆宇　张樹沁**

摘　要： 随着科学技术的发展，人们可以随时监控身体状况，管理和调整身体。借助可穿戴设备，人们依赖数字来了解自我和身体，表现出"身体数据化"趋势。本文选取跑步者群体，通过观察和分析他们使用可穿戴设备情况，分析这些设备如何进入人们的日常生活，这些可穿戴设备给人们的生活带来哪些影响，探讨可穿戴设备与自我、身体之间的关系。本文发现，可穿戴设备的出现，使身体呈现一种数据化倾向。为了实现身体数据的改善，青年跑步者学习使用科技设备，了解和管理自己的身体，增加身体资本。另外，青少年群体还会通过跑团、社交媒体等渠道，展示身体数据，拓展自己的社会资本。

关键词： 可穿戴设备　身体管理　数据化　人力资本　社会资本

一　引言

近年来，人们开始关注身体健康，追求健康的生活方式，尤其是随

---

* 本文最初发表于《中国青年研究》2019 年第 12 期。

** 宋庆宇，河海大学公共管理学院社会学博士后研究人员；张樹沁，中央财经大学社会与心理学院讲师。

着基因工程、整形手术、运动科学等技术手段的发展，人们对身体的控制达到前所未有的程度（希林，2010）。其中，体育运动因为对身体的危害最少，成为许多人管理身体的优先选择，越来越多的人加入运动健身中，出现了"运动热"。"运动热"所处的另一个社会背景是数字社会的兴起，运动手表、与健康相关的手机应用程序（APP）等可穿戴设备发展迅速，渗入人们日常生活中，影响着人们的行为，也影响着人们管理身体的实践（涂炯，2019）。

得益于科学技术的发展与"运动热"，可穿戴设备市场一直保持快速发展的势头（杨雨寒等，2019）。根据市场调查机构 IDC 公布的最新报告，2019 年可穿戴设备市场全球出货量有望突破 2.229 亿台。中国的可穿戴市场发展也非常迅猛，在全球市场所占的比重不断增加。2020 年，中国可穿戴市场规模将达到 767.4 亿元。

可穿戴设备的发展满足了现代个体，尤其是年轻人精准了解自我的需求（库克里克，2017），通过智能可穿戴设备，人们根据各种数据、指标等数字化内容来认识自己的身体状况、日常生活规律和行为特征等，发现身体问题，调整和改变自己的行为习惯，最终实现身体健康（Lupton，2017；胡德华、张彦斐，2018；涂炯，2019）。可穿戴设备改变了人们看待身体的方式，人们不再根据个人感觉，而是根据数据和指标监测身体状况，这就是"量化自我"（Quantified Self）。

"量化自我"是美国《连线》杂志的加里·沃尔夫（Gary Wolf）和凯文·凯利（Kevin Kelly）在 2007 年提出的概念，倡导人们通过数字来了解自我，将其塑造成一种自我了解和自我进步的运动，"它已然转变为普通人的生活方式"（苑伶，2013）。2011 年 5 月，第一次全球性"量化自我"大会（www.quantifiedself.com）在美国加州举行。随后，"量化自我"被越来越多的人接受，影响到越来越多的国家和地区。2012 年底，"量化自我"大会在中国举办第一场会议。

"量化自我"运动影响到医疗、运动、教育等领域。科学技术未曾像现在这样与人类的身体紧密结合。由于这些电子设备不断地测量和记录身体的行为和状态，所以我们在日常生活中可以得到越来越多的个人数据。"量化自我"运动和可穿戴设备极大地改变了人们的日常生活，尤其是人们的运动方式。但是，国内对人们使用可穿戴设备的关注较少（涂炯，2019）。因此，了解这些可穿戴设备如何影响人们的行为，可以让我们认识一种新的生活方式，甚至是技术变迁对个体生活的影响。本文想要回答以下这些问题：人们如何利用可穿戴设备来管理自我身体，这种新的生活方式对个体又会产生什么样的影响。

二　文献综述

进入现代化社会以来，人类改造世界的能力不断增强，技术应用的普及使得身体逐渐从掌控技术的主体转变为被技术改造的客体。工业社会的机器生产过程衍生的泰勒制，就是基于机器效率最大化的目标，对抗工人的磨洋工行为（泰勒，2012），以"科学"的名义对工人劳动过程中身体行为再塑造。如果我们将上述过程称为"身体被动地被技术改造"的话，那么信息技术应用后的数字社会则产生了人们主动拥抱技术，以技术改造自身的社会现象，特别是围绕公共健康的需要，人们将身体作为一项规划和工程（希林，2010），改造身体主要有以下三种方式：身体替代（physical substitution）、身体拓展/改进（physical extension/enhancement）和共同体/政治转型（communal/political transformation）（希林，2010）。

科学技术对身体的介入与影响也是与日俱增，使身体呈现技术化特征，尤其是可穿戴设备的出现，技术嵌入人们的身体实践中（希林，2011；涂炯，2019）。卢普顿（Lupton）对可穿戴设备、手机 APP 等的研究，发现这些技术设备能够监控、测量与表示身体状况，得到详细的身体数据，并可以与他人共享，这称为"移动医疗"（mobile health）（Lupton，2013b）。由于这些设备能够"自动追踪"（self-tracking）使用者的身体数据，所以使用者可以发现身体指标发生的变化，进而更好地管理自己身体，改善自己的身体状态，就是所谓"量化自我"（Lupton，2013a；Millington，2014），有学者称之为"数据化"（datafication）（迈尔－舍恩伯格、库克耶，2013），也就是将个人生活，包括生理、行为与地点等方面转化为定量数据，一切皆可量化。如果无法有效地测量身体，就无法改善身体。因此，社会与个人将一切量化的倾向越来越强。

身体"数据化"不仅仅是医学凝视，更是福柯所说的"监控社会"的一种日常实践（surveillance society）（Armstrong，1995；福柯，2012；唐军、谢子龙，2019）。福柯的"生命权力"概念在体育运动和"量化自我"等研究中得到广泛应用（Lupton，2012；Williamson，2015）。研究者之所以用"生命权力"理论来研究可穿戴设备，是因为可穿戴设备与技术让身体结构和功能可视化，推动使用者更加健康地生活，实现对个人生活的管理。可穿戴设备不仅随时监测与记录个体的生理指标，还会记录个体的日常生活习惯、节奏、偏好和倾向。随着可穿戴设备的普及，个体对身体的自我审视和自我负责成为一种趋势（Schüll，2016）。身体健康与形象成为个体的道德指标，个体只有积极管理身体，才能实现健康身体状态。个体如果无法有效地落实身体的自我管理，所产生的道德压力和自我负罪感，就会驱使个体不断地自我监督，优化自己的身体。

正是在这种背景下，出现了"量化自我"运动和"运动热"。这是"全景监视社会"中外在规训策略升级的产物，无论是对于身体动作，还是对于时间、节奏的控制，都达到了无以复加的地步（唐军、谢子龙，2019）。可穿戴设备和手机 APP 可以持续不断地监测和记录日常运动、睡眠质量、摄入食物等数据，出现身体－技术－数据的结合，突破了人与机器之间的界限，哈拉维将这种现象称为"赛博格"（cyborgs）（哈拉维，2012；Kristensen and Prigge，2018）。这标志着技术对身体的进一步渗透。这种新类型的身体形式是生活经验数据的抽象与再现，不可避免的是，数据驱动个体的自我建构，也就是个体的自我知识不断增长，能够更好地管理身体，对自我能够掌控身体感到满足。个体如何管理自己身体健康成为日常生活许多方面都要考虑的主题，强化了个体责任（Kent，2018）。

由于人们相信数据的准确性，认为其比自我感觉更能反映自己状态（Crawford et al.，2015）。因此，越来越多的个体使用可穿戴设备和手机 APP 追踪和收集自我日常生活，根据自己的体重、血压、运动情况等将自我划分为健康或不健康个体。在了解自我的基础上，个体就会关注管理和控制身体，改造和提高身体的能力。通过不断地改善身体，个体不仅认识到自己可以治愈身体的疾病，也认识到身体没有界限，可以通过自己的努力不断地突破自我（Millington，2017）。个体在实践身体管理过程中，了解与平衡身体和科技之间的关系，鼓励个体在日常生活中通过数字来认识身体与自我，也就是说形成"技术惯习"（technological habitus）（Freund，2004；Lupton，2013b）。身体健康不仅是身体的健康，而且已经成为一种生活方式的表征。可穿戴设备的使用者都会有一种自我监督、自我管理的满足感和荣誉感（宋庆宇，2018）。当然，个体要维持当前的自我身份与认同，就要求自我不断地通过量化实践继续管理和控制自我身体。

社交平台的发展拓展了身体健康的展示平台。个体通过在社交平台上分享个人数据，让对身体的记录和管理扩展为群体的关注，他人的关注增加了使用者改变生活方式的压力，想象共同体（imagined community）会督促个体检视生活中的不健康行为，这也是自我监视的继续（Kent，2018）。此外，社交平台也为个体提供身体管理的建议、社会支持等因素。

目前，关于可穿戴设备和手机 APP 对个人、社会等影响的研究还比较少（Lupton，2013b）。特别是在跑步运动上展现出了两者的巨大张力，为什么一个无须任何健身器材的跑步运动会逐渐被各类型的技术设备和健身 APP 所占据？这些设备和手机 APP 如何进入青年群体的日常生活？可穿戴设备和手机 APP 给青少年生活带来了哪些影响？这些设备与自我、身体之间的关系值得进一步研究。可穿戴设备与手机 APP 目前依然在快速发展中，它们的功能越来越强大，与人们之间发展出了密切的关系，人们对这种科技的依赖性也在不断增强（Lupton，1995）。

为了回答这些问题，本文选取跑步者为研究对象，关注他们使用可穿戴设备，实践身体管理的情况。之所以选择跑步者群体，首先，现代社会的跑步是为了满足个体增加身体资本需要而兴起的（宋庆宇，2018；宋庆宇、刘能，2018）；其次，现在的趋势，无论是专业运动员还是业余跑步爱好者，都在使用可穿戴设备来帮助训练，数据成为改变和主导人们行为的力量（Carlén and Maivorsdotter，2017）。通过分析跑步者如何使用可穿戴设备的数据，初步了解科技设备与社会个体之间的关系。

三　研究方法与研究设计

对于跑步运动的技术化，最常见的解释是：跑步，尤其是马拉松等超长距离比赛，往往是挑战身体极限，需要跑步者科学地管理身体（宋庆宇、刘能，2018）。因此，跑步手表等可穿戴设备对于跑步者来说必不可少，他们在日常训练或正式比赛中都需要借助这些设备的支持与帮助。随着技术的进步，可穿戴设备所能提供的功能越来越多。跑步者使用这些设备，整理和分析产生的数据，让自己跑得更快，强化自己的跑步动机。可穿戴设备成为跑步者自我叙述和认同的一个组成部分（Smith and Sparkes，2009）。

如果对更好成绩的追寻是技术化的唯一驱动力的话，那么我们应该看到的是，那些非马拉松比赛跑步者的技术化水平明显弱于马拉松跑步者。但在公开数据和实际调研中，我们会发现，跑者电子设备和手机 APP 的使用情况，并没有技术水平的差异而体现出明显差异。这为我们的研究提供了经验现象的问题。为了解答上述问题，本文的访谈对象共有 17 名跑步者，既有有几十年跑步经验的跑步者，也有跑步热潮兴起后，刚开始跑步的个体。无论跑步水平如何，大都使用佳明或松拓等品牌的运动手表，其中，还有不少人同时使用悦跑圈等 APP，具体的情况参见表 1。

表 1　访谈对象情况

编号	访谈对象	年龄	跑步完赛情况
1116001	L 先生	20 岁 +	跑步特长生，全马成绩 3 小时，使用跑表
1122001	Z 先生	30 岁 +	跑龄两三年，马拉松、越野跑，使用跑表和手机 APP
1124001	H 先生	20 岁 +	2015 年开始跑步，使用跑表和手机 APP
1128001	C 女士	30 岁 +	2015 年下半年开始跑步，使用跑表和手机 APP
1129001	S 先生	20 岁 +	2010 年开始跑步，使用跑表和手机 APP
1201001	J 先生	40 岁 +	2013 年开始跑步，使用跑表和手机 APP
1201002	W 女士	30 岁 +	2015 年开始跑步，使用跑表和手机 APP
1202001	R 女士	20 岁 +	2013 年开始跑步，使用跑表
1205001	G 先生	20 岁 +	2007 年开始跑步，使用跑表和手机 APP
1206001	Y 先生	30 岁 +	2013 年开始跑步，使用跑表
1207001	D 女士	30 岁 +	2014 年开始跑步，使用跑表
1207001	O 先生	40 岁 +	2014 年开始跑步，使用跑表
1216001	M 女士	20 岁 +	2014 年开始跑步，使用跑表
1217001	C 先生	40 岁 +	2015 年开始跑步，使用跑表和手机 APP
1218001	N 女士	30 岁 +	2017 年开始跑步，使用跑表和手机 APP
1218002	S 女士	20 岁 +	2011 年开始跑步，使用跑表和手机 APP
090221	N 先生	20 岁 +	2015 年开始跑步，使用跑表和手机 APP

访谈的内容大致包括以下几个部分：跑步者的基本信息（跑步的历史和动机，"首马"完赛的情况等），跑步者日常训练情况、正式比赛，伤病史以及自己应对的方式，跑步者所使用的可穿戴装备和手机 APP。此外，本文还采集了其他跑步者出版的书籍、网络材料等二手材料，例如，《你可以跑得更快：跑步者都应该懂的跑步关键数据》（徐国峰，2017）、《跑步指南》（跑步指南，2016）等书籍介绍人们应该如何正确使用可穿戴设备更好地管理身体、改善训练；又如，98 跑等微信公众号等介绍科学跑步训练技术、跑表等智能设备使用方法。这些内容指导跑步者更好地安排训练、管理身体。

四　数据化身体与人力资本

越来越多的青年跑步者使用手表、运动 APP 等可穿戴设备，不仅可以通过身体数据认识身体，了解主观的身体感受，准确把握自己身体状况；还可以将各种身体数据作为一种身体资本，在人力资本的研究中，健康是一种重要的资本类型（舒尔茨，1990）。身体资本可以被视为人力资本中的一个重要构成部分。

（一）对身体资本的"量化"

在跑步运动中，跑步者需要精确记录时间和距离，例如，秒表的产生，精确记录跑步时间，产生世界纪录的概念，由此带来了巨大的轰动效应，推动了跑步运动的发展（跑步指南，2016）。跑步的时间和距离成了跑步者个体自我展示的重要维度。智能手机的普及，为记录跑步轨迹、时间与距离等提供了便利，"只要在手机上安装一个，跑步的时候带上手机，开启软件，就能实现提醒、鼓励、记录、分析、分享等功能"，其中使用比较多的手机 APP 有 Nike +、悦跑圈、咕咚等。这些手机 APP 使记录身体数据变得方便，并且其分析功能让个体更多地了解自己身体，以及每次跑步的效果。

许多跑步者会使用带有 GPS 芯片的专业手表。跑步手表不但能记录运动的配速、时间、距离等基本数据，有些型号还能呈现跑步者的心率、最大摄氧量、训练效果等功能；且提供跑步数据的上传与分析等功能，对每一次跑步进行详细的数据统计和分析（Bridel et al.，2015）。

> 有一些长距离训练的话，你还是要去跟踪一下自己的速度、心率，特别是心率，因为跑步虽然说没有很多特别危险的地方，但是毕竟长距离跑步对身体压力还是很大的。（访谈编号：1217001）

可穿戴设备的发展，使得跑步者可以了解自己运动时的速度、心率、消耗的卡路里，甚至还包括最大摄氧量、训练效果等详细数据。越来越多的身体数据让跑步者先根据这些客观的数据，而不是身体感受来认识身体；身体从社会背景中抽离出来，通过不同数据流的重组合并，跑步者根据心率、配速、步频等指标来认识身体，当身体感受与身体数据不一致的时候，人们最终会选择用身体数据来判断自己的状况。身体成为一种数据化存在，这就是身体的数据化。

身体数据化的另一个重要意义在于对身体资本的量化。正是来自数据赋予的精确，使得人们很容易将自己每次跑步的经历整合为一个可以相互比较的数据集。由此，个人能够通过数据判断出自己是"进步了"还是"退步了"，以及是由哪一个跑步过程中的变量造成了这一变化。数据化带来的精确性，使身体资本成为一个可以积累和计算的"资产"。

可穿戴设备能够提供非常详细的数据，从多个维度反映身体的状况。跑步者相信"善用这些现代化工具，就能利用数据确定自己的优缺点，进而更有针对性地调整未来的训练方向"（徐国峰，2017）。大部分青年跑步者都会关注配速、步频等数据。因为这些数据反映了跑步者的实力以及在跑步者群体中的位置。例如，完成全程马拉松用时在 3 小时 30 分以内，是精英跑步者的符号。因此，很多跑步者都将跑进 3 小时 30 分作为目标。跑步者之间认识对方的一个重要信号，就是跑步者的完赛成绩。因此，配速等数据成为决定个体在跑步者群体中位置的重要因素，是跑步者身体资本的重要组成部分。

当然，不同跑步者的目标会有不同，并不是每一个跑步者都以 3 小时 30 分、3 小时，甚至更少的时间为目标；但是，几乎每一个青年跑步者都会关注自己的身体数据。最大摄氧量等身体指标表现出增长或改善，不仅意味着身体状态不错，还意味着突破以往自我、实现更好自我。身体数据上的改变对个体主义的青年人意义非常重大，不仅意味着身体健康，增加了人力资本；更重要的是实现自我，是一种"为自己而活"的价值实践（宋庆宇，2018）。

（二）身体数据化与自我赋权

可穿戴设备所产生的数据能够增加个体人力资本，不仅指青年跑步者的身体健康，还包括青年人对身体了解更加深入，能够掌控自我的身体。随着身体数据的累积，青年跑步者形成了对自己身体规律的认知，进而更有针对性地改善身体，进一步提高身体能力，增加自己的人力资本。

跑步是一项需要专业知识的运动，以往跑步运动需要教练或者有经验跑步者的指导，有对专业人士的依赖。但是，青年跑步者借助可穿戴设备，自己学习如何使用可穿戴设备，学习身体与跑步知识。跑步手表等可穿戴设备相当于"一个掌上的小电脑"，如果没有正确地了解各项指标与数据，充分利用可穿戴设备的各项技术功能，就可能错误地判断自己的身体状况，不能有效地管理身体，甚至造成伤病。

> 他们花了很多时间训练，也购置了多功能跑表……不太了解"数字背后的意义"。看到能提升训练效率的宝物就在他们身边，却不知如何利用，我总觉得很可惜。（徐国峰，2017）

随着身体数据和知识的积累，越来越多的青年跑步者对可穿戴设备的使用，从"很业余的状态"变得"专业"。个人逐渐养成一种根据各种身体数据来认识身体状况，调整身体行为，期望身体和生活符合科学的预期。最后，这些跑步者能够自己制订训练计划，减少对教练等权威的依赖。

> 大部分跑步爱好者未必有能力花钱请教练，但现代逐渐普及的可穿戴装置正好可以扮演辅助的角色。我认为它是一种帮助跑步者认识自己的工具。（徐国峰，2017）

跑步，尤其是马拉松等长距离跑步，经常会突破跑步者身体极限，如果缺乏教练等的专业指导，跑步者受伤的风险就会相当高，而这与人们追求身体健康和人力资本的目标背道而驰。可穿戴设备的出现，正好满足了青少年通过跑步增加身体资本的愿望。可穿戴设备提供的数据，不仅可以反映身体状态，而且可以显示能够改进的地方。这些都给跑步者提供了专业知识的帮助。

> 这个表我觉得对一个严谨的跑步者来讲是必需的，因为首先它能监测你的心率。像表，要是功能更多一点的话，心率摄氧量，包括你的科学训练，将来你自己提升有一个多大的空间，它都会有一些显示，就是说对你自己的一些空间进行把控，会有一些更好的掌握。（访谈编号：1207001）

可穿戴设备改变了人们认识和管理身体的方式，也就是以身体的各种指标和数字为基础。可穿戴设备数据中的身体，是一种客观身体，可以准确反映身体的变化，并且身体数据不会考虑跑步者的身份等社会背景，只关注跑步者的身体，让跑步者与过去的自己进行比较。这种历史数据的比较，可以让个体认识到自己身体的变化，不依赖教练等专业权威就可以制订科学的跑步训练计划，成为管理自己的确定性主体。青年跑步者在这种自我管理身体的过程中，不仅能够保持身体健康，还实现了对自己身体的掌控，个体的自主性有了极大的提高，这是一种自我解放和赋权。

五 数据化身体与社会资本

如果技术化本身的价值仅仅指向跑步者的自我超越，那么我们观察到的跑步运动应该是一个个体"孤独"的历程。但在实际的跑步访谈中，我们还发现了"跑团"的存在，以及大量的跑步者热衷于将跑步经历、跑步数据等分享到不同的群体中。因此，在跑步过程中产生的数据资产，同样会作为一种社会资本存在。

（一）跑团——组织内部的社会资本积累

跑团组织（running club）是跑步者与他人互动，学习跑步知识，锻炼身体的社会场所（Shipway et al. , 2013）。跑团作为一种非正式组织，缺乏对成员的强制约束力，但是为了正常运行，也需要有控制系统（斯科特、戴维斯，2011），其中最重要的一块，就是监督跑步者训练的打卡制度。可穿戴设备则为跑团的监督提供了重要支持。

> 打卡制度是这样的，就是要求每个成员每个月至少完成十公里，这是一个最低要求，这十公里你可以一次也可以多次，但是每次打卡的距离不得少于三公里，然后配速也有要求，要求配速不能在十分钟以外，就相当于一公里你得在十分钟以内，走或者跑完都行，实际上还是一个很宽松的标准。（访谈编号：1122001）

可穿戴设备的配速、里程等数据，使得跑团成员不需要在时空上聚集，只要他们将跑步数据及时上传到跑团微信群或小程序中，跑团对成员的监督职能就能实现。跑团成员每天上传跑步数据，成了跑团日常的一个仪式性活动。跑步数据成为青年跑步者参与跑团的重要载体、跑步者的一种社会资本。正如帕特南所说，积极参与体育是一种重要的社会资本（帕特南，2011），跑步数据作为一种黏合性社会资本能够增强跑团成员之间的团结。

> 因为你到了跑团以后，大家每个月都是会统计跑量……我以前确实没有这个概念，我印象非常深，就是当时我进跑团的时候有人问我："你一个月大概能跑多少？"我从来没有统计过，从来没有算过，就是APP上的那些数字我也从来没有注意过。（访谈编号：1218001）

跑团组织内部的社会关系很多通过身体与跑步的数据来构建，"完赛时间""PB""配速""心率"等指标成为跑团成员共同关心的内容，对于这些数据的关注和讨论，让个体找到一种归属感，甚至有的人之前没有使用可穿戴设备，为了与大家沟通，后来也买了手表等可穿戴设备。跑步数据不仅让跑步者找到归属，还会标定个体在跑团组织中的位置。跑团组织及其成员会根据跑步数据将成员进行分组，这代表一个人在跑团组织甚至是跑步者群体中的位置。

由表2可知，不同数据代表了个体的跑步能力，一个跑步者通过自己能够完成的训练水平，大致了解自己的完赛成绩，这也决定了其在组织中的位置。尤其是A组成员，基本上被跑团中其他人看作"大神"，成为大家关注的焦点。因此，许多加入跑团的年轻人都会努力训练，希望能够不断提升自己的能力，成为更快组别的成员。

（二）延展性的表达——被数据整合后的多样跑步经历

青年跑步者不仅会在跑团等组织中展示自己的身体资本，还会利用网络、社交媒体等平台，在更大范围内展示自己的跑步数据和跑步经历。除了跑步者在微信朋友圈展示跑步基本数据外，还有很多青年跑步者创造性地利用可穿戴设备，展示青年人的创意和跑步的趣味。首先，许多青年跑步者会将跑步活动与对个人、集体等有意义的事件结合在一起，给跑步赋予新的意义。

> 在朋友圈分享一些（跑步）感触……对一些数字很敏感，想玩一些数字的游戏……跑一些数字，跑一些生日什么的，都是这样。（访谈编号：1218002）

表2　一个跑团组织的训练计划

日期	训练目标	训练内容	组别	训练要求（节奏跑）	训练要求（同歇跑）	日期	训练目标	训练内容	组别	训练要求
周二 周三	同歇跑训练	节奏跑（10分钟）或歇跑20分钟），同歇跑4公里+3公里+2公里+1公里	A+组①（250内）	节奏跑（20分钟）4：05	同歇跑3：45+3：40+3：30+3：15	周四 周五	节奏跑训练	3组4公里或5公里	A+组②（250内）	3组5公里-配速3：45-3：40-3：35
			A组（310内）	节奏跑（20分钟）4：10	同歇跑3：50+3：45+3：40+3：30				A组（310内）	3组5公里-配速3：55-3：50-3：45
			B组（325内）	节奏跑（20分钟）4：30	同歇跑4：15+4：05+3：55+3：45				B组（325内）	3组5公里-配速4：15-4：10-4：05
			C组（345内）	节奏跑（20分钟）4：40	同歇跑4：30+4：20+4：10+4：00				C组（345内）	3组5公里-配速4：40-4：35-4：30
			D组（400内）	节奏跑（20分钟）4：55	同歇跑4：50+4：40+4：30+4：20				D组（400内）	3组4公里-配速5：10-5：00-4：50
			E组（430内）	节奏跑（20分钟）5：25	同歇跑5：15+5：05+4：55+4：45				E组（430内）	3组4公里-配速5：30-5：20-5：10
			F组（500内）	节奏跑（20分钟）5：50	同歇跑5：40+5：30+5：20+5：10				F组（500内）	3组4公里-配速5：50-5：40-5：30
			G组健身	节奏跑10公里6：30	同歇跑10公里6：30				G组健身	节奏跑10公里平均配速6：30

注：①以A+组为例，250内，指的是全马完赛成绩2小时50分以内。节奏跑（20分钟）4：05，同歇跑3：45+3：40+3：30+3：15，指的是，先以每公里4分5秒配速跑20分钟，之后同歇跑对应之前训练内容，用3分45秒配速跑4公里，用3分40秒配速跑3公里，用3分30秒配速跑2公里，用3分15秒配速跑1公里。

②以A+组为例，250内，指的是全马完赛成绩2小时50分以内。3组5公里-配速3：45-3：40-3：35，指的是第一个5公里以每公里3分45秒配速跑完，第二个5公里以每公里3分40秒配速跑完，第三个五公里以每公里3分35秒配速跑完。

通过跑步，个体有了参与事件的感受，不仅给跑步赋予情感与意义，也在朋友圈展示了自己进行的跑步运动。青年跑步者在朋友圈等展示自己通过跑步来度过生日、新年等重要事件与日期，表现了一种独特性；同时，也展示了自己的身体状态，得到了社会认可与赞同。

还有一些青年跑步者不只是被动地被手表等可穿戴设备记录自己的活动，还会主动地使用手表的记录功能，创造性地利用数据。例如，青年跑步者基于手表等的记录功能，有意识地设计自己的跑步路线，以自己身体为"画笔"，在地图上画出创意性的轨迹图。

青年跑步者擅长操作电子设备，他们会在设备上预先设计一些跑步路线，而不是枯燥地关注跑步数据，这样就有了特定数字或文字、玫瑰花、小怪物与大象等著名跑步线路图。这些跑步路线图，给跑步运动增加了乐趣，让人们不只关注身体数据的变化，还有创意性的展示。开发新的创意性跑步路线成为一些年轻跑步者的目的之一。借助朋友圈、微博等社交媒体，这些创意跑步路线为跑步者赢得了更多的社会赞誉，增加了跑步对于个人的意义。

这一趣味性的意义是，原先被看作特定群体专业知识的跑步数据和轨迹，经过数据化后的再创造，成为所有人都能够读懂的公共信息。跑步行为具有了向不特定对象展示的功能。青年跑步者通过利用可穿戴设备的这些创意性展示，说明了人们面对身体数据化，并不是没有任何自由空间，只能遵从数据的统治。作为一种客观的存在，个体可以从科技和数据中发挥自己的创意。

六　总结与讨论

科学技术的发展正在改变社会情境，实现对整个社会的全面监控。正是在这个社会背景下，个人也能对自身的生活和身体实现实时监控。人们可以借助可穿戴设备实时了解自己的身体指标，分析自己的身体状况，身体表现出指标化特征。这集中体现在量化自我运动中。虽然量化自我运动刚刚在国内兴起，影响并不大，但是可以看到其未来的潜在影响。尤其是随着国内社会经济的发展，身体健康对于个体的重要性正在日益提升；另外，国内人口死亡因素逐渐转为与生活方式相关的慢性因素。因此，个体保持自己身体健康对于个人和国家都有着重要意义。

目前，国内"量化自我"运动影响最多的群体是跑步者（宋庆宇，

2018）。跑步者为了实现对身体管理和超越自我，需要精确地认识自我身体。因此，了解心率、步幅等身体指标成为跑步者认识身体和衡量身体的重要方式；同时，为了提升自我身体能力，实现更好的自我，个体也需要借助可穿戴设备来管理身体。身体呈现"数据化"的倾向，青年跑步者热衷于通过身体数据展示自己的身体资本，根据身体数据制订个性化的训练计划，也产生了一种自我赋权感。当然，可穿戴设备的数据也为跑步者提供了展示身体资本，建构社会资本的一条新途径。

跑步运动中的技术应用问题有着十分奇妙的议题张力：一方面，跑步运动试图驯服的是作为自然存在的身体，由此保持健康；另一方面，驯服的手段又是通过最为现代化的信息技术，跑步运动作为现代社会中的数据符码被存储于各类电子设备中。这一张力所带来的进一步思考是，信息技术是如何被编入这样一个追求生命意义的活动中的？

本文考察的"身体数据化"过程正是身体和信息技术应用的契合逻辑，具体而言，一是通过量化突出精确性，二是通过编码化突出意义的延展性。

首先，信息技术对身体行为的量化过程，使原先模糊的行动变得清晰可感。这一量化赋予了身体行为之间比较的可能性，成为人们计量身体资本的技术基础。另外，量化也是风险社会（贝克，2004）中追求确定性的一种重要途径。"确定性"也成为"自我赋权"的一个前提。数据的描述、存储和整合功能不仅支持了个体对"做过某事""做了什么事"这类问题确定性答案的追求，还为现代社会中缺少面对面社会纽带的个体提供了"独自"进行某事的确定性空间。如果没有数据化的描述，就无法满足跑步者对精确认知一次跑步活动的渴望；如果没有数据化的存储，跑步者的跑步历史就只能作为个体的回忆，而不是可观、可感、可分享的数字事件；如果没有数据化的整合功能，跑步者就必须寻求更多稳定的面对面社会联结来学习跑步提升的过程，而不是通过个体的信息检索和互联网互动来完成。

其次，信息技术对身体行为的编码化过程，重组了身体行动的意义，使之可以在一定程度上脱离原先行为的意义，而被重新诠释。在特定组织中，编码化不仅构成了群体内部独有的标签符码，成为强化组织认同的有效方式，而且是人们识别自身组织位置的一个重要途径。在日常生活中，编码化使"独特"的活动变得"可共享"，原先小众的活动通过编码的重组和意义的赋予，被重新呈现为一个人们共同认可的符号。因此，我们可以说，身体的数据化能够成为积累组织内部和外部社会资本的有效途径。

　　最后，我们看到了通过信息技术完成身体数据化带来的一系列"积极"意义，不仅为偏好孤独的跑步者提供了自我赋权的路径，也为那些爱好交往的跑步者延展了跑步的意义。同时我们也发现了在跑步运动中，技术的逻辑在一定程度上替代了原先社会互动的逻辑过程。有研究者尝试将"故事"这一概念纳入社会学的分析框架（张樹沁、宋庆宇，2017；刘幼迟，2017）。在跑团中，受人们崇拜的故事显然来自一种技术话语的叙事。限于文章的篇幅，对跑步者主观意义赋予的过程还需要继续挖掘，留待之后进一步分析。

参考文献

弗雷德里克·泰勒，2012，《科学管理原理》，马风才译，北京理工大学出版社。

胡德华、张彦斐，2018，《量化自我研究》，《图书馆论坛》第 2 期。

克里斯·希林，2010，《身体与社会理论》，李康译，北京大学出版社。

克里斯·希林，2011，《文化、技术与社会中的身体》，李康译，北京大学出版社。

克里斯多夫·库克里克，2017，《微粒社会——数字化时代的社会模式》，黄昆、夏柯译，中信出版社。

理查德·斯科特、杰拉尔德·戴维斯，2011，《组织理论——理性、自然与开放系统的视角》，高俊山译，中国人民大学出版社。

刘幼迟，2017，《社会分析中的"故事"范畴——对文献的一个挖掘式梳理与探讨》，《社会学评论》第 4 期。

罗伯特·帕特南，2011，《独自打保龄：美国社区的衰落与复兴》，刘波等译，北京大学出版社。

米歇尔·福柯，2012，《规训与惩罚：监狱的诞生》，刘北成译，生活·读书·新知三联书店。

跑步指南编著，2016，《跑步指南》，机械工业出版社。

宋庆宇，2018，《现代社会跑步运动的研究综述：多维度的解释》，《青年研究》第 2 期。

宋庆宇、刘能，2018，《中产阶级的身体管理：以跑步运动为例》，《中国青年研究》第 10 期。

唐军、谢子龙，2019，《移动互联时代的规训与区分——对健身实践的社会学考察》，《社会学研究》第 1 期。

唐娜·哈拉维，2012，《类人猿、赛博格和女人：自然的重塑》，陈静译，河南大学出版社。

涂炯，2019，《从自我监督到他人监督：跑步 App 使用者的数据追踪与身体实践》，《青年研究》第 2 期。

维克托·迈尔－舍恩伯格、肯尼思·库克耶，2013，《大数据时代：生活、工作与思维》，盛杨燕、周涛译，浙江人民出版社。

乌尔里希·贝克，2004，《风险社会》，何博闻译，译林出版社。

西奥多·舒尔茨，1990，《论人力资本投资》，吴珠华等译，北京经济学院出版社。

徐国峰，2017，《你可以跑得更快：跑步者都应该懂的跑步关键数据》，新星出版社。

杨雨寒、李扬、赵婉雨、巩玥、宋秀芳，2019，《聚焦四大核心传感技术　挖掘可穿戴设备新增长极——可穿戴传感器产业技术分析报告》，《高科技与产业化》第 2 期。

苑伶，2013，《量化自我，一场二十年前无法想象的运动》，http://36kr.com/p/204479.html。

张树沁、宋庆宇，2017，《动物精神的社会学逻辑——〈动物精神〉一书引发的思考》，《社会发展研究》第 1 期。

Armstrong, D. 1995. "The Rise of Surveillance Medicine." *Sociology of Health & Illness*, 17 (3): 393–404.

Bridel, W., et al. 2015. *Endurance Running*: *A Socio-cultural Examination*. Routledge.

Carlén, U. and N. Maivorsdotter. 2017. "Exploring the Role of Digital Tools in Running: The Meaning-making of User-generated Data in a Social Networking Site." *Qualitative Research in Sport*, *Exercise and Health*, 9 (1): 18–32.

Crawford, K., et al. 2015. "Our Metrics, Ourselves: A Hundred Years of Self-tracking from the Weight Scale to the Wrist Wearable Device." *European Journal of Cultural Studies*, 18 (4–5): 479–496.

Freund, P. E. 2004. "Civilized Bodies Redux: Seams in the Cyborg." *Social Theory & Health*, 2 (3): 273–289.

Kent, R. 2018. "Social Media and Self-Tracking: Representing the 'Health Self'." In Ajana, B. edited, Self-Tracking: *Empirical and Philosophical Investigations*. Cham.: Palgrave Macmillan, pp. 61–76.

Kristensen, D. B. and C. Prigge. 2018. "Human/Technology Associations." In Ajana, B. edited, *Self-Tracking*: *Empirical and Philosophical Investigations*. Cham.: Palgrave Macmillan, pp. 43–59.

Lupton, D. 1995. "The Embodied Computer/User." *Body & Society*, 1 (3–4): 97–112.

Lupton, D. 2012. "M-health and Health Promotion: The Digital Cyborg and Surveillance Society." *Social Theory & Health*, 10 (3): 229–244.

Lupton, D. 2013a. "Living the Quantified Self: The Realities of Self-tracking for Health."

This Sociological Life. Retrieved January, from https://simplysociology. wordpress. com/2013/01/11/living-the-quantified-self-the-realities-of-self-tracking-for-health/.

Lupton, D. 2013b. "Quantifying the Body: Monitoring and Measuring Health in the Age of mHealth Technologies." *Critical Public Health*, 23 (4): 393 – 403.

Lupton, D. 2017. *Digital Health: Critical and Cross-disciplinary Perspectives.* Routledge.

Millington, B. 2014. "Amusing Ourselves to Life: Fitness Consumerism and the Birth of Bio-games." *Journal of Sport and Social Issues*, 38 (6): 491 – 508.

Millington, B. 2017. *Fitness, Technology and Society: Amusing Ourselves to Life.* Routledge.

Schüll, N. D. 2016. "Data for Life: Wearable Technology and the Design of Self-care." *Bio-Societies*, 11 (3): 317 – 333.

Shipway, R., Holloway, I., & Jones, I. 2013. "Organisations, Practices, Actors, and Events: Exploring inside the Distance Running Social World." *International Review for the Sociology of Sport*, 48 (3): 259 – 276.

Smith, B. and A. C. Sparkes. 2009. "Narrative Analysis and Sport and Exercise Psychology: Understanding Lives in Diverse Ways." *Psychology of Sport and Exercise*, 10 (2): 279 – 288.

Williamson, B. 2015. "Algorithmic Skin: Health-tracking Technologies, Personal Analytics and the Biopedagogies of Digitized Health and Physical Education." *Sport, Education and Society*, 20 (1): 133 – 151.

行动者的技术性诠释

——对宋庆宇、张樹沁论文的评论

户雅琦[*]

在讨论健身活动的技术使用时，研究者经常从福柯处获得启示，对"规训"一词津津乐道。譬如，将健身软件的使用看作权力通过数据对身体的控制（唐军、谢子龙，2019）、设备使用者陷入了数据化的全景监控中（涂炯，2019）、技术制造了新的焦虑（涂炯、王瑞琳，2019）、技术强化了自我的"赋魅"（王健，2019）、技术形成了内外部规训的叠加（高昕，2019）等。作为新现象的研究者，对现象可能导致的不良后果敲响警钟固然十分必要，但从学理上来说，看到"知识对身体的规训"也只是研究的一种思路（宋庆宇，2018），如果囿于上述话语体系，就很容易忽略个人与技术融合过程中研究对象作为行动者的主体性。

《身体的数据化：可穿戴设备与身体管理》一文（以下简称《数据化》）在回应主流学术关怀的同时，尝试使用了一种更为价值中立的视角来考察跑步健身者的日常互动。《数据化》一文提出了两个值得进一步反思的问题：（1）各式各样的技术设备和诸多健身 APP 为什么能够"侵入"本无需任何健身器材的跑步运动？（2）为什么专业跑步者和非专业跑步者中并未有明显的技术化水平差异？（宋庆宇、张樹沁，2019）围绕上述两个问题，本文尝试梳理《数据化》一文的解释逻辑，并提出进一步的研究方向。

一　数据即资本

"量化自我"运动的批评者认为，这种行为不仅是忽视人性的，而且

---

*　户雅琦，北京大学城市规划与设计学院博士后。

是被技术控制的。但一些自我量化者则将他们的行为看作对"总体性知识"的反抗（库克里克，2017）。换言之，在没有"量化自我"运动之前，人们不得不受制于各个领域的总体性知识，"量化自我"反而为技术使用者赋权。在《数据化》一文中，作者注意到了身体被数据化之后的意义——数据即资本。这里所用的"资本"概念沿用了社会学中对"资本"一词的宽泛理解。这一资本体现在人力资本和社会资本两个维度上。

在人力资本维度上，数据化使得身体资本可被量化。这一量化的结果是，原先被隐蔽在"总体性知识"下的个体得到了凸显。互联网虽然带来了分散性的知识，瓦解了知识发布的垄断性，但是，由于对自身状态认识的模糊性，人们对知识的采择标准只能是模糊不清的。因此，自我量化是知识与个人达到精确匹配的前提。在《数据化》一文中，作者也展现了量化的结果：脱离知识权威（比如教练）完成从"非专业"到"专业"的转变。在量化自身之前，要完成这样的转变必须依赖于该领域的知识权威。因此，对自我的数据化表达，不仅使得人力资本可被计算，还通过转移主导权的方式提高了跑步者自身的人力资本，使其在技术的协助下成为该领域的"专家"。

在社会资本维度上，数据化将原先独自跑步的个体整合成了一些松散的跑团组织，原先仅能通过改善健康水平而提高人力资本的个人活动，带来了基于数据的人际交往。虽然数字是"冰冷"的，但是行动者可以为其赋予意义，同时这一意义也因为数据化而具有了通约性，成为能够轻易被他人识别的符码。在《数据化》一文中，作者展现了数据化如何将"跑步"活动与"绘画"活动结合起来，成为一部分跑步者向非跑步者展现其行动意义的重要手段。

回到"资本"这一基础概念上来，作者使用了人力资本和社会资本两个概念来总结技术在跑步运动中应用的一种后果。还需要进一步问：技术如何把人们的行动变成了资本？第一，对运动过程与结果的量化使原本难以触及的抽象行为历程有了具象的明晰外观，模糊的个人化行为体验得以清晰地、多样地表达，从而行动者能够更加有效地实现知识采择，提高了人力资本。第二，这种明晰的数据化外观赋予了千姿百态的个人行为可供交流比较的通用性。同时，技术的应用为行动确权提供了条件。资产向资本的转化必要完成确权，正如赫尔南多·德·索托（2007）所强调的，第三世界国家的一部分穷人之所以贫困，很重要的一个原因是他们手中的资产产权不清晰，进而无法进入资本市场。由此，行动的多方通过将行动数据化的第三方提高了连通性（邱泽奇等，2015），进而积累了社会资本。

二 从"微粒人"到技术－行动者分析视角

《数据化》一文在分析跑步运动爱好者的技术实践时，也促使我们反思当下技术和人深度融合对学术分析思路的影响。克里斯多夫·库克里克（2017）将被信息技术精细化处理的人称为"微粒人"，这似乎和社会学宣称的"原子化"有相似之处，不过库克里克描述的"微粒人"是具有清晰差异性的行动者，而这一微粒特征必须依赖特定的技术环境才能维持。

当技术产品成为行动者智力的延展时，我们很难忽视技术的影响去讨论行动者的行为逻辑，技术产品和行动者的叠加会直接影响我们对行动者行为的理解。有研究者发现，在"数字原生代"群体中，手机使用这一行为已经从变量转变为常量，是一种惯常行为（吴猛、田丰，2014），这意味着，对大学生诸多行为的分析，手机使用及其带来的影响已经是分析的前置条件。不过，即使人人都在使用手机，但对手机特定功能的使用并不相同。如《数据化》一文中，热衷于运用跑步 APP 来自我量化的使用者存在，热衷于在互联网的回音壁中寻找认同感的使用者同样存在。因此，在这一视角下，"微粒人"是技术应用的一种可能，但同时"集团人"也是另一种可能——由于互联网的信息茧房效应，行动者受限于技术，只能获得同质性信息，最终大量获得同质性信息的群体在互联网上形成集团。正如前文所言，数据化使人们得以被精细地区分，但数据化也使所有差异性被统一编码而具有了通约性，比如数据公司剑桥分析在美国总统竞选中就利用了 Facebook 的用户数据进行了精准文宣，操纵潜在选民，影响竞选结果（邱泽奇，2018）。虽然 Facebook 上用户主页的内容千差万别，几乎不可能找到一个相似的主页，但是算法对所有主页的运算处理却可以高度一致（多明戈斯，2017）。最终，人们寻求差异性的微粒化技术尝试成为人们再次被整合的技术实践。

将技术与行动者进行整合性分析在社会学已有尝试，在行动者网络理论（ANT）的代表人物拉图尔的论述中，行动者不仅包括人，还包括观念、技术等非人之物（吴莹等，2008）。不过由于 ANT 哲学色彩浓厚，对行动者的理解也较为宽泛，这一分析路径难以形成有效的分析框架。

因此我们尝试从行动者的效用函数来讨论技术对行动者的影响。

假定行动者的效用函数为（1）。第一类技术涉及效率改进，函数由（1）转变为（2），比如农业技术的发展使得农业生产效率提高，进而通过人群的世代演化奠定了农业社会的基础。第二类技术涉及全新功用的创生，表现为行动者的效用函数添加了新的变量，函数由（2）转变为（3）。典型的例子是新能源的开发进程：能源技术将原先不被当作资源的石油、天然气等整合到工业体系中，将原先未被整合到市场体系中的风、水、光照等自然现象转变为可量化的资源。第三类技术涉及对个人更为基础和深层的影响，将造成行动者"认知图式"的根本变化，表现为效用函数由（3）转变为（4）。由于个人认知图式在一定的生理、心理基础上形成，具有相当的稳定性，因此技术带来的行动者图式差异更多地存在于基本技术环境的不同群体之间。互联网技术的发展一定程度上形成了此类影响，当人们对某事存有疑问时，不再首先选择身边可及的信息丰富者询问，而是直接通过互联网的搜索引擎来寻找问题的答案。对"数字原住民"来说，大量的购物和消费行为理应发生在互联网平台上而不是传统的商场中。

当第三类技术在我们的生活中普及至一定程度时，我们可以认为，某类技术对于行动者而言可能已经不再是效率或信息问题，而是被整合到行动者的基本决策模式中，此时，技术-行动者的联合体则成为分析的基本单元。从这一角度重新审视《数据化》一文，可以发现此文实际上已经初步展开了此类讨论。对一些跑步者来说，可穿戴设备已经成为行动者审视和评估自身的基本途径，脱离设备无异于瓦解了行动者积累身体资本和社会资本的行为意义，甚至可能直接重构行动者对跑步行为的基本认知内容与结构。一些研究者将当前的人类形态称为生命2.1（泰格马克，2018），即虽然我们的身体仍然大致是生物演化的结果，但是我们可以通过人工技术设计的设备来超越我们的机能限制，甚至可以在一定程度上改变我们的身体（种牙、心脏起搏器等）。事实上，作为技术联合体的行动者已经普遍存在于当下的社会中。

参考文献

高昕，2019，《权力规训视域下的健身实践——以健身房为例》，《中国青年研究》第12期。

赫尔南多·德·索托，2007，《资本的秘密》，王晓冬译，江苏人民出版社。

克里斯多夫·库克里克，2017，《微粒社会——数字化时代的社会模式》，黄昆、夏柯译，中信出版社。

迈克斯·泰格马克，2018，《生命 3.0》，汪婕舒译，浙江教育出版社。

佩罗德·多明戈斯，2017，《终极算法：机器学习和人工智能如何重塑世界》，中信出版社。

邱泽奇，2018，《技术化社会治理的异步困境》，《社会发展研究》第 4 期。

邱泽奇、范志英、张樹沁，2015，《回到连通性——社会网络研究的历史转向》，《社会发展研究》第 3 期。

宋庆宇，2018，《现代社会跑步运动研究综述：多维度的解释》，《青年研究》第 2 期。

宋庆宇、张樹沁，2019，《身体的数据化：可穿戴设备与身体管理》，《中国青年研究》第 12 期。

唐军、谢子龙，2019，《移动互联时代的规训与区分——对健身实践的社会学考察》，《社会学研究》第 1 期。

涂炯，2019，《从自我监督到他人监督：跑步 App 使用者的数据追踪与身体实践》，《青年研究》第 2 期。

涂炯、王瑞琳，2019，《在失控与控制之间：新技术嵌入下青年人的日常健康实践》，《中国青年研究》第 12 期。

王健，2019，《自我、权力与规训：可穿戴设备的社会学解析——以青年跑步者为例》，《中国青年研究》第 12 期。

吴猛、田丰，2014，《"数字原生代"大学生的手机使用及手机依赖研究》，《青年研究》第 2 期。

吴莹、卢雨霞、陈家建、王一鸽，2008，《跟随行动者重组社会——读拉图尔的《重组社会：行动者网络理论》，《社会学研究》第 2 期。

经济社会学研究　第七辑

第 167～187 页

重新定义工作：论技术应用与工作变迁的关系[*]

徐清源　乔天宇　赵　璐[**]

摘　要： 如今信息通信技术快速发展并日益向各行各业渗透，对人们的工作场所、职业选择乃至工作本身都产生了深远的影响，同时也造成了各种后果。本文认为，技术应用在影响工作变迁时存在着两种作用机制：效率和控制。在对效率机制和控制机制进行解释，并对各类相关论述进行归纳的基础上，本文发现技术应用在重新定义工作的同时，也给个体和社会带来了诸多平衡和不平衡的后果。

关键词： 技术应用　信息通信技术　工作变迁　社会变迁

对于信息技术应用对人们的工作活动可能带来的影响，托夫勒在 20 世纪 80 年代就已经给予了关注和讨论。他在《第三次浪潮》中写道，"在未来的岁月中，劳动力市场受到的压力可能会明显地增加。但如果认为计算机是这些压力增加的唯一因素，那是幼稚可笑的。有一点是肯定的，即不论办公室还是工厂，在今后几十年内都要来一场革命。白领阶层革命和制造业革命两者加在一起，意味着社会将出现一种完全新的生产方式，而不是别的。这是人类向前迈出的巨大一步。这一步将带来难以形容的复杂影响。它不仅对就业水平、工业结构产生影响，还将对政

　＊　本文最初发表于《科学·经济·社会》2018 年第 3 期。

＊＊　徐清源，国家信息中心助理研究员，北京大学社会学系博士研究生；乔天宇，北京大学社会学系博士研究生；赵璐，北京大学社会学系博士研究生。

治、经济权力的扩散、工业单位的规模、国际劳工的分工、妇女在经济中的作用、工作的性质、生产者和消费者关系的变化等方面产生影响。它甚至会改变像在'何处'工作这个看起来非常简单的事实"（托夫勒，1984）。

在今天看来，托夫勒的这些预言无疑都是正确的。互联网（移动互联网）、物联网、区块链、大数据、人工智能等基于信息的技术，以惊人的速度进行着迭代，新技术应用所带来的工作岗位的变动，已经不再像30多年前那样，由于将计算机作为办公自动化的工具而引入工作场所，进而带来了对组织结构和岗位要求的微调（托夫勒，1984）。除此之外，工作中的人际沟通关系、权力控制关系均在新技术应用条件下发生着变化，由新技术应用带来的工作变迁也在改变着社会中不同群体间的关系。这些变化和影响将是系统性的，目前来看，其后果甚至是不可预测的，并且在可预见的时间范围内，影响仍将持续。

怎样更好地理解技术变迁与信息技术应用对人们工作活动所带来的影响？在新技术应用背景下，这样一个问题无论对学术研究，还是对个人生活都有着十分重要的意义，值得进行深入思考。具体而言，技术应用与工作变迁之间存在哪些机制？在这些机制的作用下，新的信息技术如何影响着人们的工作活动？有哪些表现？这些影响又会产生什么样的社会后果？以上是本文拟讨论的问题。

一 技术应用影响工作变迁的两种作用机制

在讨论技术应用如何影响工作变迁的问题上，存在着两种主要的作用机制：一是效率机制；二是控制机制。

1. 效率机制

所谓效率机制，是指应用某些先进的生产技术有助于提高工作的效率，即可以帮助人们在有限的时间内完成更多的工作任务，同时降低花费的成本。无论在农业社会、工业社会，还是目前我们所处的工业社会向信息社会的过渡阶段中，效率机制都在发挥作用。例如，在农业社会发展中，定居农业的出现与施肥、灌溉等技术的应用相关，与刀耕火种的迁移农业相比，施肥、灌溉等技术的应用使土地的利用率和单位面积土地上的劳动生产率得以提高；又如，工业革命中蒸汽机的改进大大减少了人力和畜力的消耗，英国物理学家托马斯·杨在其《自然哲学讲稿》中这样记述了蒸汽机对生产效率所带来的影响：

　　一匹马一天的工作等于5~6个人一天的工作……喂养一匹马一天的花费是雇一个人一天花费的2~3倍，因此，可以把马力成本估计为人力成本的一半。……根据博尔顿先生的权威意见，1蒲式耳（84磅）的煤，相当于（8+1/3）个人一天的劳动，也许还要更多些；这些煤的价钱很少会大于1个工人一天的工资，但是开动一台蒸汽机的花费通常为这台机器所代替的马的花费的一半多一点。（参见辛格等，2004）

　　在信息技术快速发展的当下，以及可以预见的未来社会中，效率机制仍持续影响着人们的工作活动。例如，互联网和移动互联网技术方便实现在家办公，节约了人们花费在交通通勤上的时间，对个人和组织来说都将是有利的；目前基于信息技术的人工智能快速发展，大量的日常体力劳动已经可以由机器取代，即便是认知性日常任务，也正在被有学习能力的机器人实现着。不难想象，由人工智能带来的技术革命，会在更多领域大幅度提升生产效率，节约人力成本。

　　技术应用影响工作变迁的效率机制，体现着技术的工具性特征。如果我们从自然主义的视角出发来理解技术，将会更多地看到由技术本身所带来的变化，效率提高的后果也显而易见。然而，技术应用在提高了生产效率的同时，也可能带来其他维度上的"意外后果"。忽视这些"意外后果"将可能导致乐观但片面的认识，或是陷入技术决定论而无视其他的影响因素。

2. 控制机制

　　所谓控制机制，是指先进技术在应用时，会对人的自主性产生一定的影响，甚至会造成某种程度上的威胁。同样，这种控制机制发挥的作用在人类历史上的各种社会形态中均可见到。例如，在农业社会中，施肥、灌溉等技术发展虽然提高了农业生产效率，但同时却将农民固定在了土地上，限制了农民的活动范围。费孝通先生在论述中国基层社会的乡土性时认为，农民的土气是由于不流动而产生的，以农为生的人，世代定居是常态，"种地的人搬不动地，长在土里的庄稼行动不得，侍候庄稼的老农也因之像是半身插入了土里"（费孝通，1998），说的也是农业技术对农民迁移自由的控制。而在工业化大工厂时代，这种控制机制的作用明显被放大了。在工业社会中，工作者的自主性丧失似乎已是不争的事实，而如何对这一现象进行解释则包含着不同的理解。

第一种理解认为，工作者自主性的丧失是由技术本身带来的。工业技术的应用要求人们更加规律性并且精确地安排工作。有些大规模的生产设备，如蒸汽机，启动一次就要花费高昂的成本，因此，只有一直运行才是更加有效的利用方式；又如铁路，为了保证铁路运输系统的高效运行，需要安排一个精确的列车时刻表，有精准的列车调度，否则调度混乱，轻则使整个铁路运输系统陷入瘫痪或是无效运行状态，重则导致运输事故，付出惨重的代价，这就要求在铁路上工作的人员"有一块好的手表，并且每天都要根据车站的钟来调对"（Licht，2014）。工业社会中绝大多数的工作者面对的都是这样的任务，他们需要和机器的需求协调一致。在技术的作用下，时间的意义发生了改变，从原初的一种生活的自然节奏变为一种抽象的测量，并细分成了时、分、秒，这一切都是屈从于机器的结果，人类活动本身也开始由机器测量（Ellul，1964）。技术重塑了时间，人们开始研究如何更加有效地利用时间以适应技术的要求，科学管理学派和泰勒制管理就是在这样的背景下出现的（泰勒，2013）；同时应运而生的严格管理权威，被马克思和恩格斯（Marx & Engels，1969）认定同样是适应技术需求的产物，也将会导致工作者自主性的丧失。当然，这种对控制机制的理解，和上述对效率机制的理解一样，带有一定的技术决定论色彩。

第二种理解认为，工作者自主性的丧失与技术本身特征的关联性不大，相同或相似的技术其实完全可以支持不同类型的工作安排（Volti，2010），它们既可以应用在大规模工业生产上，也可以应用在小的家庭手工业作坊中。将工作者限制在大工厂中不仅仅是技术复杂性增长的需求，也是出于雇主如19世纪资本家的需求，他们有着统一管制和规训工作者的动机。工业革命发生前期，雇主为工作者提供生产工具和原材料，工作者可以在自己家里的手工业工场中进行生产，即所谓的"外包模式"。但是后来这些雇主发现，在这种缺乏直接监管的的情况下，生产经常会出现一些次品，生产的节奏也比较慢。出于这样一种管理和监督上的需求，雇主开始对工作者的工作时间和工作场所进行限制，而技术本身所携带需求的特征恰恰是被这些应用技术组织生产的雇主所利用（Gras，1968）。换句话说，在工厂化时代，工作者自主性丧失，技术对工作的控制性影响被明显地放大，是雇主统一监管的需求与技术本身携带需求特征相互作用的结果。

与第一种理解不同，第二种对控制机制的理解更加具有批判性。但无论怎么说，技术通过控制机制对工作者自主性都会形成一定的约束却是事实。除上文中提到的，技术通过工作时间约束并形塑人们的工作活动，在工厂化时代控制机制的其他具体表现还包括：约束工作场所，不仅要求人们前往固定工作地点上班，还会影响工作场所的物理空间分布；塑造着工作组织内科层制的权威结构（Woodward，1965），改变着工作中群体间甚至同伴群体内的人际关系。

3. 效率机制和控制机制为工作活动带来的后果

对于上述效率机制和控制机制作用于人们的工作活动进而带来的主要后果的讨论，也可以进一步分为两类：一类讨论认为，技术发展总体上来说对人类工作活动具有较不利的影响，带来的后果将是不平衡的，例如，会导致群体间不平等状况的加剧，进而引发群体间的矛盾与冲突，这种观点类似于社会学中冲突论范式的理论假定；另一类讨论认为，技术变迁从整体上来看，对人类工作活动带来的影响后果还是有利的和积极的，虽然不排除会有一些不利的影响因素，这种思路类似于社会学中的整合范式。这样，我们可以依效率－控制机制、平衡－不平衡后果得到一个二乘二的分类表（见表1），将看到的针对技术应用与工作变迁关系议题的理论观点、研究和争论做分类讨论，这就是后文努力的方向。后文所提及的现象和命题中，部分是从一般意义的技术入手进行讨论的，然而我们的最终目的则是试图通过对一般意义技术的讨论透视当下技术发展，尤其是ICT技术的应用对人类工作活动产生的影响。

表1 技术应用影响工作变迁的机制与视角

效率机制	控制机制
平衡后果	平衡后果
效率机制	控制机制
不平衡后果	不平衡后果

二 不平衡视角下效率机制的作用后果

2017年10月刊出的《纽约客》封面描绘了这样一种情形，一个落魄的乞丐坐在街上乞讨，路过的机器人随手施舍了他几枚硬币和几颗螺丝，而它的机器狗昂首挺胸地尾随而去，反观乞丐身旁的动物狗则面露惊惶之色。这张封面在国内外社交媒体上的广为流传，揭示出人们对于未来机器取代人类工作普遍存在的担忧与恐惧。

伴随着技术的进化，机器在替代人类劳动方面，表现出来的作用日益明显。这是因为：第一，机器和机器体系在生产中的引入会提高人类的劳动生产率，同时，采用合适的技术会有助于人类提高管理和决策活动的能力，也就是说，先进技术的应用会直接带来工作效率的提升。第二，机器具有一些特性，在这些特性上人类很难与之相抗衡，比如，它们不会有情绪波动，失误率低，运算速度快，不像人类工作那样需要一定的激励，因此可以看到在那些重复性大、危险性大、工作强度大的体力劳动以及需要处理复杂运算的脑力劳动中，自动化的机器与技术已被广泛应用。而这些技术应用的后果是进一步减少了同等产出下对于人力岗位的需求，甚至导致人类工作岗位被直接取代。世界银行发布的预测数据显示，技能含量低的就业岗位被技术取代的趋势在劳动密集型产业聚集的国家更为明显，目前中国55%～77%的工作岗位将来易被技术取代，印度的这一比例为43%～69%，而经合组织国家的这一比例为57%（Independent Evaluation Group，2016）。

一旦工作岗位的减少推倒了失业这第一张多米诺骨牌，一系列社会问题将接踵而至。权力与利益的分配将更加不平等，贫困现象将变得更加严重和难以消除。当传统行业的工作被技术所取代时，虽然常常伴随着新产业的兴起和新岗位的诞生，并亟待人力资源的流入，但是被淘汰的工人常常并不具备新岗位所需的劳动技能，也难以被新环境、新产业所接纳和录用，从而造成"新型劳工荒"和"下岗潮"并存的劳动力结构性断层现象，而处于断层之中的劳动者，则是技术进化和时代进程中不可避免的社会代价。

如果低技能工人被迫失业，他们在新的就业过程中就会面临更多对个人竞争力和劳动能力的质疑，从而更加难以就业，并导致经济上的困境，而经济压力以及由于失业带来的紧张关系会拉低个人自尊、加重焦虑和沮丧现象（Feldman，1992）。更不乐观的是，在他们再次就业后，新工作在工作的威信度、自主性和员工福利等方面很有可能并不如前（Brand，2015），这使他们难以跳出贫困的怪圈，而掌握着资本和技术等核心要素的"科技新贵"却拥有一夜暴富的机会。

比贫穷更为可怕的是贫穷的代际传递。技术性失业的群体面临的失业、再就业困难以及劳动报酬更低的困境，不仅恶化了他们的生存环境，更局限了他们对下一代的教养方式和教育投资，从而不断扩大收入分配的差距，使其缺乏冲破阶层应有的动力和机遇，导致社会阶层的固化。例如，在美国，50%的美国人曾经在餐厅当过服务员，这一职业是许多有志向但当下处境窘迫的人解决生计问题同时提升自我的容身之所，而服务型机器人的出现将替代大量餐厅服务员这一职业，比失去薪水更为严重的是这一现象失去了社会流动性和包容性（Ross，2016）。

三　平衡视角下效率机制的作用后果

虽然技术的发展威胁甚至已经取代了许多传统岗位，但是也催生了一些新的行业，提供了新的工作机会。正如 Volti（2010）所言，如果对于产品和服务需求的增速和生产率的增速一致，技术进步不会导致工作岗位的减少。

根据罗杰斯的技术创新扩散理论（罗杰斯，2002），技术创新对于工作岗位的影响可以划分为初始阶段（就业替代期）、发展阶段（就业增长期）和稳定阶段（就业稳定期）。初始阶段即为旧有产业格局被打破，机器替代人类工作岗位，低技能劳动者失业并难以再就业的阶段，也是我们在前文描述并讨论的状况。随之，在发展阶段，当技术进一步普及应用，催生出更多行业和岗位，经济结构优化，劳动力素质提高之后，将会实现就业的增长。而当技术发展至一定阶段时，经济和社会结构调整逐步完成，劳动力和技术的发展水平日益平衡，将进入就业稳定期。

而现今正处于新一代数字技术逐渐渗透阶段，即就业替代期逐步向就业增长期过渡的阶段。以农业、制造业中的传统重复性劳动岗位为主，许多岗位正在逐渐被机器代替，但是那些同时熟悉机器语言和人类语言，能够跨文化交流的人才将更被需要（Ross，2016）。一方面，平台经济催生了一大批灵活就业的自由职业者，世界银行数据显示，超过 500 万人通过 Freelancer.com 和 Upwork 这些在线平台市场远程工作，从网站设计到撰写法律文书。另一方面，在机器与人的互动过程中，更多的非标准信息需要人类直接判断。例如，Google、Facebook 等公司需要招募成千上万的"评分员"和"协调者"来分拣和评价网站上形形色色的信息。[1] 因此，提供异质性信息和服务、熟悉机器语言并能够充当中介链接物理空间和网络空间的职业将变得更加热门。

---

[1] "Artificial Intelligence will Create New Kinds of Work." *The Economist*, Aug 26th: 55.

在效率机制下，技术进步对工作的影响不仅仅限于工作岗位的增减和职能的变化，工作中的人际关系、职业间的关系、沟通的方式也发生了很大改变。

在互联网的匿名性背景下，建立在熟人关系之上的信任关系变得难以为继，但随着定位技术、区块链、网络评价与信用体系的逐步建立和完善，信息技术对于个人信用的支撑和背书能力逐渐增强，这使失信的成本变得极其高昂。随着物理空间、社交空间与网络空间的深度融合，技术的应用建构了新型的社会网络和信用体系，人际间的信任关系变得可控和可测。

这种新的信任关系，不仅建构在人和人之间，还有企业实体之间、群体之间，并不断影响着商业模式和组织行为模式的进化。网络环境中在大众监督体系之下的每一次互动、每一笔交易都会留下痕迹和证据，并不断约束着个人和群体的行为。个人和群体将不单单是社会活动的参与者，更是记录者、评价者，多重身份也会给个人带来新的社会属性；这也催生了更多共享经济领域的商业模式，提供了更多的工作机会。基于网络流量、平台的监督和评价体系对个人信用的背书，来促成陌生人之间的交易，成功建立陌生人之间的信任关系，使住在陌生人家、上陌生人的车、接受陌生人的服务变得可操作、可控制（张新红，2016）。

信息技术的渗透也大大提高了工作中沟通的效率，降低了工作沟通的成本。

工作中沟通方式的演变也取消了工作对场所、时间、固定人员的限制，赋予人更多能动性。内网、VPN、远程办公等技术的出现，改变了传统的工作沟通方式，使得在家办公、远程办公等灵活的工作形式成为可能，这对于家庭妇女尤其是已育妇女重归劳动力市场，提升女性的职业地位和社会地位都是利好消息。母亲的身份赋予职业女性难以推卸的家庭责任，更高的工作自由度为她们提供了兼顾事业和家庭的机会。

技术的引入不仅为劳动群体提供了许多新的职业岗位，改善了工作中的人际关系和沟通效率，也为职业间的相对关系带来了流动性。以往能够通过信息不对称性获取职业红利和威权的职业会发现，由于网络信息的大规模普及，寻租空间变得越来越小。而拥有使用新技术能力的职业则得以实现职场身份地位的跃迁：Barley（1986）研究发现，会操作新的医用扫描仪器的技师在传统上地位不被挑战的医生面前获得了更多的尊重和话语权。

阮芳等（2017）认为，机器智能化及平台就业使就业者的身体素质、所处地域不再构成制约，无论是身处偏远地区的个人还是小型化组织都将获得全球性的工作机会。因此，技术的进化予以全世界人民新的择业选择和生存自由，赋予社会更多地域之间和社会阶层之间更多的流动性。可以说，这是一场信息赋能到信息赋权带来的社会革命。

四 不平衡视角下控制机制的作用后果

技术在劳动场所的充分渗透也加强了技术对劳动者的控制，反映在两个方面：一是对劳动者本身的控制加强；二是在技术盛行的企业中，劳资矛盾加剧。

工业时代韦伯笔下的科层制、泰勒的科学化管理中的权力掌控者已经逐渐被技术本身所替代，资本和技术的结合使得劳动过程中的劳资双方的角色及权利都发生了转移。在工业化社会的背景下，福柯（2003）借用边沁的"全景敞视监狱"描述了资本主义社会机体中的自动权力机器可以对劳动者进行全方位的监控。而在未来，这种管理者和劳动者之间的不对等关系可能更为极端，认为技术发展的最终结果是技术在任务完成上完全取代人类，并且反过来全面控制人类。

具体来看，当劳动者置身于工作场域时，资方对劳动者的实时管理和监控立刻开始，具体体现在对劳动者的劳动过程进行标准化、规范化的行为控制。

首先，通过验证身份进行监控。劳动者通过面部识别、磁卡扫描等方式代表进入工作场域，雇主可以验证员工的身份并开始监控其劳动；而个人账号和密码在内网登录则是在信息系统中对身份的另一层监控的开始（华莱士，2010）。

其次，通过规范化劳动者的行为进行监控。企业的网络化为管理者监控劳动者的日常行为提供了充分的技术支持。通过监控劳动者的计算机桌面、互联网使用情况、电子邮件、聊天记录等方式，可以监控劳动者的互联网使用情况以及工作效率，并可以筛选出违规操作和不良言论。

最后，通过强化劳动者职业角色进行监控。例如，企业资源计划（ERP）管理系统是集信息技术与现代管理思想于一体对劳动者进行流程化的管理，使用 ERP 系统后，员工的绩效清晰可辨。因而，传统的以"人情、资历"为主要考核依据转变为倚重员工的效率产出（任敏，2012）。

　　可见，技术扩大了管理者的监视能力和范围，技术监控已经成为管理者实施全面管理，确保高效生产并评估劳动者绩效的重要手段。但与此同时，技术带来的无所不至的全面监控也降低了劳动者工作的自主性，和对岗位的认同感与使命感，更容易自我认知为工作场景中流水线上的一枚螺丝钉，从而导致工作士气与生产率的降低，更容易遭受来自员工的隐私侵犯诉讼等问题。

　　技术对于劳动者的控制也导致了劳资矛盾的加剧，尤其出现在以技术为核心要素的互联网企业中。在互联网企业的劳资关系中，新型雇佣关系的管理更加复杂，员工的流动率更高。

　　互联网企业因资本与劳动力的分化内含了劳资关系模式的差异。互联网企业内部已经不再是单一传统的雇佣关系，而内部的劳动者至少可以分为三类，分别是占据管理、技术等核心位置甚至拥有股份的核心员工，从事替代性较强工作的内部边缘劳动力，以及大量临时性和劳务派遣员工。因此，一个企业内部可能出现不同协议、不同合同责任以及不同公司间的情感联系。由此可以看出，互联网所带来的破坏性浪潮使得工作稳定性和安全感都出现下降，雇主和雇员之间关系的牢固程度都出现下降。

　　长期超时劳动下的技术精英与可复制劳动力面临着不同的离职境遇。技术型企业的劳资关系与传统意义上以团体主义理念为基础的工会模式的伙伴关系不同，通常奉行个体主义原则，对于技术精英而言很少需要进行集体谈判和签订集体合同。而他们收获高额回报激励的同时也面临着工作带来的极大压力，离职的成本不仅包括薪水的损失，还有公司股权激励不能兑现，因此他们必须忍受着高强度工作带来的负面情绪，为了长期所得保持对企业的忠诚和认同。"建立在共享致富神话和技术符号秩序基础上，通过共享财富的话语发挥重要的激励作用，达成了劳动力对企业或行业的忠诚。"（佟新、梁萌，2015）

　　而在技术精英之外的大量边缘劳动者和临时性派遣型人员，则以传统简单型劳动控制，用工形式以转包或劳务派遣为主，工作临时性、不稳定，且社会福利和保障水平较低。这些劳动者缺少长期规划和培训，难以进行专业的技能积累，与正式员工同工不同酬，几乎不存在晋升的空间和阶级流动的可能。他们同样面临技术建立起严格的监控型管理，并接受了行业内符号秩序的认同，当面对劳资关系冲突时，皆将问题内化为自身能力不足，技术符号秩序限制了他们对权利的要求。所以，矛盾的冲突被转移为劳动者之间的自我调适：面对激励，不断"赶工"，为了完成"超额游戏"（Burawoy，1982），加班成为常态；劳资冲突被隐形了，面对压力，劳动者选择离开，自我离职成为唯一的反抗手段，所以，技术主导的领域，以互联网行业为代表，劳动者都面临高流动率的职业处境。

五　平衡视角下控制机制的作用后果

平衡视角对控制机制的理解，与不平衡视角对控制机制发挥作用后果的基本判断——技术发展约束了人类的工作活动，导致了工作者自主性的丧失——不同，他们认为技术的发展总体上有利于减少对工作者的束缚，削弱对人们的控制，使人们更加自由，最终将带来人类解放的结果。法国社会学家布劳勒（Blauner，1964）便持类似的观点，他于20世纪60年代在《异化与自由》一书中提出了一个关于异化历史演变的一般性命题。他认为，随着从手工生产到流水线生产，再到自动化生产，工作者的异化程度变化呈现出一种倒U形曲线。作为一个基本判断，他认为，从总体上看，"与防治工厂和汽车装配线相比，持续处理技术（自动化技术）使人们在很大程度上从各种强制和压力中解放出来，能够控制工作步调，能够实现维持高质量的产品的责任，能够选择如何做工作并免于身体的劳累"。并且，在此基础上他还认为自动化生产会促进社会整合。例如，他认为工作者在身份上会与公司更加认同，并模糊与雇主之间的界限等。

本文在第一部分提出，技术应用作用于人类工作活动的控制机制，是通过技术自身所携带的需求特征与生产组织者寻求统一管理动机的相互作用表现出来的。我们接下来将分别从技术自身的需求特征和生产组织者的管理动机两个维度上的变迁状况出发，讨论技术应用，尤其是当下ICT技术的发展，在控制机制的作用上对人类工作活动可能产生的平衡性后果。

为什么会认为技术发展将削弱对工作者的控制，使其获得更多的自由呢？

首先，从技术本身所携带的需求特征角度来看，当下很多工作中应用到的技术，明显不再像工厂化时代一样，要求一种工作者完全在场出现的工作模式，而是朝着更加灵活的方式发展。这在很大程度上取决于ICT技术的发展，尤其是移动互联网和移动设备的发展（塞勒，2013），打破了对工作场所的空间限制。雷尼和威尔曼（Rainie & Wellman, 2012）描述了一种网络化工作的状态，他们认为：

> 自 19 世纪工业革命以来，关于工作的主要画面是工人在大工厂或办公室工作，在零售商店的售货员或独行的卡车司机等。而今，尽管仍然有大量这种在工厂、办公室、商店工作的工人，但种种力量使得工作从个体或群体的行动转变为网络化的行动。很多人在全球经济中工作：企业通过支持网络化的工作，为了长远目标组建多种团队，灵活地处理动荡的市场环境。而在网络化的组织中，工人的人身自由和组织环境变得更加宽松。

在他们看来，向网络化工作的转变实际上早于互联网和移动革命，但后两者加快了工作向网络化转变的速度。尤其是移动革命的发生，智能手机、平板电脑、笔记本电脑等移动端设备的快速发展，处理信息的能力不断增强，新一代移动通信网络和 Wi-Fi 网络接入更加便利，使得人们可以随时随地工作，在家中、咖啡馆、宾馆、飞机、火车和汽车上……工厂化时代由于生产技术带来的对工作场所和空间的限制不复存在。另外，不可否认的是，产品制造依然会存在，笨重的、不可移动的机器也不会消失。但是也可以想象，随着人工智能技术的推进，这些工作完全可以交由机器人去完成。

技术自身约束性的改变，还表现在技术驱动力的变迁上。塞勒（2013）在其著作中提出了"信息能"的概念，并认为作为能源，信息时代会更加依赖这种信息能，数据将会成为信息时代的"石油"（涂子沛，2012）。而与石油、煤炭等工厂化时代驱动技术以使之运行的各类实体能源不同的是，数据和信息在获取方式上会较这些实体能源更加灵活，同时数据和信息能源是可以被消费但不会被耗尽的。因此，从驱动力的角度来看，技术自身所携带的约束性也降低了。

其次，对于生产组织者来说，本文在第三部分提及的 ICT 技术带来的基于数据的人际信任关系的改变，沟通效率上的提高，再加上对各类产品标准化要求的降低，个性化需求的提高，使生产组织者通过利用技术特征对工作者进行控制的动机和激励得以削弱。而在上述条件下，生产组织者如果对工作者施以更多的控制，甚至可能会增加生产成本，比如最简单的情形，若要求工作者实现在场办公，则需要为工作者提供固定的办公场所，增加额外的成本。由此，依平衡视角的逻辑讨论，当下的技术变迁状况，尤其是因 ICT 技术发展而带来的上述变化产生了极为深远的影响。从工作者个体角度来看，技术特征的改变以及沟通技术的发展使得弹性工作、"在家工作"等越来越常态化，工作与家庭之间的界限也开始模糊；从个人与组织的关系角度来看，空间上的约束性降低和流动性的增加，导致了组织的边界越来越模糊，高度互联与信息流通也为个体同时在多个组织中进行工作提供了条件和机会。另外，在组织内部，针对组织结构扁平化和权力分散化趋势的讨论也由来已久。在平衡视角看来，这些改变都意味着工作正在朝着更加灵活的方向发展。

六 小结

本文主要讨论了技术通过效率和控制这两种机制作用于工作变迁的诸多后果。所谓效率机制，是指应用某些先进的生产技术有助于工作效率的提高，帮助人们在有限的时间内完成更多的工作任务，这改变着许多行业的运行方式，并进而对工作岗位、工作关系、沟通方式、组织形态、人际关系以及社会平等产生影响。所谓控制机制，是指先进技术在应用时，会对人的自主性产生一定的影响，技术在劳动场所中的渗透在一些条件和情境下可能导致对人更大程度上的控制，在另外一些情境下也可能给人们带来更多的工作自主性，这在 ICT 技术应用的背景下尤为凸显。我们分别从平衡视角和不平衡视角出发，对这些判断和它们各自涉及的经验现象进行了分类和归纳（见表2），这其中，很多命题有待用更多的经验事实加以验证，值得进一步探讨。

表 2 技术应用影响工作变迁的后果

机制	视角	个体	社会
效率机制	不平衡视角	职业获得	不平等加剧
	平衡视角	信任与沟通	鸿沟抹平
		职业关系	
控制机制	不平衡视角	工作监控	群际冲突
		劳资关系	
	平衡视角	时空限制	社会整合

另外，在探讨技术与工作变迁的关系议题时，我们也可能遗漏了某些关键机制，没有充分地展开讨论，比如技术可能会通过其自身被社会群体的接受程度对工作与社会的变迁施加影响，不妨称之为"社会化机制"，这一点可留待今后的研究做深入讨论。

参考文献

布劳、梅耶，2001，《现代社会中的科层制》，马戎等译，学林出版社。

费孝通，1998，《乡土中国　生育制度》，北京大学出版社。

弗里德曼，2008，《世界是平的》，何帆、肖莹莹、郝正非译，湖南科学技术出版社。

福柯，2003，《规训与惩罚：监狱的诞生》第 2 版，刘北成、杨远婴译，生活·读书·新知三联书店。

罗杰斯，2002，《创新的扩散》，辛欣译，中央编译出版社。

帕特·里夏·华莱士，2010，《工作场所中的互联网：新技术如何改变工作》，王思睿、印童译，商务印书馆。

乔天宇、涂真、孙朔晗，2018，《理解技术的不同维度》，《科学与社会》第 4 期。

邱泽奇，2005，《技术与组织的互构——以信息技术在制造企业的应用为例》，《社会学研究》第 2 期。

任敏，2012，《信息技术的应用与组织文化变迁——以大型国企 C 公司的 ERP 应用为例》，《社会学研究》第 6 期。

阮芳、蔡菁容、张奕蕙、郑微，2017，《迈向 2035：4 亿数字经济就业的未来》，《科技中国》第 4 期。

塞勒，2013，《移动浪潮：移动智能如何改变世界》，邹韬译，中信出版社。

泰勒，2013，《科学管理原理》，肖刚译，中国经济出版社。

佟新、梁萌，2015，《致富神话与致富神话与技术符号秩序——论我国互联网企业的劳资关系》，《江苏社会科学》第 1 期。

涂子沛，2012，《大数据：正在到来的数据革命以及它如何改变政府商业与我们的生活》，广西师范大学出版社。

托夫勒，1984，《第三次浪潮》，朱志焱、潘琪、张焱译，生活·读书·新知三联书店。

辛格等主编，2004，《技术史：文艺复兴至工业革命》，高亮华、戴吾三主译，上海科技教育出版社。

张新红，2016，《分享经济》，北京联合出版公司。

Barley, S. R. 1986. "Technology as an Occasion for Structuring: Evidence from Observations of CT Scanners and the Social Order of Radiology Departments." *Administrative Science*

Quarterly，31：78 – 108.

Blauner，Robert. 1964. *Alienation and Freedom：The Factory Worker and His Industry*. University of Chicago Press.

Brand，J. E. 2015. "The Far-Reaching Impact of Job Loss and Unemployment. " *Annual Review of Sociology*，41：359 – 375.

Burawoy，M. 1982. *Manufacturing Consent*. University of Chicago Press.

Ellul，J. 1964. *The Technological Society*. Translated by J. Wikinson. New York：Vintage Books.

Feldman，Daniel C. 1992. *Coping with Job Loss*. Lexington Books.

Gras，N. S. B. 1968. *Industrial Evolution in Sidney Pollard，The Genesis of Modern Management：A Study of the Industrial Revolution in Great Britain.* Harvard University Press.

Hickson，D. J.，Pugh，D. S.，& Pheysey，D. C. 1969. "Operations Technology and Organization Structure：An Empirical Reappraisal. " *Administrative Science Quarterly*，14（3）：378 – 397.

Independent Evaluation Group. 2016. *Industrial Competitiveness and Jobs*. World Bank Publications.

Licht，W. 2014. *Working for the Railroad：The Organization of Work in the Nineteenth Century*. Princeton University Press.

Marx，K. &Engels，F. 1969. *Karl Marx and Frederick Engels：Selected Works*. Progress Publishers.

Rainie，Harrison & Barry Wellman. 2012. *Networked：The New Social Operating System*. Cambridge，MA：MIT Press.

Ross，A. 2016. *The Industries of the Future*. Simon & Schuster.

Shamir，B. &Salomon，I. 1985. "Work at Home and the Quality of Working Life. " *Academy of Management Review*，10（3）：455 – 464.

Volti，R. 2010. "Society and Technological Change. " *Technology & Culture*，32（4）：71 – 72.

Woodward，J. 1965. *Industrial Organization：Theory and Practice*. London：Oxford University Press.

技术应用影响工作变迁的社会化机制及其后果的转化[*]

——对徐清源、乔天宇、赵璐论文的评论

唐远雄[**]

信息通信技术的飞速进步，给工作带来深刻而又广泛的影响。学者认识到信息通信技术给工作带来了革命性影响，并积极进行研究。但是技术应用和工作变迁之间的关系机制，以及技术应用带来的后果，不同研究者之间观点分歧较大。徐清源、乔天宇和赵璐在《科学·经济·社会》2018年第3期发表的文章《重新定义工作：论技术应用与工作变迁的关系》（以下简称《技术应用与工作变迁》），讨论了技术应用影响工作变迁的两种作用机制－效率和控制，并以平衡和不平衡两种视角，用效率－控制机制、平衡－不平衡后果进行分类，集中讨论了技术通过效率和控制机制，作用于工作变迁四种类型的后果。作者以二乘二、四象限分类的方式，囊括了技术应用与工作变迁关系中各种可能的后果，甚至是矛盾的判断、经验和现象，让读者看到技术应用影响工作变迁的多维度面向，有利于把握技术应用与工作变迁关系的整体图谱，看到工作变迁与社会发展之间的关系。

但是正如作者在文中指出的，对于技术应用如何影响工作变迁的机制，他们"可能遗漏了某些关键的机制"，而且"很多命题尚有待用更多的经验事实加以验证"。这给读者留下了进一步讨论和研究的空间，本文在此基础上展开一些评论。

＊　本文最初发表于《科学·经济·社会》2020年第4期；本文为国家社会科学基金项目"平台组织发展的社会基础及对社会创新的启示研究"（项目编号：18BSH107）的阶段性成果。

＊＊　唐远雄，兰州大学哲学社会学院副教授。

一 如何看待"重新定义工作"？

《技术应用与工作变迁》在标题中强调要"重新定义工作"，但是文章对如何定义"工作"并没有明确说明。对于什么是工作，这个问题如此重要却又难以言说。学者对工作很重要、人们需要工作这些观点具有共识，但是对于工作的本质却争议颇多。正如 Grint（2005：42）在《工作社会学》一书中所总结的，"工作是一种变革性的活动，是社会建构的现象，没有固定的时空意义。它的意义由它所处的文化形式和社会环境所界定"。既然工作是一种建构性、变革性的活动，那么在时间的悠悠长河里，过去工作的定义，与现在工作的定义，在不同的社会环境中应当是完全不同的。在这个意义上，我们不用特别强调要"重新定义工作"。

对于学术研究而言，学者对工作的定义显示了对工作不同性质的强调。在古典人类学文献中，工作是由能够"维持生计"的所有物品组成的（斯梅尔瑟、斯威德伯格，2009：348）。从英国开始随后扩展到全世界的工业革命使工作场所社会组织发生了变化，人们离开家庭集中到工厂等场所去工作。整个社会越来越依靠机器生产货物和提供服务，由此出现了一种新的社会结构形态——工业化社会。在这样的社会中，提到工作，往往指人们收入的来源，是处于某种正式社会关系中劳动分工的产物。研究"工作"的社会学家往往将研究焦点放在付薪工作上（斯梅尔瑟、斯威德伯格，2009：347），对于生活中存在的多种非支付薪水的工作形式，如志愿者工作、家务劳动、业余爱好以及被强迫的生产工作等研究相对较少。随着技术的不断升级进步和技术应用场景的延伸拓展，当前的社会结构形态正在发生新的转变，诸如后工业社会、网络社会、信息社会、智慧社会等术语就是对这种转变的回应。在新的社会中，工作的性质可能在多个角度发生改变。技术进步对工作的影响是全面的，无论是工作类型、工作地点、工作时间、工作动机、工作方式，还是工作主体，均会在其他社会因素的共同作用下发生变迁。那么，在某个时点，对工作的某个特定方面的研究而言，定义工作和重新定义工作就不是一个多余的问题。因为对工作的不同理解将决定我们的研究内容和领域。正如斯科特和戴维斯认为的，"定义无所谓对与错，但在指引对研究对象特定方面的关注上发挥着不同的作用"（斯科特、戴维斯，2011：35）。

二 技术应用影响工作变迁的社会化机制

《技术应用与工作变迁》讨论了技术应用作用于工作变迁的"效率机制",可以说工作效率是技术应用追求的重要目标。而"控制机制"下的工作变迁,无论是带来更高程度的控制,还是带来更多的自主性,都体现了不同参与者在工作中的权力关系。这两个机制基本是从技术应用作用于工作变迁的客观方面来论述的,作为既成事实来对待。但对实际参与者在技术应用导致工作变迁的主观感受、接受程度等尚未展开讨论。

不同的群体,哪怕同一群体在不同情境中,对于技术应用作用于工作变迁的接受程度也有很大差异。"银河系漫游指南"系列的作者、英国科幻作家道格拉斯·亚当斯曾提出"科技三定律":"任何在我出生时已经有的科技,都是稀松平常的世界本来秩序的一部分;任何在我 15~35 岁诞生的科技,都是将会改变世界的革命性产物;任何在我 35 岁之后诞生的科技,都是违反自然规律,要遭天谴的。"这种观点在某种意义上是《技术应用与工作变迁》一文中提到的"社会化机制",包括正式的和非正式的、结构的和非结构的等不同形式的社会化机制。

无论技术如何进步,从霍桑实验时的工业时代到今天的后工业时代,工作中的人依然是社会人。工作是社会化过程中的关键一环,工作会影响我们的社会认同和社会身份。当一项新技术开始在工作中应用时,从无到有、从小众到大众、从局部到整体、从一种社会文化到另一种社会文化,应用范围的扩大都伴随着一项新技术应用的社会化机制,经历一个复杂的社会化过程。这里的"社会化过程"主要是"指个人获取与具体技术相关的某一维度(例如,知识)定向的过程"。"根据新技术要求的差异性(比如,解释多元的知识领域、复杂性的水平、相互影响)可以将社会化的不同内容领域分为认知性的、情感性的、评价性的三类。"(邱泽奇,2018:173)通常一项新技术应用于工作中,在最初阶段为人们提供关于此应用不同类型的图式组成;随着时间的推移,人们对这一技术应用形成基本认知;接着在工作中,对技术的接触或者使用获得对这一技术的直接经验,形成情感性定向;随后人们对这一新技术应用于工作出现评价性定向。人们的认识活动、认识能力和认识水平会因为技术改进而提升,人们便会发现社会制度的一些弊端并自觉地调整它。比如,移动支付的技术应用之后,提高了支付效率,催生了共享单车、无人贩卖、线上购票等各种新服务，降低了交易成本，迅速被人们所接受。而技术作用于工作变迁需要社会化机制的一个典型就是医疗人工智能技术，尤其是影像智能诊断系统在医疗领域的应用。技术的变化会引起人们行动目标、行动手段和行动环境的变化，类似的经验现象不胜枚举，如关于外卖行业中骑手的劳动过程与平台组织之间的关系等问题，之后的研究工作可以专门关注和讨论新技术应用的社会化机制。

三　技术应用作用于工作变迁后果的转化

通常而言，社会学家将工作看得很严肃，更多地关注不平衡视角下的后果。所有社会学思想的先驱者都很关心工业革命产生的工作场所变化对工人所造成的负面冲击，如涂尔干对劳动分工与失范关系的思索，马克思将工作和异化相联。20 世纪 60～90 年代，美国大多数有关工作的社会学著作主要是围绕两个主题展开的，即工人的不平等以及工作的控制和组织（Abbott，1993）。《技术应用与工作变迁》的三位作者在对这些后果的论述中，尽管区分了平衡和不平衡，但该文从字里行间能够透露出作者更强调不平衡的视角，具有关心工人的情怀。

对于技术应用带来的不同后果，不同群体的理解往往是互相矛盾的。例如，许多学者认为工作与社会生活的分离是现代经济的根本标志。但是对大多数工人来说，这一分离现在要么正在变得模糊，要么已经不复存在了（斯梅尔瑟、斯威德伯格，2009：349）。在大部分的社会学分支学科中，工人是被统计分类的群体，每个人都有着完全不同的品质、特征（如性别、受教育程度、技能等），这些不仅决定了他们的工资收入是不同的（斯梅尔瑟、斯威德伯格，2009：350），还影响了技术与工作的价值观差异。尤其是在信息通信技术主导的时代，影响技术与工作的价值观和制度已经不同于工业时代。诸多趋势表明，流水线的工作可能被机器、机器人和人工智能等所替代，一些人开始担忧工人的失业问题。但是机器替代流水线工作产生的后果是，剩下越来越多复杂的工作，这恰恰凸显了人的主体性价值。另外，尽管有诸多学者批判福特主义、麦当劳化这些流水线工作形式；但是有人乐意接受去同一个地方上班，有终身的工作，认为流水线具有保护工人的功能，对流水线产生怀念之情，尤其是在退休受到保护的情况下。不同群体对后果的强调视角具有倾向性不难理解。我们可以站在不同群体的多元角度上来看待这些后果可以继续研究这些后果在不同机制下平衡和不平衡之间如何转化。

对一个确定的群体而言，不同机制下平衡和不平衡的后果不是静态的，而可能是动态地相互转化。如该文所言"效率机制"所带来的后果，一方面技术革新的确带来了效率提升，人们做相同工作的时间在减少，如每天做同样工作的时间从 10 小时降为 8 小时，工人获得更多非工作时间，而且可以远距离办公减少对办公场所的依赖；另一方面由于信息通信技术的广泛应用，工人与管理者、顾客或服务对象等多方行动者之间的连通性增强，出现工人工作 8 小时 + 16 小时待命，甚至是 24 小时随时待命的状态，导致"控制机制"作用增强。"互联网经济"为更好地平衡工作和休闲，以及工作和家庭生活之间的矛盾提供了可能，同时也可能迫使员工无论身在何处都一直干活。工作时间延长已经成为美国生活的一个问题（修斯、克雷勒，2008：303）。同样，由于互联网尤其是移动互联网与工作的深度融合，越来越多的普通民众抓住机会，出现了众多草根明星，诞生了很多草根富豪，在现阶段给了底层一些传统上没有的通道实现阶层的向上流动。但是，随着这些技术应用的推进，带来效率提升的边际效应在降低，对资本的依赖不断提高，从而导致资源进一步集中。普通劳动者只能出卖自身劳动力作为生存手段，贫富差距可能进一步拉大。此外，平台技术的流行使人们进行兼职工作的可能性增加，技术进步使组织形式发生变化，进而劳动者获得的自主权也在提高。但在获得自由的同时，也伴随着法律层面的不确定性，劳动者、平台和工作的关系变得复杂多样，劳动者不享有种种雇佣劳动权益的保护，而平台也不认为自己是需要承担雇佣关系的资方。这些后果对于特定的群体而言是把双刃剑，而且在不同情形下可以同时发生或者转化。

四 小结

总体而言，《技术应用与工作变迁》从个体与社会两个维度，将技术通过效率和控制这两种机制作用于工作变迁的诸多后果整合到平衡和不平衡的二分视角中。在这样的分类统合中囊括了其他研究者的不同观点，在这个意义上，该文更大程度上是一种文献综述。这与三位作者的知识背景有关，除了徐清源是国家信息中心助理研究员外，他们的共同身份是北京大学社会学系博士研究生。三位作者在一起阅读学习讨论"技术应用与社会变迁"的文献时，对技术应用与工作变迁有了系统性认识，达成了诸多共识，为我们认识这个领域提供了知识图谱，为以后的研究提供了前进的方向。从这些知识图谱出发，在随后的研究中，可以进行历时性实证研究，对于技术应用作用于工作变迁，用更多的经验事实来丰富理论的生命。

参考文献

理查德·斯科特、杰拉尔德·戴维斯，2011，《组织理论——理性、自然与开放系统的视角》，高俊山译，中国人民大学出版社。

迈克尔·修斯、卡罗琳·克雷勒，2008，《社会学和我们》，周杨、邱文平译，上海社会科学院出版社。

邱泽奇，2018，《技术与组织：学科脉络与文献》，中国人民大学出版社。

斯梅尔瑟、斯威德伯格，2009，《经济社会学手册》，罗教讲、张永宏等译，华夏出版社。

徐清源、乔天宇、赵璐，2018，《重新定义工作：论技术应用与工作变迁的关系》，《科学·经济·社会》第 3 期。

Abbott，Andrew. 1993. "The Sociology of Work and Occupations." *Annual Review of Sociology*，(1)：187 – 209.

Grint，Keith. 2005. *The Sociology of Work*，3rd Edition. Cambridge：Polity Press.

Paul，S. Goodman，Terri L. Griffith，& Deborah B. Fenner. 1990. "Understanding Technology and the Individual in an Organizational Context." In *Technology and Organization*，ed. by Paul S. Goodman & Lee S. Sproull. San Francisco：Jossey-Bass.

经济社会学研究　第七辑

第 188～220 页

© SSAP, 2021

穷办法与富产业：乡土知识催生
特色产业的机制

臧　晓[*]

摘　要：本文基于某地的小龙虾特色产业，讨论了小龙虾产业形成及发展过程，从经济社会学的视角出发，结合知识论、乡土知识、创新源泉和农业产业化的相关理论，分析和讨论乡土知识催生特色产业的机制问题，以揭示地方性乡土知识驱动产业形成和发展的内在逻辑。在乡土知识推进特色产业形成的过程中，农民、政府、企业是主要的行为主体。农民的实践是小龙虾特色产业形成的基础。他们以"虾稻共生"的乡土生态知识为出发点，经过互动实践，摸索出"虾稻连作"模式，发展出最初的养殖业。政府的介入助力了产业的细分和升级。水产局结合农民的实践经验和科学的实验，从技术层面改造和提升"虾稻连作"模式，并将其升级为"虾稻共作"模式，进一步发展了养殖业并为产业细分奠定了基础。企业、农户、政府合力，引入资本，以一体化的组织形式，将小龙虾加工产业发展到精细化和标准化的层面，最终导向了包含小龙虾养殖、繁育、餐饮、加工出口在内的特色产业群的形成。

关键词：乡土知识　产业　催生机制

---

* 臧晓，北京大学社会学系 2012 级硕士研究生，现供职于友邦保险北京分公司。

一　导言

湖北省伏水市①有一道名菜叫"油焖大虾"，其原材料是伏水自产的淡水生物小龙虾。围绕小龙虾，伏水市发展起了包含人工育苗、野生繁殖、加工出口、餐饮营销、精深加工（生物制药、保健品）等在内的小龙虾全链条产业，是当地的特色支柱产业之一。2014年，仅西岳水产一家公司（主营小龙虾产品出口）年产值就上亿元计。小龙虾产业蓬勃发展的现状得益于一个叫马祖群的农民的尝试，他将他人弃之不用的冷浸田加以改造，并将虾、稻置于同一空间中共同培育，最终摸索出了"虾稻连作"模式。这一模式的成型，不仅改变了当地冷浸田抛荒的现状，也使最初的小龙虾养殖业得以发展，随着技术的改造和升级，产业不断深化和扩展，最终形成了围绕小龙虾的特色产业群。而这一切都始于他常年埋身田间地头所获得的乡土知识，正是这些乡土知识成就了小龙虾特色产业的兴起。

本文所关心的问题正是来自上述现象：乡间地头分散的、无序的、被熟视无睹的乡土知识如何推动了一个面向市场的、具有竞争力的特色产业形成？在这一过程中，乡土知识是如何被整合以发挥作用的？背后的作用机制又是什么？简单来说，本文试图从经济社会学的视角出发，通过回溯这一发展过程，来回答这样一个核心问题：分散在农民中的乡土知识是如何催生特色产业的？

分散的知识在经济发展中的作用，一直为哈耶克（2003）等强调，但是他们的研究通常都假设市场是既定存在的，进而研究市场环境中分散的知识如何发挥作用，但对于分散的知识得以整合背后的社会机制探讨甚少。此外，现有的知识与农村经济发展研究多从如何向乡土场域传播知识入手，鲜有从分散的乡土知识本身出发探讨其作用的。本文考察的乡土知识催生特色产业技术链条恰是从理论领域较少关注的角度入手，通过分析乡土知识发挥作用背后的社会机制——包括农民间的互动、政府及社会资本的介入，来描述和揭示这一过程，进而回答本文的核心问题。

本文的经验资料主要来源于作者2014年到2015年对湖北省伏水市邢镇郑桥村及周边的实地调查。我们采取了多次进入的方法，前后共三次

---

①　根据论文的匿名原则，本文出现的人名和省级以下地名为化名。

到访伏水市。调查的主要手段是半结构式访谈和文献资料收集。

二 相关文献讨论

（一）关于分散知识的讨论

在哈耶克对一般知识的讨论中，他假定整个社会的知识分散地掌握在每个人手中，一个人或一个组织所能获得的知识只是整个社会知识中的一小部分，没有哪个人或哪个组织能够掌握所有的知识，从而集中使用知识（哈耶克，2003）。在这个前提下，哈耶克受启发于亚当·斯密的劳动分工，提出知识分工并把经济学的基本问题归结为分散知识在不同个体间的协调问题。他认为自上而下的中央权力机构没有余力掌握每一项计划中所有分散的知识，进而提出市场竞争过程是个体充分利用分散信息的发现过程，也是市场价格形成的过程。哈耶克讨论分散的知识如何被协调起来的问题有一个前提，即市场存在是一个既定的事实，所有的生产知识面向已经存在的市场，那么关于如何协调知识的讨论就有了目的导向，即如何面向市场，发挥分散知识的最大效用。

从一般知识特性的角度出发，哈耶克还提出了"缄默知识"（tacit knowledge）的概念，也称内隐知识、非言明知识、意会知识、默会知识。这个概念是由波兰尼在1957年出版的《人的研究》一书中首次明确提出的。在波兰尼看来，人类有两类知识。通常所说的知识是用书面文字或地图、数学公式来表达的，这只是知识的一种形式。还有一种知识是不能系统地表述的，例如，我们有关自己行为的某种知识。如果我们将前一种知识称为显性知识，那么就可将后一种知识称为缄默知识。可以说，我们一直隐隐约约地知道我们确实拥有缄默知识（王宏昌、林少宫，1988）。

在上述内容的启发下，本文提出了一些不同的观点。哈耶克在讨论分散知识作用时有一个前提假设，即市场是既定存在的，而本文所研究的小龙虾产业市场不是预先存在的，当时并未完全形成，与乡土知识被整合是一个相辅相成、共生共荣的关系。可预见的市场前景是乡土知识被整合、被利用的动力因素；而乡土知识的整合也促成了该产业市场的形成和完善。同时，不同于价格机制对分散知识协调的作用，本文的研究更重视在社会环境变化过程中，各行为主体互动机制对知识整合的作用。

本文研究的乡土知识符合一般知识的特性——分散性、缄默性，同时更为具体、更为细节和无序；受到熟人社会人际关系的影响，以点带点的非正式渠道传播和扩散。在养虾的各个环节，农民有关稻田、水温、饲料等的知识都经由不同人摸索而有一些细节上的差异，由于这种差异的存在，这些乡土经验暂时以分散的样态呈现，这决定了乡土知识必须借由一定的外部机制来总结提炼并发挥作用。

（二）创新源泉

熊彼特将创新活动纳入经济活动分析，将创新概括为经济要素的新组合。一些更有启发的研究发现，创新并非一种个人单独的行动。希普尔（2005）在《创新的源泉》一书中讨论了创新源泉的多元性。他指出，长期以来，在产品创新研究中存在的一个假设是，这种创新是由产品制造商在其企业中进行的。但是他主持的研究发现，这个基本假设常常是错误的，创新过程分布在使用者、制造商、供应商和其他人手中（刘世定，2011），而这种源泉多样性是由经济因素引起的。创新成功者在短期内对其创新具有垄断权，而这种暂时的垄断会给他带来暂时的利润或"创新租金"。处于不同功能位置的潜在创新者对创新的期望收益即期望的创新租金是不一致的。只有当经济租金具有足够的吸引力时，潜在创新者才会进行创新。由于各行业经济租金分配不同，故创新源泉呈现多元化、多样性（刘景江、应飚，2004）。

希普尔关于创新源泉多元化、多样性的讨论对我们的研究很有启发，本文讲的特色产业的形成所依赖的社会机制既包括农民、政府，也包括企业，他们都助力了产业的创新和升级，这符合创新源泉多元化、多样性的论述。目前，关于创新源泉的研究主要关注的是工业产业领域，还未涉及农业产业领域，本文从具体问题入手，探讨乡土知识如何催生一个特色产业，旨在发现并总结农业生产与工业生产互动过程中的创新来源和动力机制。

（三）关于乡土知识的产业化

费孝通（1998）曾指出，中国社会的乡土性特征是在熟人社会里形成的、难以形成于纸面上的、约定俗成的共同知识或经验。在漫长的农业社会进程中，农村在生产生活的方方面面践行着乡土知识。

20 世纪后半叶，乡土知识逐渐得到学界的重视，研究和利用乡土知识的目的一方面是挖掘、保存、保护、弘扬并拯救乡土知识，避免其流失和断代；另一方面是开发利用乡土知识，以增加居民在现代社会的竞争力，促进当地社区的有序发展（陈娟、李维长，2009）。目前乡土知识的显著利用领域有生态保护、医疗保健、产品开发、民间纠纷和乡土教育等。特别是，农民关于土壤、作物、气象、时间周期等的知识可以用于技术提炼以及提高种养效益等（柏桂喜，2006）。

虽然有很多关于乡土知识的研究讨论了如何自上而下、由外而内、基于农民及乡土知识特性向这一群体传播、技术培训、扩散或者如何将零散的乡土经验应用到特定生产领域的层面。现有的研究并未就乡土知识如何得以聚合并发挥作用深入下去，特别是乡土知识如何能够自下而上聚集以及被整合成特色产业的研究鲜少。本文希望还原乡土知识或经验转换成生产知识的过程，讨论乡土知识聚合成产业背后的作用机制。

于光远（1983）曾在著作《运用现代科学的"穷办法"》中讨论了基于生活常识、实践经验等运用适用技术发展社会经济、提高社会效益的可行性与重要意义。所谓的"穷办法"，对应的不是技术，而是土生土长的资源、常识和经验。于光远认为，在采用先进技术这类"富办法"时，需要考虑到先进技术的适用性问题，而围绕不同环境形成的"穷办法"则承担了"适用技术"的角色，比如在农村发展生态农业，立足的是现有的资源，运用科学的实验等方法，发现能够串联各种现有土资源，发挥其最大效益。从中兴起的乡土知识就是以这些土资源为载体，在不同领域进行有效的利用。比如，粗糠养食用菌、笼养苍蝇，甚至通过多个物种的食物链建立起具体产业循环形态的雏形。

这些分散的土资源、土办法在未经整合之前只是我们视若无睹的部分，但是它们能够成为产业链条上重要的一部分。那么它们是如何实现从乡土知识到产业链条的转化的？现有的研究多从提高生产效益的角度入手，试图分析如何能够最大限度地开发和利用土生土长的资源、改进技术，争取效益最大化。上述生态农业、特色农业、循环经济的发展都倡导如何利用技术、利用资源提高社会经济效益，是结果导向的。但对于促成规模生产提升社会效益背后的社会机制、行为主体的研究关注较少。在考虑经济效益的同时，我们还需要审视其中的社会整合机制。本文就试图剖析这些土资源、土方法得以整合的社会机制及行为主体，分析这些基于"穷办法"能带来社会效益的产业链条及产业如何形成。

三　乡土生态知识与"虾稻连作"产业形成

水稻和小龙虾之间的共生关系并不是自然演化的结果，甚至在一般情况下，因为小龙虾会危及秧苗生长，被当地人视为害虫。这一部分我们试图考察虾稻难以共生的自然关系，是如何在乡土知识中逐渐转变为"虾稻连作"，进而催生了小龙虾养殖业的形成和发展的。

（一）虾与稻：乡土生态知识

"虾稻连作"特色产业起源于伏水市玦门镇的北岛村。北岛村所属的玦门镇位于伏水市西北边陲，全镇辖 24 个行政村。玦门是一个水网湖区，属古云梦泽地区，湖泊众多，素有"三河""四湖"之称。在伏水人最初的记忆里，小龙虾这种生物是"一夜之间"出现在这片土地上的。[①]没有人知道这种生物从何而来，有什么特性；只知道它寄生在这里的沟渠、湖泊、稻田中，被民间称为"小龙虾"。

经过一段时间的观察，人们才发现这种生物有坚硬的外壳和爪牙，繁殖能力非常强，短时间内就能大面积繁衍；建立种群的速度极快，而且非常容易扩散。小龙虾的杂食性很强，它似乎什么都吃，水里的浮游生物、河里的水草、稻田的秸秆等。与此同时，它也极具破坏性——啃咬秧苗，破坏稻田里的庄稼；在水面下打洞穴居，对当地的湖泊、水库和江河的堤坝安全造成了极大的威胁。因此，小龙虾大面积繁殖之后，人们都把它当作敌害来加以清除，市面上也出现很多专门用来消灭小龙虾的农药。

不过人们很快发现，使用农药并未达到预期的效果，小龙虾不仅繁殖能力特别强，生存能力、抗农药能力也非常强，因此，一般的农药无法将其完全消灭。时间一长，当地村民在稻田里面看到小龙虾就司空见惯了。那时，村里的沟渠、池塘到处都是自生自长的小龙虾，一些村民一天能钓满满的一大桶，有四五十斤。稻田里的小龙虾比沟渠、池塘中还要多。

---

① 从调查的情况来看，小龙虾已出现多年且水产局已介入，向当地的农户传播有关小龙虾的知识后，人们才了解到小龙虾是 20 世纪 30 年代从日本引入中国的，到 80 年代中后期，小龙虾才开始在江汉平原一代栖息繁衍。

虽然当地村民并不了解这些"小龙虾"出现的原因，但虾与稻的关系早已尽人皆知：小龙虾可以在稻田里生存，稻田里有小龙虾赖以生存的食物，虾对稻田的秧苗有危害。因此，我们将其称为乡土生态知识。

（二）从捕钓到养殖设想：市场激励

北岛村的小龙虾除了会被农药消灭之外，还成了村民的玩物。他们用最简单的方法把小龙虾钓上来，碰到多的时候，还会直接拿桶捞。人们最初只是钓着玩，后来有人把钓上来的小龙虾当食物，剥掉虾壳，把虾肉煮熟蘸盐或者炒菜吃。从产业的角度来看，在当地，捕捞小龙虾是偶然出现的不稳定的捕捞业。直到马祖群大规模地养殖小龙虾，小龙虾养殖业才得以形成。

一般来说，我们会认为产业是人们有意识地生产产品导出的后果。北岛村的村民捕捞小龙虾并没有发展为产业，一方面是因为捕捞的偶然性；另一方面是因为产品已存在，并没有生产的过程。而马祖群在稻田里面养虾最后形成的是一种养殖产业，是因为这是一个完整且有意识生产产品的过程，这种"有意识"则源自市场的启发。

那时因为捕捞时有发生所以在当地也支撑了一个小小的市场。有人会把钓上来的小龙虾拿到市场上卖，并且有一些人专门收购这些零散的小龙虾。马祖群想，小龙虾不仅能吃，而且能卖，似乎是一种不错的"产品"。

> 之前垞门有很多虾子，沟里都有，以前是没有市场的，就把它当成一种敌害，80～90年代的时候，吃稻谷呀、破坏田埂呀这些东西。最后我看慢慢地有一点儿市场，那时候老百姓都在地里钓那个虾子，四五毛钱一斤，不值钱。老百姓就在家里就把那个虾尾做成虾球自己吃。后来我看有一点市场，市场上有一些卖的，就用那个菜篮子盛着，四五毛钱一斤。（马祖群，2015.1.23）

虽然小龙虾的价格十分低廉，但抱着"瞎闯"的念头，马祖群还是想试一试。有了养殖小龙虾的设想，"怎么养"就成了马祖群接下来要面对的问题，专门挖池塘养，还是放到河沟里养？北岛村的乡土知识其实已经给出了答案：田里的小龙虾数量远远超过湖泊、沟渠中的，稻田似乎是不错的选择。那么成规模的土地从何而来？这要从北岛村的抛荒地说起。

（三）土地抛荒与规模经营

虽然在市场的激励下，人们已经想到了养殖小龙虾，但"怎么养"是一个新的问题。当时北岛村普遍存在的抛荒现象恰恰为解决"怎么养"小龙虾的问题提供了契机。随着农民大量外流，抛荒现象开始出现，到20世纪90年代末期，抛荒在北岛村已是一件很平常的事。在被抛荒的土地中，有一种是产量高的良田，还有一种是被称为"冷浸田"的土地。后者是最先且最多被抛荒的。

北岛村是个典型的"水袋子"，地势低洼，湖泊众多，到了雨季，土地常常被淹，收成难以保证。而这其中广泛分布的冷浸田更是让村民头疼不已。所谓的冷浸田，是指山丘谷底受冷水、冷泉浸渍或湖区滩地受地下水浸渍的一类水田，这类水田一般具有深厚的潜育层，大多排水不良，土壤透气透水性差，导致春季土温回升慢，直接延迟和影响了秧苗的发育，遇到降水较多的季节，农田还会直接被淹。这类农田的产量普遍较低，一年只能种一季稻，到了冬季，田地只能赋闲。马祖群给我们算了一笔账，说明了当时种田赔钱的情况：

> 老百姓种田嘛，有很多低洼田，冬天都不能种作物了，水淹了，冷浸田，冬天就空着了。当时种田不是还要交提留嘛，老百姓一亩田就收入三四百块钱吧，一些乱七八糟的也得四五百块钱吧，种田反而还亏了。当时老百姓就把那些田都荒了，不种了，都抛荒了。（马祖群，2015.1.23）

当地的一个农民告诉我们，在农村税费改革[①]之前，农田不种也要交提留，可对这种低洼冷浸田，农民是白交提留也不种。

> ……种谷种水稻不挣钱，如果年成好的话，能把租金啥的搞过

[①] 为进一步减轻农民负担，规范农村收费行为，中央明确提出了对现行农村税费制度进行改革，并从2001年开始，逐步在部分省份进行试点、推广。其主要内容可以概括为"三取消、两调整、一改革"。"三取消"，是指取消乡统筹和农村教育集资等专门向农民征收的行政事业性收费和政府性基金、集资；取消屠宰税；取消统一规定的劳动积累工和义务工。"两调整"，是指调整现行农业税政策和调整农业特产税政策。"一改革"，是指改革现行村提留征收使用办法。

来，如果年成不好的话就搞不过来。但是有的搞得过来，有的搞不过来，有的还亏。（郑桥村 2 队某养殖户，2015.1.23）

但在当时，抛荒是明令禁止的。在我国，粮食安全是一以贯之的重要命题，《中华人民共和国土地管理法》明确规定：禁止任何单位和个人闲置、荒芜耕地。1995 年更是实行了以"省长负责制"确保各地区粮食安全为基础的国家粮食安全政策。因此，农田收益再低也不能弃之不理，这既是马祖群身为村支书要履行的行政职责，也是他作为农民的一员需要身体力行做出的表率。但是如果不改变冷浸田收成低的状况，光靠禁止也不能改变抛荒的现状。没有办法，马祖群不得不另外谋求突破之路。

> 我当时任北岛村的书记，当时就想，找一找路子嘛，创一创业，能改变一下抛荒的现状，我就自己包了（跟村里）六七十亩地，抛荒地……（马祖群，2015.1.23）

冷浸田被抛荒的现状一方面是村干部马祖群面临的压力；另一方面是他创新的契机，因为抛荒为低成本地规模经营土地提供了可能。

> 老两口承包了十一二亩地给别人种，从 1992 年就开始不种地了。1992 年的时候十几亩地，给村里朋友种，给认得的、本队的。给别人种一分钱都不要，原来也没说这个事，最后给点钱、给点谷什么的，自己老两口买点粮吃。（郑桥村 2 队老刘，2015.1.23）

背负着"禁止抛荒"的压力，马祖群和另外一个村民将农民弃耕的 150 亩冷浸田承包了下来，其中，他一人承包了 60 亩。基于此，土地规模的条件得到了满足，这使发展小龙虾养殖业的规模经营成为可能。

（四）"虾稻连作"产业创新

在农民既有的认知里，稻田有水，有小龙虾赖以生存的饲料；但小龙虾对水稻有一定的危害性，因此将小龙虾和水稻置于同一空间中共同养殖，需要解决两者的冲突。

经过第一年的养殖观察，马祖群发现小龙虾本身的季节性很强，对温度极其敏感，当室外温度在 15～30 摄氏度，也就是四五月的时候，虾子十分活跃，适合捕捞。但当温度超过 30 摄氏度，即到了 6 月的时候，怕热的小龙虾就会自己掘洞，钻进泥里避暑。这时，水稻刚刚开始播种，小龙虾极易啃咬秧苗。而且，6 月一般是小龙虾价格最高的时候，小龙虾掘洞避暑之后，很难再成规模捕捞。通过与其他村民的交流，马祖群想到：有没有可能通过布局时间来解决小龙虾危害水稻生长及季节性捕捞的问题？

马祖群想到的解决方法是，既然小龙虾到了温度高的时候钻到洞里去，等它藏起来之后就可以再接着种一季稻，稻子收割之后九十月再把虾子放进去，利用稻田天然饵料生长，次年春耕前捕捞小龙虾，接着再种植水稻。简单来说，就是中稻收割之后放虾，小龙虾捕捞之后种稻。这样，不仅解决了小龙虾危害水稻生长及季节性捕捞的问题，还填补了低湖田只产一季稻的空白，充分发挥稻田的效用，可谓一举多得。

这样的创新也得到了市场的验证。经过"虾稻连作"的时间布局，水稻和小龙虾各得其所，马祖群的收益也有了显著提高。1999 年马祖群刚开始养虾的时候，小龙虾的市场价格是四五角钱一斤。到了 2000 年春夏季，也就是小龙虾收获的季节，市场价已经涨了将近一倍，变成八角钱一斤。2000 年四五月，马祖群捕捞了第一批小龙虾，共 1500 公斤，卖了 5000 元。2000 年秋天，他又买了 400 公斤野虾投入稻田，经过一个冬季的生长，第二年春天，他一次捕捞 1 万公斤小龙虾，这时候小龙虾的市场也一路看涨，从 1.5 元不断递增到 4 元，他一共卖了 4 万多元。紧接着他又种水稻，卖了 2 万多元。

经过市场的检验，马祖群这套被称为"虾稻连作"的模式很快引起了广泛的关注，当地农民纷纷效仿，他们一起种地，一起交流。再加上自 2000 年以来，国家相继推出取消农业税、对种粮农民实行直接补贴等惠农政策，一度被视为包袱的低湖田转眼成了"抢手货"，养殖农户越来越多。

抛荒的冷浸田、泛滥的小龙虾这些都是一时没有被很好利用的资源，马祖群把已有的虾稻关系的生态知识、自己种地养虾的经验以及捕捉商机的生活经验等零散的乡土知识加以整合，使其成为一个系统的具有可操作性和复制性的"虾稻连作"模式，一方面实现了小龙虾养殖技术的进步，另一方面奠定了小龙虾成规模经营的基础，最终催生了小龙虾养殖产业。

前文讲到，马祖群有意识地成规模养虾并发展这一产业，一定程度上是受到了市场的激励，但他所捕捉到的市场信息还停留在养殖业的层面，对于外部已发展到一定程度的小龙虾产业并没有深入的了解。实际上在 1983 年，中国科学院北京动物研究所就开始提倡将小龙虾作为一种水产资源加以开发利用。1985 年左右，渔民捕捞的野生小龙虾开始有规模地上市，成为水产品市场的特色品种之一。20 世纪 90 年代以后，基于捕捞和简单加工的人工低成本优势，我国小龙虾大量出口并在主要国际市场占据重要份额，在那之后，为了保护野生资源，国人开始重视小龙虾的人工养殖技术并获得成功。中国小龙虾经济发展的特点见表 1。

表 1　中国小龙虾经济发展的特点

单位：吨

时间	5 个经济发展阶段	中国小龙虾经济发展特点	年均估产量
1931～1950 年	小龙虾的野生导入	从日本传入，形成野生自然种群	50
1951～1980 年	小龙虾的"草根"经济	野生扩展，不具规模的捕捞活动	500
1981～1990 年	小龙虾的天然捕捞经济	规模化野生捕捞生产，渐成市场	5000
1991～2000 年	小龙虾的人工养殖经济	以野补为主，出口扩大，养殖推进	50000
2001～2008 年	小龙虾经济的产业化发展	以养殖为主，内需扩大，产业化	150000

而这些信息当时还没有传入北岛村为村民所知，马祖群他们只看到了小龙虾在市场上的机会，他们所做的也只是让小龙虾从单纯的捕捞发展到成规模的养殖。

四　二元市场需求拉动

马祖群尝试种稻养虾在一定程度上受到了日益兴起的小龙虾市场的激励，而当时，伏水一带的小龙虾市场确实已经开始起步，且存在二元市场的需求拉动，一是小龙虾出口加工的市场需求，以水产加工企业为主体，以生产小龙虾半成品为主要内容。二是本地特色餐饮需求的拉动，以特色餐馆为主体，以小龙虾食品加工为主要内容。地处江汉平原的人们既爱吃又会吃。随着人们收入水平以及对小龙虾接纳程度的提高，小龙虾成了当地的特色美食，带动了当地餐饮业的发展。

（一）出口加工市场需求

20 世纪 80 年代初，克氏原螯虾食品以虾球和整虾的形式在湖北市场出现，其不仅外观好看，味道鲜美，而且价格低廉，因此很受消费者欢迎。1986 年底，湖北省武汉市出现了全国第一个小龙虾加工厂——武汉斯德汉顿食品有限公司，1988 年首次对瑞典出口。1989 年，武汉斯德汉顿小龙虾加工厂又在江苏大丰、山东微山组建 2 个分厂，1990 年江苏开始出口（舒新亚，2010），1992 年湖北省水产科学研究所在中国水产学会南方（宁波）学术年会上宣读了《克氏原螯虾加工技术》的论文，小龙虾加工技术向江苏、山东、安徽、浙江、上海、江西、湖南、广东迅速扩展，特别是江苏的小龙虾加工产业发展最为迅猛，其很快赶超湖北，成为全国小龙虾加工出口最多的省份。

20 世纪 90 年代中后期，伏水最大的两家水产公司——西岳水产和莱因水产相继建立，它们主要从事小龙虾的简单加工，给江浙一带供货。除了收购市面上农户零散售卖的小龙虾外，厂家还从周边的城市收虾，但仍然不能满足市场需求，这使小龙虾加工出口成规模经营成为可能。

（二）本地特色餐饮需求拉动

伴随着加工出口规模的不断扩大，以"小刘子龙虾"为代表的当地小龙虾餐饮企业的壮大也使小龙虾的需求量逐年增加。

在小龙虾产业系列中，小龙虾餐饮是重要的一环。说到伏水的小龙虾餐饮业，不能不提的是一道名菜——"油焖大虾"，它以伏水小龙虾为原料，经过伏水特有的"油焖"烹调方法制作而成，号称江汉平原最具人气的菜。而这道名菜的出现，也是起源于农民餐桌上的下酒菜。从最开始农民的下酒菜到享誉国内外的伏水龙虾节的"桌上宾"，"吃"小龙虾成了正经买卖，"怎么吃"也成了一门学问。

追溯小龙虾成为名菜原料的渊源，要从农民的下酒菜说起。在小龙虾泛滥的年代，人们渐渐习惯了沟渠中丛生虾子，令人意外的是，白嫩的虾肉不仅能吃，而且是极佳的下酒菜。于是，有人把小龙虾带进餐馆做起了买卖。这个人就是伏水"油焖大虾"的创始人——小刘子。

"来伏水就吃油焖大虾，吃油焖大虾就吃小刘子家"——这句话在当地广为流传。"小刘子"名叫刘表队，是伏水市周矶镇人。1998 年以前，刘表队家里经营着一家卖早点的门店，后来慢慢兼做小炒，以卖油焖仔鸡出名。

对于刘表队来说，卖小龙虾是偶然为之。1998 年正是农村小龙虾泛滥的时候，一次，刘表队跟妻子闹别扭之后独自返乡，闲来无事，跟朋友一起在沟塘里面钓小龙虾玩，晚上就把钓上来的虾做着吃。那个时候，吃小龙虾的人并不多，大家多是剥出虾仁稍微一炒或者煮了之后蘸盐，做下酒菜。刘表队第一次吃到这种炒虾球的时候，非常惊喜，于是，他萌生了把小龙虾做成菜品的想法。但是这一想法并没有得到身为"主厨"的妻子的响应，因为那时候大家都觉得小龙虾是瞎玩的东西，别说在餐馆里卖，正经吃的人都很少。妻子表明了自己的态度，既不支持也不鼓励，刘表队就自己琢磨。他把虾壳剥掉，按照妻子炒菜的办法，推出了"麻辣虾仁"这道菜。最开始，大家都不买账，刘表队就白送，让顾客吃完之后提意见，大家说好吃就接着做，按照顾客的期望不断改进口味。慢慢地，顾客点完"油焖仔鸡"顺带着会点一盘"麻辣虾仁"，过了几个月，"麻辣虾仁"的风头就盖过了"油焖仔鸡"。一个虾球，一个鸡，靠着这两个拿手菜，夫妻俩的生意日渐红火。

好景不长，周围的菜馆见到"麻辣虾仁"如此火爆，也纷纷推出了这道菜。眼看大家都来分羹，鳌头不能独占，刘表队只能另寻出路。"麻辣虾仁"的做法实际上只是炒虾仁的初级版，没有更多的工艺在其中，因此很难成为独有的特色。而且，虾仁虽然好卖，但剥虾仁的过程既耗时又耗力，人力成本和时间成本太高，"虾太大了，吃虾球太浪费，而且量大了，挤得手都烂了，人也受不了。我们就说能不能不扒壳，就带着"。如果带着虾壳卖整虾，那以虾壳的硬度，用炒的办法，很难保证入味。他看到自家的油焖仔鸡"长盛不衰"，就想用做仔鸡的方法来焖龙虾。经过反复尝试，夫妻店推出了"油焖大虾"，很快得到了顾客的好评，口味也不断改良。

"油焖大虾"口味的不断改良，用刘表队自己的话说，是一个"进化的过程"，虽然有油焖的独家秘方，但是在很多细节方面都有可改善的空间，比如怎么更多地保留营养、怎么能更入味、怎样卖更方便等，前后经历了"留壳—油焖—带头—剪几刀—盆装"工艺的探索，"油焖大虾"的制作方法越来越精细，味道也越来越好，"油焖大虾"逐渐声名远扬。伴随着小龙虾制作工艺的不断改良，"油焖大虾"的价格也越来越高，从最开始的30元一盆到现在的均价130元一盆，精品的小龙虾甚至能卖到258元一盆。

小龙虾的生意越做越大，整个伏水的餐饮市场都被带动了起来，对小龙虾的需求也日渐增长，市场上的小龙虾越来越紧俏，靠小龙虾做生意的老板们常常为争夺虾源而费尽心思。刘表队先是从乡下、市场上收散虾，后来从虾贩子那里收，但货源量渐渐不能满足市场的需求。他告诉我们：

> 最开始在菜场买，在乡里面收，小孩钓着玩的，我也收。后来大家知道虾子能吃，才拿到集上卖，刚开始做好多人也不认识。现在收虾都从养殖基地收。我们现在收的量大，就跟收虾子的有协议。"油焖大虾"跟其他的虾子不一样，比如规格呀、标准呀。嫩、有肉的，标准一两以上的和二两以上的。（刘表队，2015.1.27）

小龙虾水产加工和餐饮市场的兴起对小龙虾供应的量和质都提出了更高的要求。这样的外部环境恰是对小龙虾养殖发展的激励，也应了前文提到的马祖群养殖小龙虾所受到的市场激励。

市场力量精致化了农民的观察，从防治到食用、种养，农民只是换了一种思路就挖掘出小龙虾的巨大价值，让它从"敌害"变成有价值的产品，从破坏性的载体逐渐转变成富有生产力的工具。"养殖"也可以算是应时而生。小龙虾养殖的发展为水产品加工和餐饮市场提供了充足的原料，满足了产业发展对原材料的需求，为规模经营奠定了基础，起到了后盾的作用。而市场的兴起也激励了养殖技术的改进和养殖规模的扩大。正如哈耶克所言，知识分散在不同的市场参与主体中，需要被协调起来，在这个阶段，价格机制起到了很大作用。水产加工、餐饮市场的兴起也就成了吃、种小龙虾这些土办法得以聚合成"产业"的重要机制。

出口水产加工业和特色餐饮业是拉动小龙虾市场需求的两大主体，出口加工产业生产了小龙虾的半成品——虾仁；餐饮业生产了最终产品。但从产业链深化的角度来看，在当时，出口加工在产业细分上更有潜力，关于加工产业细分的内容，我们将在之后的内容中展开。

五　水产局的参与：技术改造和升级

"虾稻连作"模式在经历了市场的检验之后，很快引起了各方的关注，上至政府、下到农民纷纷投入其中，这里尤其要提到伏水市水产局。与农民纷纷效仿寻求致富不同，水产局对"虾稻连作"模式可以说是寄予了更高的期望，这一模式的出现不仅打破了水产局长期以来探索稻田养殖无果的窘况，还为当地农业发展寻得了新的出路。对于水产局而言，跟踪并总结提炼"虾稻连作"模式成了首要任务，而在不断跟踪总结种养经验的过程中，水产局也通过科学实践加借鉴养殖经验，进一步提升了"虾稻连作"的技术水平。除此之外，政府非职能部门也是重要的行为主体，通过不同形式的参与，助力了技术的改造和升级。我们将在这一章详细描述这一过程。

（一）发现"虾稻连作"经验

在稻田养虾出现之前的很长一段时间，伏水市一直在摸索当地农业发展的新出路。当时，一季麦子一季稻或者一季油菜一季稻是伏水市主要的耕作模式，那时候稻田里没有别的东西，一年两收的上述作物是农民的主要收入来源（停留在粗加工阶段）。伏水市乃至湖北省作为重要的粮食产区，单一低效的种养模式并不能满足自身定位的要求，也不能带领当地农民发家致富，因此，寻求新的农业发展道路一直是他们的诉求。上到水产局摸索稻田养殖，下到农民养鸡喂鱼，他们都做过很多尝试，希望开拓副业，但要么以失败告终，要么难成规模效益。

马祖群的"虾稻连作"模式初见成效时，谭工程师刚刚到任水产技术推广中心主任，水产专业出身的谭工工作和研究的主要内容就是淡水养殖，他也曾尝试过在稻田里面养鱼，但基于土地环境、技术限制等原因，收效甚微。在谭工看来，"虾稻连作"的优势显而易见：

> 因为小龙虾本身比较适合浅水养殖。加上稻田养小龙虾对于资源的利用非常好，稻子的秸秆正好可以供小龙虾嬉戏，腐烂之后为小龙虾所食。（谭工，2015.1.26）

从资源循环利用的角度来说，小龙虾食用稻田中的稻子秸秆、浮游植物、微型小动物等，充分利用了自然资源；从农业发展的角度来说，稻田养虾实现了农民增收，改变了当地单一的耕作模式，有利于促进农业的规模化生产。

如果说马祖群的诉求是避免土地抛荒、通过养虾量的产出来实现致富，那么水产局的诉求则更为正式和官方。"虾稻连作"模式迈出了小龙虾合理利用自然和空间资源、规模养殖的第一步，水产局希望在技术层面进一步优化和完善这一模式，使其具有更高的适应性和可复制性，从而能在更大范围内推广。这不但能够打破水产局稻田养殖无所进展的窘况，也能成为农民增收致富的新方法、当地农业发展的新出路。于是，听说玦门的农民稻田养虾有了成果之后，谭工第一时间跟进了"虾稻连作"模式，开始深入研究小龙虾的养殖问题。

（二）科农结合的技术升级之路

与农民不同，在种稻养虾技术改造和升级的过程中，水产局有更多的能力调动各方科学资源进行研究。水产局改良"虾稻连作"模式并不是闭门造车，而是充分借鉴了农民的养殖经验，结合科学的实验才最终完成了技术的改造和升级，将"虾稻连作"模式发展为"虾稻共作"模式。

水产局最初要改良"虾稻连作"模式的时候，完全没有头绪。他们首先想到的是收集他地的养殖经验供参考。当时，小龙虾已经遍布全国10多个省份，如安徽、江西、江苏、浙江、上海等；江浙一带的小龙虾加工企业也已经起步。他们寄希望于能从这些与湖北类似地域环境的省份学习些经验，但事与愿违，2002年，其他省份并没有开始小龙虾（学名"克氏原螯虾"）的养殖，"虾稻连作"模式不仅是种稻养虾重大的技术性突破，也是小龙虾、水稻共养的新突破。

他们将视线转向了科研领域，希望能从理论层面有所发现。这时，他们了解到有一位从20世纪80年代开始专门研究小龙虾的水产专家。在了解了这位专家的研究成果之后，水产局把他请到当地，水产局对这位专家寄予了厚望，不仅让他帮忙梳理培训小龙虾的相关知识，也跟他探讨"虾稻连作"模式的后续优化问题。养虾的农民是最初的经验提供者，也是在理论形成之后，不断完善理论的参与者。如果种养过程中出现了什么问题，农民会相互交流，寻找解决问题的办法；也会直接找到水产局或者合作社技术人员，与他们交流，共同解决具体问题。多数农户一方面接受水产局的知识培训，另一方面自己总结经验。

> 科学观点是好的，结合实际养殖也有它的缺陷。比如，一个鱼池，小龙虾是杂食性的动物，你每天让它吃青草、饲料，你要是完全按照这种方式来养，成本就会加大，收入就会减少。河里的水草、杂草很多，适当投放青苗、饲料，这样……（不仅不影响虾生长，还降低了成本）有的（养殖户）到外面进鸡粪的肥，复合肥、磷肥下到里面（也可以），专门有介绍经验的告诉我们。（某养殖户1，2015.1.24）
>
> 并不是他说的都一定正确。他说让我少投虾苗，但是西大院那边都是高密度养殖。人们自发去参观。西大院那边有个关系跟我比

较好的，有 98 亩地，今年纯收入 40 多万元。我们柴主任有两个鱼塘，比他的还要大（肯定挣得更多）。（某养殖户 2，2015.1.24）

水产局的技术人员一边学习小龙虾的理论知识，一边通过试验的形式摸索并完善小龙虾的养殖。譬如，提前一个月投放小龙虾、挖简易围沟、丈量最适宜的围沟尺寸等，都是经过反复的试验、追踪数据才最终落实的。以谭工为例，他自己家承包了虾池作为实验基地，一边种养，一边发现并解决问题。

虾子的养殖我们也是摸索了很长时间，我自己池塘里面养虾子，连续失败三年，经过了漫长的发展。我自己有基地，这"虾稻共作"的模式都是我们自己在基地上搞的试验，是自己的"实验室"。（谭工，2015.1.26）

除此之外，水产局还结合农民的实践经验，将所有小龙虾生存、生活习性及繁育习性总结整理成册，再自上而下普及、推广、培训。

2004 年，马祖群将尚未到承包期的 60 亩低湖田还给了农民，他自己又承包了一片 300 多亩的荒湖进行小龙虾种苗繁殖，他与伏水市水产局合作编写了很多关于"虾稻连作"的培训资料，自己也经常出来给周边城镇的养殖户讲课。小龙虾种养技术的指导、培训成为伏水市水产局的重要工作内容。每年，由谭工所在的水产技术服务中心牵头组织培训班，针对养殖大户（最早尝试养虾如马祖群以及养殖经验丰富、养殖规模较大的农民）、合作社技术人员、养殖小户等，围绕小龙虾繁育、养殖等内容，和因为产业扩大而不断产生的新问题开设不同层级、不同深度的培训班。这些不断更新的种养知识依托合作社、村组对接到农民，得以传播到田间地头。

（三）从"虾稻连作"模式到"虾稻共作"模式

水产局参与到"虾稻连作"模式的研究当中，主要从两个方面助力了技术程序的升级和改造。首先是结合实践经验梳理总结并向大众普及、推广小龙虾的相关知识，让农民充分了解小龙虾及其生长、生存习性。

直到 2003 年，伏水人才开始真正认识这个学名为"克氏原螯虾"的生物，发现它并不是如表面看到的那样只会搞破坏。它本身拥有非常鲜明的特质，比如，对环境的适应性较强，自发病害少，能在湖泊、池塘、河沟、稻田等多种水体中生长；能直接将植物转换成动物蛋白，因此体内富含高蛋白；生长速度很快，一般经过 3 ~ 4 个月的生长就能长到大个头；它以水体中的有机碎屑、水生植物和动物尸体为食，能消除水里的残留物。而这些特质都决定了小龙虾可以成为不错的养殖品种，环境适应性强自然对养殖条件无更高要求，能大面积、大范围地推广养殖；富含高蛋白、全身可食比例为 31%、虾肉中富含多种微量元素，决定了它作为商品在市场上绝不愁卖；以水中残留物为食，无须投喂特殊饲料，不仅能优化水体环境，实现资源的有效循环，还直接降低了养殖成本。在市场可预见的情况下，小龙虾作为一种能上市的养殖品种，具有极高的性价比。

另外，由水产局技术人员跟踪并了解小龙虾养殖的具体过程，不断发现现有养殖模式的问题并加以改进。

水产局跟踪"虾稻连作"模式时，发现水稻和小龙虾生长的时间冲突直接影响了产出的效益。"虾稻连作"模式，是让虾子在稻田里面自繁自养，一般来讲，种一季稻养一季虾，收稻之后种虾，捕虾之后种稻。这样的方式使农田不再闲置，小龙虾不再四处生长，水稻和小龙虾能在同一空间中合理共存。但仔细研究可以发现，当地的自然环境特点延迟了小龙虾的繁育时间，如果在收稻之后再投放虾苗，那么会错过小龙虾最佳的繁殖季节。

> ……我们湖北省每年春季低温阴雨天气比较频发，推迟了小龙虾的生长期，到了四五月小龙虾开始长的时候，我们要开始捞起来卖了，要整田插秧了，这样卖的时候小龙虾都长不好，规格低，产量上不去，价格就低，所以整个效益不理想，一亩田只能搞 1200 ~ 1800 元……小龙虾繁殖的季节一般在秋季 8 ~ 10 月，但是当地的稻子大多是 10 月底、11 月初才收割，如果等把稻谷收割之后再放虾，那么就错过了小龙虾最佳的繁殖季节，直接影响到小龙虾的产量。（谭工，2015.1.26）

对此，他们经过反复试验，采取了一些措施，比如在稻田里面挖简易围沟。就是在稻谷收割前的一个月，提前把种虾放到沟里，让它们在里面交配、产卵、孵化。小龙虾可以在沟里面早出苗、早生长，既不会影响收割，又不耽误小龙虾生长的最佳时机。后来，通过反复的比较试验，稻沟由原先的 1 米宽、0.8 米深变成 4 米宽、1.5 米深。如此一来，在稻田需要排水整田、插秧时，四五月尚没有卖出的幼虾就有了宽敞、充足的生长水域。等整田、插秧完成后，再放水，把沟内幼虾引放到稻田里让其继续生长。待到八九月的时候，幼虾长成，虾农又可收获一季。"一稻一虾"变成了"一稻两虾"，"虾稻连作"模式升级为"虾稻共作"模式。

至此，"虾稻共作"模式形成了，即进行稻田建设包括挖沟、筑埂、进排水及放水设施建立之后，每年的 4～5 月投放幼虾，到了 5 月，将个头大的小龙虾捕捞出来售卖，将还未达标的幼虾留在稻田中，有的继续生长，有的则作为种虾。6 月上旬整田、插秧，放水的时候小虾会跑到沟里去，8～9 月再次捕捞，遵循捕小留大的原则，保存种虾（见图 1）。

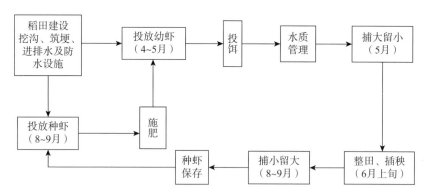

图 1　虾稻共作技术方案流程图

"虾稻连作"模式将稻田单一的农业种植模式提升为立体生态的种、养结合模式，提高了稻田单位亩产，同时充分利用了稻田的浅水环境和冬闲期。"虾稻共作"的模式彻底改变了冷浸田无人种的状况，不仅克服了虾、稻生长"撞车"的弊端，还保证了小龙虾的高质高产，不断满足需求日渐高涨的小龙虾消费市场。而且实践证明，养过小龙虾的稻田来年谷物产量更高。

在乡土知识催生特色产业的过程中，除了政府职能部门水产局直接参与改造和升级技术外，政府领导部门和其他非职能部门也参与其中，从政策、制度等层面引导技术的升级，影响了产业形成及产业今后发展的方向。

表2　小龙虾两种养殖模式效益分析（以伏水市 2012 年的 50 亩
投放种虾为标准计算为例）

单位：元，千克

养殖模式	亩平均支出								亩平均收入			亩平均纯利
	田（埔）租	建设折旧（5年）	种苗	饲料	肥料	网具折旧	水电	人工	合计	数量	单位	收入	
虾稻连作	600	60	280	40	30	20	10	240	1280	100	24	2400	1120
虾稻共作	600	120	320	240	30	20	20	480	1830	200	30	6000	4170

2006 年湖北省委把"虾稻连作"模式写进了省委一号文件"大力优化种植模式。因地制宜推广适合各地情况的菜稻、虾稻、蒜稻、烟粮连作、稻鸭共育、鱼稻共生等多种高效模式，做到一地多用，一年多收，既增粮又增钱，提高土地的产出率"，在全省推广。伏水市政府从 2009年开始举办面向全国的"龙虾节"，集品尝美食、观光旅游、招商引资等多项内容，从各个方面推介伏水小龙虾，带动当地小龙虾经济发展。2010 年湖北省政府出台了《湖北省小龙虾产业发展规划（2010～2015年)》（以下简称《规划》），《规划》建立了小龙虾良种选育、繁育中心，小龙虾苗种规模化繁育基地，小龙虾高效健康养殖示范场等。湖北省水产局还批准成立了 6 个小龙虾省级良种场。这些基地硬件设施一流，并由湖北省水产科学研究所提供技术支撑。"当初我们的核心技术就在这里。然后在全市、全省、全国推广，推广面积比较大，从 2001 年的 78亩，到 2004 年的 4000 多亩，再到 2011 年的 19.8 万亩，发展速度很快。全省推广到了 190 万亩，辐射范围和速度都很广。"

六　资本的介入

前面我们讨论了水产局通过整合科学试验和农民种养经验使种养技术得到了提升，进一步促进了小龙虾的高产增收，形成了产业的规模基础，满足了资本介入的规模条件。与此同时，在验证和收获了小龙虾规模养殖的红利之后，企业介入小龙虾加工生产过程得到了政府极大的鼓励和支持。因此，以西岳水产为代表的当地水产加工企业不断投入小龙虾的加工生产，并在发展过程中逐步深化和延长产业链条，最终输出小龙虾终端产品。

但仅凭一个或数个企业的一己之力是很难完成一整条完整和稳定的产业链的，当地小龙虾产业的深化和升级是通过一个特殊的一体化组织来完成的，这样的一体化组织由企业、农民、政府职能部门共同组成，通过设立生产基地、建立"一条龙"服务链，将三者共同纳入小龙虾生产链条，最终完成对小龙虾的精深加工，促进小龙虾产业的深化和升级。一体化的组织形式不仅解决了原料和原料来源稳定性的问题，也对原来的乡土知识进行了重新提升。这样的提升不仅仅停留在"虾稻连作"到"虾稻共作"的技术改造层面，更关键的是产业的标准化。

（一）一体化组织的形成

从经济组织研究的角度来看，实现前道产品到后道产品的衔接和深化有不同的形式，其可以通过市场交易来形成，也可以通过一体化的形式来完成。在伏水，小龙虾产业选择通过后者来完成。之所以说一体化组织以企业为主导，是因为当地小龙虾产业一体化组织的形成与当地龙头企业之一——西岳水产食品有限公司的发展相伴相生。以西岳水产为代表的水产加工企业对小龙虾养殖和供应不断提出需求，促使企业、农民、政府职能部门以合作的形式来满足产业持续发展的要求。

西岳水产是伏水最早发展起来的水产加工企业之一，2000 年经由伏水市政府招商引资安置到伏水市邢镇境内。在很长的一段时间内，因为没有达到出口欧美的质量检测标准，西岳水产只能为江浙一带具备出口条件的水产企业供应半成品，大部分利润由他人获取。为了谋求企业的长远发展，西岳水产用了三年的时间主抓食品卫生，以达到注册标准。在这个阶段，西岳水产主要从虾贩和散户手中收取小龙虾，市面上小龙虾的供应量尚且能够满足企业生产的容量。

随着西岳水产产业链条的进一步升级——由虾仁出口到甲壳素等生物制药、保健品，对小龙虾供应的"质"和"量"都提出了更高的要求。从虾贩或者散户手里直接收虾的方式已经不能满足西岳水产的大规模生产经营，要匹配西岳水产的生产能力和出口需求，需要有 1 万亩土地的产品产出；同时这样的收虾方式使原材料的规格、质量等参差不齐，很难达到统一的标准。因此，小龙虾的量产与质量的可控性成为企业面临的首要问题。而这时，"虾稻共作"模式已臻于成熟并普遍推开，倘若将这一方式纳入企业经营的范畴，便可以解决从源头上控制小龙虾数量和产量的问题。

西岳水产产业链条的进一步升级带来的是更为广阔的市场和更为可观的收益，这引起了政府和学术机构的高度重视，湖北省政府更是表明要鼓励并扶持西岳水产，发展甲壳素产业。这时，"虾稻共作"的技术已臻于成熟并已得到大规模复制和推广。在西岳水产、伏水市政府、邢镇政府以及郑桥村支部的共同斡旋下，西岳水产最终决定在郑桥村复制"虾稻共作"模式，建立7000亩的小龙虾养殖基地，使其成为产业原材料的供应基地。

2013年，伏水市邢镇最大的水产加工企业西岳水产与郑桥村签订了"邢镇郑桥村土地流转"和"西岳（郑桥）虾稻共作基地养殖池承包"的合同，两项合同的内容分别是：西岳水产承包郑桥村的土地用以建设"虾稻共作"基地，获得土地使用权；郑桥村村民则从西岳水产公司手里承包虾池，种虾养稻，将所收小龙虾卖给西岳公司，公司以此作为原材料供应。2014年，西岳水产将郑桥村已收上来的6000亩左右的耕地、沟渠修整成标准的虾池样式。9月，第一批种虾投入池中。

（二）一体化组织中的产业技术链

从捕捞养殖发展到加工再到精细加工，小龙虾的产业系列不断扩展，产业链条也持续深化。产业链条深化的过程也是小龙虾加工技术升级的过程，简单来说，就是从虾肉半成品加工到甲壳素精深加工。其中，最初引入甲壳素的发展并不是为了产品升级，而是为了解决剩余虾壳的污染问题。因此，技术升级过程也可以划分为两个阶段，即从虾肉到虾壳，再从虾壳到甲壳素。

西岳水产常年从事小龙虾虾仁加工出口，由于小龙虾本身可食用部分只占身体的30%左右，虾壳则占到70%。因此，随着水产公司生产规模的不断扩大，弃置的虾壳越来越多，虾壳的污染问题也越发严重。虾壳中富含高蛋白，暴露在空气中极易氧化散发臭气，对当地环境造成了极大的破坏。迫于生产和环境的压力，西岳水产的齐总不得不想办法解决废弃虾壳的问题。

当时，江浙一带的水产企业已发展了提取甲壳素的加工工艺。齐总看准了甲壳素能解决虾壳污染的问题，便"潜伏"到江苏的某家生产甲壳素的工厂中当工人。经过半个月左右的时间，齐总了解到了甲壳素的生产工艺，并对这项产品及生产流程有了初步了解。回到伏水后，齐总开始自己组建生产线。通过深加工小龙虾壳，解决虾壳环境污染的问题。

在引入甲壳素之初，生产甲壳素并没有迅速发展为公司的主营业务。那个时候，公司还没有充分了解到甲壳素的市场价值，再加上生产能力有限，还没有余力专攻甲壳素生产。

> 1996 年、1997 年底（齐总）跑到江苏看了一下，也跑到那个甲壳素工厂去当工人，估计搞了有一个星期，把工艺看了一下，后来把甲壳素这个产品初步了解了。回来以后，当时不是出于甲壳素有多大的前景、有多大的价值，就是为了解决小龙虾的加工问题。所以那个时候你就是认识到那个，也没有能力去做这个产品。（齐总，2014.9.18）

直到西岳水产获得了出口海外的资质，齐总才开始正视甲壳素的功用，生产甲壳素不仅能够解决虾壳污染的问题，更重要的是，甲壳素这种产品有极其广阔的海外市场。甲壳素又称壳聚糖，具有降血脂、降血压、降血糖等多种生物功能，在欧美国家和日本是一种十分珍贵的生物资源，应用范围十分广泛。早在 19 世纪，欧美国家和日本就开始了对甲壳素的科学研究。

企业在意识到甲壳素的功能后，希望能够充分挖掘甲壳素的价值，实现对小龙虾的精细加工。当时，湖北一位专门研究甲壳素的教授正担任湖北省政府参事，他了解到西岳水产的甲壳素产业链已粗具规模，于是亲自到伏水市调研。之后将这一发现写成了意见书递到了湖北省委、省政府，这一建议得到了当时省委书记的高度重视，从省政府到镇政府，纷纷出台相关政策，投入专项资金，支持西岳水产打造小龙虾全产业链，伏水市更是提出了发展千亿小龙虾产业，打造甲壳素之都的目标。

当时包括江浙一带在内的加工企业给国外市场提供的还不是甲壳素这种终端产品，仅是原始的虾壳原料，从这种虾壳原料中提取甲壳素这一真正的利润点还未能被充分挖掘。意识到这一点之后，西岳水产开始投入对甲壳素的精深加工，借助产学研的合力，包括半成品加工、甲壳素在内的小龙虾生产占到了西岳水产的 3/4。但当时小龙虾原材料的供应远远未能达到公司的生产容量。因此，原材料高质高量的稳定供应成为西岳水产不得不解决的问题。正是在这样的背景下，企业、政府和农民开始考虑一体化的合作形式，标准化生产被提上了日程。

（三）标准化：一体化的技术影响

一体化组织的合作形式解决的不单是原料和原料来源稳定性的问题，更重要的是制定了标准化的技术流程，确保小龙虾从培育、养殖到捕捞、加工，都是按照统一的标准来进行，最终确保产品输出的高质高量和统一标准。

这一标准化的过程以企业为主导，农民和政府职能部门通过实践参与了标准的制定，也为这一标准所限制。如上所述，通过签订协议，西岳水产获得了郑桥村7000亩土地的使用权，以建立基地的形式使小龙虾种养的具体环节标准化，主要有以下内容。

标准的虾池。西岳水产先将已承包的7000亩土地进行了统一的修整，再将其划分为一块块符合"虾稻共作"模式的虾池，标准面积为40亩左右。村民重新承包这些标准虾池来种稻养虾。

标准的种苗基地。在标准虾池之外，西岳水产还在北岛村专门挖了培育小龙虾种苗的池塘，由专门的技术人员培育监管。当地农民投放到稻田中的虾苗都是出自这里。

标准的养殖流程。除了虾苗，企业借助水产局和农村合作社对农民进行了统一的培训，确保承包虾池的农民都掌握了养虾的科学知识，并且在养殖过程中不断地为农民答疑解惑，确保养殖过程中的问题都得到解决。

与此同时，西岳水产还资助、扶持农村合作社建立农技站、农资站等。养虾需要的所有物料都在这里的农资站统一采购，到了收获水稻、小龙虾的季节，农民可以在农机站租用收割机统一进行收割、捕捞等。这样的形式，一方面为农户养殖提供了硬件上的便利；另一方面确保农户的养殖行为都在统一的监管体系中，包括农药的投放、用量，化肥的使用等具体操作环节都在可控的范围内，保证了小龙虾的标准化产出。

经由以上方式，西岳水产、农户、政府职能部门（水产局、农业局等）和基层政府被串联到同一生产过程中，成为一体化的组织，确保小龙虾在标准化养殖的前提下满足小龙虾特色产业对原材料高质高量的双重要求。而源自乡间地头的分散的种稻养虾的乡土知识也就正式地被纳入特色产业的生产链条中，成为富有生产力的一环。

七 总结和讨论

社会学关注社会环境的变化对行为主体互动的影响。本文描述乡土知识催生特色产业形成的过程，有明显的社会环境变化影响行为主体互动的关键节点，以这些关键节点为线索，我们能够很好地发现在乡土知识汇聚和发展过程中，各行为主体的作用机制。

从最开始的乡土生态知识发展出"虾稻连作"的小龙虾养殖业，到"虾稻共作"模式臻于完善催生了包含小龙虾养殖、繁育、加工及精深加工的特色产业群，这一过程所依赖的社会机制是本文关注和研究的重点。在乡土知识催生特色产业的过程中，有三类行为主体参与其中并发挥了重要的作用：农民、政府（职能部门和非职能部门）、企业。他们通过互动，分别从运用乡土知识、提升技术工艺、引入资本入手，最终以一体化的形式作用于特色产业和特色产业群的形成和发展。

以马祖群为代表的农民在这一催生过程中扮演的是推进者的角色，他们有致富的诉求、有跟土地打交道的经验、有对农产品市场的敏锐嗅觉，在整合乡土知识发展产业的过程中，掌握主动权。这与以往研究对农民的定位有所不同，很多类似农业种养技术整合推广的研究都把农民定义成被动的角色，在自上而下的推进过程中，农民就是末端的接受者。他们自身所拥有的丰富的实践知识大多只是个人的经验，仅限于服务个人的实践，很少能自发地整合，并形成一种可供推广的技术，并催生了一种产业。马祖群的试验改变了这一现状，也改变了我们对农业领域创新源泉的认知。农民作为农业技术创新的重要源泉，将那些熟视无睹的乡土知识融入了产业经营过程中，让乡土知识直接带来了经济效益。

这也印证了于光远先生的论断——运用穷办法也能取得巨大的社会经济效益。于先生指出，大家普遍习惯运用先进技术也就是所谓的"富办法"来完善工艺，推动进步，却常常忽略了土生土产的"穷办法"本身所具有的更强的适应性，它们更接地气、更能适应不同的实际情况，从而取得更好的效果。

水产局对"虾稻连作"模式进行了技术程序的改造和升级，结合技术人员的实验、水产专家的研究和农民实时更新的实践经验，将这一知识性的种养模式上升到科学的理论层面，再经由农村合作社、养虾到户等传播到分散的农户中，既参与了知识的整合和创新，也发挥了扩散知识的作用。实际上，水产局作为政府的代表，是乡土知识催生特色产业的幕后推手。水产局给予直接的技术支持，政府领导部门则从制度、政策层面予以扶植，实际上是为乡土知识的产业化扫清了障碍，为产业链条的持续深化铺平了道路。政府一方面引导农业产业发展的方向，另一方面约束乡土知识整合的边界。

哈耶克曾经讨论过中央计划协调分散知识的可能性，指出自上而下的中央权力机构没有余力掌握每一项计划中所有分散的知识，因此协调和整合分散知识的效力有限。而本文中水产局作为政府的职能部门，并没有主导知识的整合，而是立足于农民创新和整合的基础，既参与了知识自上而下的聚合，也参与了政府自上而下的引导，实际上是掌握分散知识的农民和掌握决策权的政府领导部门之间沟通的桥梁。

资本的介入则将农户、政府职能部门和企业置于同一生产链条中，使小龙虾从养殖、繁育、加工到精深加工都符合统一的标准。一体化的组织形式不仅解决了原料和原料来源稳定性的问题，也对原来的乡土知识进行了重组和提升，使小龙虾加工产业上升到标准化和精细化的层面。事实上，这样一体化的合作形式不仅满足了企业长远发展的需求，也让政府和农户从中受益。借由这种一体化的形式，邢镇已经开始发展"四化"同步，农户的生产、生活都有了新的变化。本文不再就这一点展开论述。

参考文献

柏桂喜，2006，《乡土知识及其利用与保护》，《中南民族大学学报》第 1 期。

陈娟、李维长，2009，《乡土知识的林农利用研究与实践》，《世界林业研究》第 3 期。

费孝通，1998，《乡土中国 生育制度》，北京大学出版社。

哈耶克，2003，《个人主义与经济秩序》，邓正来译，生活·读书·新知三联书店。

李家镝，2001，《基于知识观的企业理论》，西南财经大学出版社。

刘景江、应飚，2004，《创新源理论与应用：国外相关领域前沿综述》，《自然辩证法通讯》第 6 期。

刘世定，2011，《经济社会学》，北京大学出版社。

罗杰斯，2002，《创新的扩散》，辛欣译，中央编译出版社。

舒新亚，2010，《克氏原螯虾产业发展及存在的问题》，《中国水产》第 8 期。

王宏昌、林少宫编译，1988，《诺贝尔经济学奖获得者演讲集》（增订本），中国社会
　　科学出版社。

希普尔，2005，《创新的源泉》，柳卸林、陈道斌等译，知识产权出版社。

于光远，1983，《运用现代科学的"穷办法"》，知识产权出版社。

从乡土知识到技术应用

——对臧晓论文的评论

张樹沁[*]

布莱恩·阿瑟在《技术的本质》一书中将技术的发展看作一种组合进化的过程，而"机会利基"（opportunity niches）是技术进步的动力。这一特点在臧晓《穷办法与富产业：乡土知识催生特色产业的机制》（以下简称《办法》）一文中得到了鲜明的体现。与阿瑟将关注点放在相对成熟技术的讨论相比，《办法》一文将对技术进化的讨论放到了更为前端的乡土知识的技术化过程中，更好地展现了技术组合过程中多主体的行为和差异性的机会利基整合过程。近年来，学术界也产生了一系列有关技术应用的社会基础与社会后果的研究，在此类研究中，无论是基于行政命令的技术推广（强舸，2017），还是企业家或专业技术群体带来的外部投资（张茂元、邱泽奇，2009），技术应用都往往展现出外来特征，因而也不得不面对与本地社会的适应问题。相较而言，《办法》一文的技术应用发端则来自乡土知识本身，这为我们考察技术应用的不同后果提供了重要的案例素材。

由此也形成了三个值得进一步讨论的问题：第一，什么样的乡土知识能够最终演化为一项成熟的技术；第二，具有差异性的机会利基是如何被整合成一个连贯的机会利基，进而为技术的进化提供动力的；第三，在这样一个技术进化的过程中，不同主体之间的关系是如何演化的。在臧晓的《办法》一文丰富的素材之上，本文尝试性地讨论了上述三个问题。

---

* 张樹沁，中央财经大学社会与心理学院讲师。

一 从乡土知识到可操作化的知识

需要首先说明的是，本文所使用的技术概念，来自 Ellul（1964）对技术的定义：在人类社会的任何领域中，只要是依凭理性和效率原则所构建的方法，都可以看作一类技术。在这一定义下，《办法》一文中的"虾稻连作"模式显然已经可以被看作一种有效的技术活动。

在经验案例的描述中，"虾稻连作"模式应用前，有关虾与稻的知识经历了下面几个阶段：①小龙虾威胁秧苗的生长，小龙虾在稻田（特别是冷浸田）中大量存在；②小龙虾虽为害虫，但味道尚可，易于捕钓；③20世纪90年代中后期，出口加工业发展与当地餐饮烹调小龙虾的技术革新形成了对小龙虾的稳定市场需求；④作为村支书的马祖群为解决土地抛荒问题，不得不结合之前已有的知识，创新"虾稻连作"模式来补贴冷浸田产量低的问题；⑤"虾稻连作"模式新增的收益刺激了本地群体的进一步模仿，最终"虾稻连作"模式成为本地农民的一种技术实践。

在上述过程的第一、第二阶段，人们关于小龙虾的"知识"是否能够构成某种技术的一部分并未得到确证；在第三个阶段，随着市场规模的形成，上述"知识"才得以在效率维度上讨论，成为技术组合的一个组件；在第四个阶段，加速了乡土知识被应用到技术之中的过程；直到第五个阶段，少数创新者带来的示范效应刺激了技术向着大范围、规模化应用的方向发展。

回到哈耶克（2003）有关分散知识的整合问题上来，无疑在小龙虾产业的初期发展中，市场机制发挥了显著的作用，但我们从经验案例中也注意到，若没有禁止抛荒"政令"的约束，那么最适合养殖小龙虾的冷浸田在20世纪90年代就已经被抛荒了。这一假设显然也符合市场机制的逻辑，在"虾稻连作"模式的技术发展出来之前，种植冷浸田的收益低于种植的成本。这并不是要试图推论以计划的形式组织知识优于市场机制的调整，但我们也注意到了"政令"在两个市场逻辑之间的过渡作用，在没有上述"政令"约束的市场机制中，冷浸田大概率会被抛荒，而存在"政令"约束的市场机制中，冷浸田在小龙虾养殖过程中得到了使用。

一些研究发现，政府为了政绩目标不得不打造差异性的产业（冯猛，2014），从而在一定程度上充当了技术创新的领头人。但在《办法》一文案例的初期阶段，小龙虾产业的发展不过是"政令"带来的非预期后果，"政令"本身也并不是指向发展目标的。在案例中，"政令"只是恰巧充当了两个方向不一的市场机制的连接器。如果我们借用阿瑟"机会利基"这一概念的话，我们可以说，利基的连贯性是乡土知识一步步演化为可操作化、效率导向的知识，进而成为一种可利用技术的核心。至于这一利基到底是通过纯市场行为的竞争、政府的"政令"还是村民的自发组织，在不同案例中有所不同。

二　机会利基的整合

如果从机会利基的视角来继续考察《办法》一文的案例，我们会发现，初期市场利基为"虾稻连作"模式的发展提供了动力，但是从"虾稻连作"模式到"虾稻共作"模式，再到甲壳素产业，则有赖于其他机会利基的逻辑。

第一个机会利基是政绩激励的利基，当"虾稻连作"发展到一定规模时，该模式成为有效的政绩信号，原文对此的描述是："不仅打破了水产局长期以来探索稻田养殖无果的窘况，还为当地农业发展寻得了新的出路。""虾稻连作"模式的可复制性、特色性、原创性使之成为政绩利基中一条高质量的信息，由此也迅速调动了大量政府部门的相关资源为"虾稻连作"模式的推广和精进提供了稳定支持。其中，包括政府部门的相关技术人员、政府组织的培训班以及"虾稻连作"模式的创新补贴，甚至在2006年被写入所在省份的一号文件中。在多方共同的努力下，"虾稻连作"模式升级为"虾稻共作"模式，优化的技术流程带来了更高的产量和质量。

第二个机会利基则来自其他技术群体的关注。随着小龙虾产量的不断提高，小龙虾的副产品——小龙虾壳——得到了市场中其他主体的关注，在《办法》一文中，西岳水产公司与研究甲壳素的湖北省教授代表了另一类技术的使用者，特别是学术界对小龙虾产业的"学术价值评估"，决定了小龙虾及其衍生产业能够获得多大的学术技术支持。这一点在刘坤（2016）对同地区甲壳素产业的研究中体现得更为明显。如果小龙虾产业仅仅产生的是味道鲜美的虾球，其学术价值显然远不如广泛应用于生物制药的甲壳素更有意义。也正是这一学术价值，使小龙虾产业得到了担任湖北省政府参事的教授重视，进而推动了湖北省投入专项资金支持西岳水产打造小龙虾全产业链。

如果要更清晰地对机会利基市场进行分类，我们大致可以将《办法》一文中所展现的机会利基链条总结为：农民的生产利基—市场经营性利基—政府政绩利基—知识生产利基—新的市场经营性利基这样一条线路。我们可以非常笼统地用"市场机制"的调节来统称整个机会利基，但显然这样的总结会丢失大量有意义的信息，不同机会利基内部的效率逻辑也不同。因此，与计划或市场的二分法不同，真实的知识整合过程既不是由单一主体规划整合所得，也不是大而化之的市场机制单独作用，而是不同目标函数的多主体互动涌现（emergence）的结果。

三　多主体间关系的变化

更进一步地，我们还需要问，这样的一种知识整合方式或技术应用方式形成了怎样的社会关系。近年来，有许多研究者关注到"资本下乡"带来的一系列影响（郭亮，2011；焦长权、周飞舟，2016；徐宗阳，2016；周飞舟、王绍琛，2015），资本的"外来性"造成了与村庄实践中乡土性的冲突。如果从更广泛的意义上来看，此类冲突普遍存在于秉持差异性规则但在短时间内未达成共识，且不得不互动的两个群体中。同样在技术的应用中，外来技术也常常需要首先面对与本地社会规则之间的互构（张茂元，2007），在稍长的时间段内逐渐达到多群体之间的均衡。与上述案例稍有不同的是，在《办法》一文中，创新技术组织形式发端于本地农民，特别是许多研究强调了"能人"在社区自组织中的作用（陈柏峰、李梦侠，2018；帅满，2019），那么作为"虾稻连作"模式的主要推动者——马祖群，这样的能人能够在其中扮演什么样的角色，值得进一步讨论。

遗憾的是，《办法》一文中并未聚焦在这一问题上，但从经验资料中我们可以推论：首先，技术的细节更多地掌握在村民手中，技术并不具有外来性特征。以马祖群为代表的初期创新者直到政府介入后，都保持着相对的独立性。由于政府的政绩目标和村民的养殖收益最大化目标相一致，且村民已多次实践了具体的技术操作细节，因而无论是在具体的养殖安排上还是标准的设定中，村民都具有一定的自主权，这在《办法》一文中也有所体现。其次，在以西岳水产为代表的资本充分进入[1]本地小

---

[1]　根据《办法》一文，以 2013 年西岳水产与郑桥村签订了《邢镇郑桥村土地流转》和《西岳（郑桥）虾稻共作基地养殖池承包》的合同为时间点。

龙虾产业之前，本地已经有十余年的"虾稻连作"历史，且和西岳水产已有多年互动经验，这对于形塑地方社会规则与产业规则相匹配来说是一段较长的适应期。最后，企业有激励为获得关系净收益放弃部分利润，以降低与民众、地方政府的互动成本（刘世定，2017）。基于刘坤（2018）对西岳水产的研究，其中包括以高于市场价格和实际耕地面积进行土地流转、提供社区福利、给予有限承包权等，从而在一定程度上化解了外来资本与地方民众之间的紧张关系。

从上述粗略的推论中，我们可以大致形成三个影响技术或资本下乡与本地社会规则匹配的因素。第一，资本所携带的技术与本地缄默知识的匹配程度，如果资本下乡引致的产业与本地缄默知识之间差异巨大，存在着更多未得到共识的权利空间，则需要付出更多的试错成本和规则协调成本。在《办法》一文的案例中，由于技术发端于本地社会，因而资本或技术只要选择匹配本地的技术应用结果即可。第二，资本或技术所扮演的社会关系角色是否存在于本地社会中，建构或重构一类社会关系角色需要付出高昂的社会成本，而在《办法》一文的案例中，西岳水产的角色相当于村民接触需求的收购商，这在本地村民的认知中习以为常。第三，地方政府设定的社会协调成本门槛可能影响企业愿意追寻的关系净收益上限，常常作为村民和企业间中介的政府相当于市场中一种中间商类型，过高的社会协调成本会损害企业的利润，进而造成企业的退出；过低的社会协调成本则会造成村民的不满，进而引发社会风险。因此，如何设定有效的社会协调成本，是地方政府执政能力的一种重要体现。

《办法》一文展现出，一种技术从田边垂钓的乡土知识，一步步演变为政府、企业和技术专家群体共同组成的"高大上"产业链的过程，这一过程非常生动有趣，这也提醒我们在讨论技术应用时，重新审视那些潜藏在民间的技术发轫过程。毕竟，知识的初始状态总是分散的。

参考文献

陈柏峰、李梦侠，2018，《转型社区的自组织及其法治化保障——基于重庆市 L 社区的个案分析》，《社会发展研究》第 3 期。

冯猛，2014，《基层政府与地方产业选择——基于四东县的调查》，《社会学研究》第 2 期。

郭亮，2011，《资本下乡与山林流转——来自湖北 S 镇的经验》，《社会》第 3 期。

哈耶克，2003，《个人主义与经济秩序》，邓正来译，生活·读书·新知三联书店。

焦长权、周飞舟，2016，《"资本下乡"与村庄的再造》，《中国社会科学》第 1 期。

刘坤，2016，《机会捕捉的社会过程》，硕士学位论文，北京大学社会学系。

刘坤，2018，《政企互动下机会捕捉的社会过程》，载刘世定主编《经济社会学研究》第五辑，社会科学文献出版社。

刘世定，2017，《社会企业与牟利企业：来自经济社会学的理论思考》，载徐家良主编《中国第三部门研究》第 13 卷，社会科学文献出版社。

强舸，2017，《国家的策略性：农业技术变迁中的政治因素——基于一个少数民族案例的研究》，《社会》第 5 期。

帅满，2019，《从人际信任到网络结构信任：社区公共性的生成过程研究——以水源社区为例》，《社会学评论》第 4 期。

徐宗阳，2016，《资本下乡的社会基础——基于华北地区一个公司型农场的经验研究》，《社会学研究》第 5 期。

张茂元，2007，《近代珠三角缫丝业技术变革与社会变迁：互构视角》，《社会学研究》第 1 期。

张茂元、邱泽奇，2009，《技术应用为什么失败——以近代长三角和珠三角地区机器缫丝业为例（1860～1936)》，《中国社会科学》第 1 期。

周飞舟、王绍琛，2015，《农民上楼与资本下乡：城镇化的社会学研究》，《中国社会科学》第 1 期。

Ellul, Jacques. 1964. *The Technology Society*, Translated by John Wilkinson. New York: Vintage Books.

经济社会学研究　第七辑

第 221~240 页

交易、互惠及其混合形态：以知识为交换品的差别性互动分析

汪琳岚[*]

摘　要： 现有的以知识为交换品的人际互动分析无法有效回应现实中丰富的互动活动。本文借助人际交换活动的两种理想型——交易和互惠——分析了以知识为交换品的几种差别性互动形态。分析可见，专家培训学员、专家提供咨询这两种互动的不确定性较低、回馈多元性低、目标单一，可用复杂交易来分析；师傅与徒弟互动的不确定性不高、回馈多元性居中、目标多重，可概括为复杂交易和互惠的混合互动；而导师与学生互动、专家之间讨论争鸣则不确定性高、回馈多元性高、目标多重，尤其是通过关系活动的开放性与交互式创新相互激发推动知识创新，可用互惠概念加以分析。本文意图从两个方面予以分析：一是在信息产业发达的今天更好地理解以知识作为交换品的各类线上线下互动，在设计互动机制时加入对差异化的互动特征和多重目标的思考；二是在理论上探讨如何发展和运用交易和互惠这一对用于讨论人际交换活动的基础分析性概念。

关键词： 交易　互惠　知识　互动　创新

　＊　汪琳岚，北京市社会科学院社会学研究所助理研究员。

一 问题的提出

以知识为交换品的人际互动相当普遍，并且在信息技术快速发展的当今社会日益丰富和复杂，但对这一议题的分析工具还比较简单。不同学科从不同侧重点触及以知识为交换品的互动。社会学的社会交换论学派从理论上发展了有关人际交换的分析，有关人际交换活动的经验研究也已形成可观的积累，尤其是交换品多元、回报多元的互惠互动在经济社会学研究、人类学研究中受到重视，但对知识这类交换品的互动分析并不多见，对差异化的知识与差异化互动的关联缺少系统讨论；与此相对照，知识社会学、文化史、传播学的知识研究多讨论知识在更大历史时空和社会范围内的创造、传播、演变（伯格，2016；卡斯特，2001；舍勒，2000），对不同知识如何在不同人际互动形态中传递和创造的专门分析不多；经济学对知识作为交换品的互动研究着力更多，但一个普遍的做法是将以知识为交换品的互动看作商品交易的一部分，从商品交易的角度去讨论以知识为交换品的互动，在处理不确定性强的知识品以及变动不居的互动时分析力有限。

在实践中，人们注意到以知识为交换品的不同互动方式之间存在摩擦，但只将其作为非理论的实践问题。近年来，随着互联网技术的发展以及对传统领域的不断重塑，不仅商品交易在电商平台上日益活跃，各种新的以知识为交换品的互动形式也开始在网上出现，不断带来新的变革和忧虑。例如，网络公开课的受众已从学生扩大到广泛的网民群体，网络教育推动了终身教育的发展，但也给传统的学校教育带来了冲击；律师、医生、教师等专业人士在网上提供免费或者收费的咨询服务，让民众更便利地获取知识，但也引发了对专业人士本职工作界限的讨论。

正是因为现有的以知识为交换品的互动分析比较简化，无法有效回应各种互动并存的复杂现实，本文试图拓展对知识作为交换品的互动分析，尝试在分类基础上做统一分析。为使分析简洁，本文在讨论以知识为交换品的互动时，互动双方均为个人，而组织和组织之间、组织和个人之间以及组织内部的互动由于涉及更为复杂的理论问题，故不在本文的讨论之列。

二　本文的分析路径

本文的分析路径是对知识作为交换品的差异性互动进行初步的理论探讨。在后文的分析中，以下两个环节是同时进行的：将以知识为交换品的互动纳入经济社会学的互动分析，以及选取交易和互惠两种理想型作为互动分析的概念工具。采用这一分析路径的目的是尝试发展用于更广泛互动分析的理论模型，为今后更系统和更细致的经验研究做准备。

（一）将以知识为交换品的互动纳入经济社会学的互动分析

如本文开头所述，以知识为交换品的人际交换活动分析多见于经济社会学研究，此类互动被当作更广泛的商品交易的一部分。在分析这类互动时，交易概念被认为是一个基础概念，知识则是一个特定类型的交易品[①]。例如，以往研究的一个重点是将知识产权保护作为保障知识交易的基本制度，把拥有建立在产权基础上的可交易商品从有形物延伸到无形物[②]。有学者在讨论知识交易研究难题时引述道，"Teece（1982）在'阿罗信息悖论'的基础上，指出知识交易的困难在于：隐性知识难以转移、交易伙伴难以寻找、交易价格难以确定、交易过程太复杂"。同时，该学者认为，"事实上，那些坚持知识不可交易的理论家强调了知识交易面临高额交易费用的一面而忽略了另外一面，即市场可以通过若干治理机制抑制知识交易的交易费用，比如信号显示机制、声誉机制、第三方评价机制、拍卖机制等"（周波，2007）。这里，无论是认为知识交易存在内在困难，还是那些知识交易机制能够降低交易成本，都是从交易角度去讨论知识作为交换品的互动。

---

① 知识作为交易品时，不确定性强于一般的商品交易，无法采用成熟的经济学的供给曲线和需求曲线的概念工具进行分析。供给曲线和需求曲线分析有两个特征：一是明确区分供给方和需求方，二是价格能明确地对供给数量和需求数量产生影响。但此模式存在两大问题。第一，经济学的供给和需求曲线假定产品是同质的、可以复制的，而在知识交易中，有的知识可以复制，但有相当一部分知识是特殊的单体，不是同质复制品。在创新性的知识交易上，尤其明显。第二，知识交易往往在交流过程中实现，对供给方和需求方理论上可以分析，但无法一劳永逸地确定。这意味着用简单的供给曲线和需求曲线来分析知识交易有很大的局限性。

② 除了特定知识外，许多知识的产权界定成本高，知识产权激励无法推广到所有知识类型的生产和交易，也未必带来创新（杰夫、勒纳，2007；Stiglitz & Greenwald，2014）。

在经济社会学的互动分析视野中，作为交换品的知识范围大大扩充了，同时，互动主体和互动形态也更为多元，既包括以交易形式实现的知识交换，也包括其他类型的互动①。从古至今，人与人之间围绕知识的交互活动都是频繁和广泛的。在当今社会，传统的知识传授方式仍在发挥作用，例如，在各级学校中，教师向学生传授从基本读写到专业性知识之间的各类知识；师傅向徒弟传授技能的互动方式在工艺、体育等领域仍普遍存在；专家间的知识交流则一直是学术性知识发展的核心推动力。在市场主体的介入下，培训和咨询式的付费知识传授方式迅速兴起。近年来，信息技术的发展推动形成了跨时空的交易形式，付费的在线知识交易也随之发展起来。可见，以知识为交换品的互动活动形态多样，知识品特征也各有不同，值得予以系统分析。

（二）交易和互惠：人际交换活动的两种理想型

本文选取交易和互惠作为人际交换活动的两种理想型来分析以知识为交换品的互动，延续了经济学的交易分析和社会学、人类学对人际互惠的讨论传统；同时，在概念的使用上有明确的界定，以更好地服务于互动分析和比较分析的目的。具体来说，本文将交易界定为以金钱结算的互动，将互惠界定为回馈多元的互动，如表1所示。这一界定的侧重点在于按回馈方式加以区分，不同于基于互动动机的区分、基于伦理意涵的区分，也不同于基于交换品差异的区分②。

表1 简单交易、复杂交易与互惠的互动分析

	交换品的不确定性	互动时长	回馈方式	互动目标
简单交易	低	单次、实时	一方提供物品，另一方提供钱	完成交换
复杂交易	中	多次、长期	一方提供物品、服务等，另一方提供钱	完成交换

---

① 在美国社会学者彼得·伯格看来，知识的范围进一步扩大了，是"一个社会中的人在日常生活中所形成和使用的一切体验"（李钧鹏，2019）。伯格扩展了知识社会学的意义，不再将其限定在一个分支学科内，而是将其看作一个基本的理论问题和研究进路，主张"知识社会学的分析对象就是现实的社会建构"（伯格、卢克曼，2019：6）。

② 有关交易概念在经济学尤其是交易成本经济学和法学研究中的使用，互惠概念的多种用法，交易与互惠的多种区分方式等问题，在其他文章中予以专门讨论。

续表

	交换品的不确定性	互动时长	回馈方式	互动目标
互惠	高	多次、长期	一方提供物品、服务、帮助等，另一方回馈多元	完成阶段性交换，维系关系

从表 1 可见，交易和互惠是两种不同的人际交换活动形式，其中交易还可进一步分为简单交易和复杂交易。简单交易和复杂交易都是以金钱结算的互动，区别在于，简单交易互动时间短，为单次、实时互动，交易品的不确定性低，一般为有形的物品；而复杂交易为多次、长期互动，交易品范围更广、不确定性更高，可以是无形的物品或服务①。与交易相比，互惠互动的回馈方式更为多元，可以是物品、感激、劳动，也可以是金钱形态的礼物等。在互惠互动中，交换品的不确定性更强，目标也更为多元——交易活动的目标一般是完成交换，而互惠的目标通常有两种，完成阶段性交换和维系关系。

需要说明的是，本文是在理想型的意义上使用交易和互惠概念的，意图以此为切入点去拓展概念工具的分析程度，进而分析现实中的互动。理想型并不等于对经验现象中某种类别的简单概括，也不与现实中固有的实在直接对应，是一种概念上的构造，是韦伯社会科学方法论中的核心概念②。从理想型的概念工具出发去推进分析，并不等同于对繁复的概念史进行梳理（这一工作需要在另外的文章中推进），也不意味着与现实无关，或者直接沉入丰富的和变化的现实，然后以复杂表述来回应现实的复杂。概言之，构建理想型的概念工具是为了分析而进行的一种必要

---

① 本文在选取人际交互活动中交易和互惠的分析维度时参考了威廉森的交易分析，同时加进了体现互惠特征的专有维度。新制度经济学的代表人物之一威廉森系统发展了以交易为单位的组织分析。威廉森提出，可从三个维度对交易加以区分：资产专用性、不确定性和频率（威廉森，2001：32），进而将不同特征的交易和市场制、等级制和混合制这三种治理机制相匹配，借此讨论各类经济组织的治理成本，即当交易具备什么样的特征时，何种治理机制的成本更低。他的研究思路被广泛运用于对经济组织的研究中。

② "这种思想图像并非历史实在甚至根本就不是什么'固有的'实在，我们建构这种思想图像的目的，更不是要将它当作某种模型而将实在当作例子纳入其中，而是它具有某种'纯理想性的界限概念'的意义，当我们想要阐明实在之经验性内容的某些特定的、有意义的组成部分时，我们便可以用它去测量实在，将实在和它进行比较。"（韦伯，2013：220）对韦伯提出和发展这一概念的过程以及中译版本等问题的详细讨论，参见叶毅均（2016）。

简化。本文也是在这一意义上对交易和互惠概念加以区分，用于分析现实中的丰富复杂的互动。除用于本文的分析以外，根据此处的概念界定，以往学界对交易互动中双方关系的分析（如嵌入性的讨论）、对关系合约的研究等，也可以从交易的互惠化或者交易与互惠混合互动的角度去分析。

三　以知识为交换品的差别性互动：基于交易和互惠概念的分析

本部分选取几种现实中常见的以知识为交换品的互动，包括专家培训学员、专家提供咨询、师徒互动、导师与学生互动、专家之间讨论争鸣，借助交易和互惠的几个分析维度予以分析。在此基础上，本部分还进一步讨论了复杂交易和互惠的内在特征以及在互动分析上的延展空间。

（一）现实中以知识为交换品的几种互动形态

因为篇幅有限，为了分析的简洁，本文摘取的是互动特质较为稳定的互动形态，并不专门处理互动置身于其间的组织和制度安排①。下文将对这五种互动形态加以简述。

专家培训学员：专家在特定时间段教授学员知识和技能，这时知识和技能通常是较为标准化的，讲授方式通常也是标准化的。在这种互动中，专家获得的主要是培训费这一物质回报。这种培训方式在当代较为多见。

专家提供咨询：各领域的专家（如律师、医生等）在特定时间接受委托人的付费咨询。这时，专家一方掌握的知识在传递给委托人时是较为标准化的，尽管专家面对不同的委托人，有不同的知识调度和表达方式。这一互动形态在现代社会十分常见。

师傅与徒弟互动：在长时段互动中，师傅围绕知识和技能给徒弟提供指导和支持，帮助徒弟成为特定职业的从业者。作为回馈，师傅获得徒弟的劳动力。这不同于严格的金钱结算，但也带有结算的性质。此外，

---

① 结合组织和制度安排的互动分析需要借助经验研究在专门的文章中进行。例如，要细致分析中小学内师生之间的互动，需将学校性质、教师的雇佣方式等组织和制度因素纳入互动分析中。

师傅还可能成为徒弟的角色榜样、给徒弟带来人格上的指引，徒弟的回馈除了劳务以外可能还有感激之情、促进技能发展的灵感等。在师傅和徒弟的长期互动中，师傅不仅具有知识上的权威，通常还具有地位优势。这一互动形态多见于传统的手工艺行业。

导师与学生互动：导师和学生长期互动，向学生传授知识、给予学生个性化的指导，有时也给学生提供精神支持和情感鼓励，甚至还会成为学生的角色榜样。在互动中，导师可就学生提出的研究兴趣提出意见，在不具备可行性时可予以否决。作为回馈，导师从教学相长中获得智识上的火花。一般来说，导师拥有知识上的优势和较高的地位，有时在配套制度的影响下，延伸为一种支配性地位。导师和学生处于一个有内在凝聚力和认同感的共同体之中，在发展技艺的同时，共同维护这一共同体的价值和尊严。在学术界，这种师生关系较为多见。

专家之间讨论争鸣：专家之间互相交流，在争论中刺激新思想、澄清问题、激发新灵感、回馈以智识激发。专家之间互动的期限长短不定，互动对象也并不固定，既有熟悉专家之间的长期互动，也有陌生专家之间的互动争鸣。在一般意义上，专家就像俱乐部会员一样，相互之间存在知识上的差别，但不存在地位差异①。

（二）以知识为交换品的互动：基于交易和互惠概念的分析

结合上文中表1的概念分析，复杂交易和互惠概念适用于以知识为交换品的互动分析，而简单交易概念并不适用。这是因为，以知识为交换品的互动多持续一段时间，用于交换的物品是无形的知识品。不同于单次、实时的简单交易，复杂交易是在一个时间段内进行的，用于交换的物品范围更广，可以是无形的服务和物品等。互惠也是持续一段时间的互动，但与复杂交易不同的是，互惠是回馈多元并且目标多重的。在分析交易和互惠互动时，表1提炼了四个维度：交换品的不确定性、互动时长、回馈方式和互动目标，在使用复杂交易和互惠概念时，可以去掉对互动时长的考虑，保留交换品的不确定性、回馈方式和互动目标这三个维度。

在用复杂交易和互惠概念分析以知识为交换品的互动时，保留回馈方式和互动目标这两个维度，加入知识在交换互动中的特征，得出表2。

---

① 在现实中，有的专家拥有更高的地位和权力。这种地位差异有时独立于知识上的争鸣，有时和知识争鸣产生交互作用。此处不做讨论。

表 2　以知识为交换品的差别性互动：基于交易和互惠概念的分析

	知识在交换互动中的特征	回馈的多元性	互动目标：数量及内容	人际交换活动的理想型
专家培训学员	一方确定，另一方不确定	低：一方获得知识，另一方获得金钱	单目标：完成知识品交换（传递知识）	复杂交易
专家提供咨询	一方确定，另一方不确定	低：一方获得知识，另一方获得金钱	单目标：完成知识品交换（传递知识）	复杂交易
师傅与徒弟互动	一方确定，另一方不确定	中：一方获得技能，另一方获得劳务支持、尊重等	三目标：完成知识品交换，维系关系，知识品交换＋人格互动的交互作用（知识传承）	复杂交易和互惠的混合
导师与学生互动	知识的双向不确定	高：一方获得知识、智识激发和人格感召，另一方获得智识激发和尊敬	三目标：完成知识品交换，维系关系，知识品交换＋人格互动的交互作用（知识创新）	互惠
专家之间讨论争鸣	知识的双向不确定	高：双方均获得知识、智识激发和尊敬	三目标：完成知识品交换，维系关系，知识品交换＋人格互动的交互作用（知识创新）	互惠

　　从表 2 的分析可见，专家培训学员、专家提供咨询的互动形态可以用复杂交易概念来分析，师傅与徒弟的互动可用复杂交易和互惠的混合形态加以分析，而导师与学生互动、专家之间讨论争鸣可用互惠概念来分析。

　　在专家培训学员、专家提供咨询这两种复杂交易互动中，互动一般发生在明确的时间和空间中，知识在交换互动中的特征表现为，专家将自身掌握的知识传递给受众，知识在专家一方是较为确定的，而受众在学习能力和知识储备等方面存在差异，因此知识在受众一方是不确定的；受众一方获得知识后，回馈的多元性较低，专家一方获得的主要是金钱回馈，专家与学员并不形成一个紧密的共同体；双方的互动目标是完成知识品交换这一单目标，即实现知识从专家到受众的传递。

　　师傅与徒弟互动为复杂交易和互惠的混合形态。首先，知识在交换互动中表现为，师傅将其掌握的知识和技能传授给徒弟，知识和技能在师傅一方是确定的，在徒弟一方是不确定的；徒弟多以劳务形式回馈师傅，这在明确性上介于金钱结算与多元回馈之间，既不像金钱结算那样精确，也不像多元回馈那样不确定，并且，除提供劳务以外，徒弟还要对师傅表示尊重，这也可视为一种回馈方式；师傅与徒弟的互动目标有三重，除延续了一般互惠互动中完成交换和维系关系这两个目标以外，还因为知识这种交换品的加入，生成了第三种目标，即知识品交换和人格互动的交互作用，可概括为知识传承。

导师与学生之间的互动可用互惠概念分析。首先，互动不拘泥于严格的时间和地点，在日常生活、劳动协作、交友游历中，均能有知识传输和碰撞。互动的知识内容也有较高的不确定性。导师传授的不仅有明确的知识，还有未确定的知识。与此相应，学生接收的知识也是不确定的，他们同样会在导师的激发下产生新的知识火花，并且这种激发是因人而异的。其次，导师和学生长期密切互动，导师获得的回馈也是多元的。不仅学生可获得知识和智识上的刺激，有时老师也能被激发，促成教学相长。导师相对于学生拥有一定的优势地位，但并不如师徒互动那么明确，双方在智识激发上的回馈是对等的，虽然不是相同的。最后，导师和学生互动达成了三个目标，除了完成知识传递和维系关系以外，导师的人格特质和知识上的探索在与学生的互动中也发生了交互作用，同时学生的勤奋好学和在新问题上的探索也让导师获益，双方共同推进了人格上的互动和知识的创新。

与导师和学生互动类似，专家之间讨论争鸣也可用互惠的概念加以分析。首先，在互动中，知识在双方之间都是不确定的，交流的知识内容会不断深入、拓展。其次，双方互动的回馈品是多元的，双方均获得知识、智识的激发和认同。最后，互动的目标也有三重，除完成知识品的交换和维系关系外①，双方之间知识和人格上的互动也发生了交互作用，推动知识的探索和创新。

（三）讨论：复杂交易和互惠概念在分析上的延展

1. 复杂交易：不确定性与回馈品单一并存

从专家培训学员、专家提供咨询这两种以知识为交换品的互动可见，一定程度的不确定性和单一回馈品并存的状态构成了复杂交易的内部张力。复杂交易比简单交易的交易品更为多元，尤其是无形的交易品在互动往来中会出现更多的不确定性。当知识作为交易品时，知识的接受方吸收到的知识因人而异，知识的提供方在实时互动中给出的知识有时也

---

① 专家之间讨论争鸣时，相互之间的关系未必是在面对面场景中的熟人之间的关系。对此类关系的分析，可留待专门讨论。

是根据学员的个体特征定制的①。与简单交易相比，复杂交易的持续时间更长，金钱结算的方式也有多种，如预付费、会员制等。与此同时，与简单交易相同的是，复杂交易中的回馈方式同样是金钱结算。这种单一的回馈方式明确了互动双方的预期，确定了双方互动的机制，有利于交易品触及不确定的受众群体。从中可以推测，在陌生人之间，单一回馈方式有利于交易的达成和扩展，也会对互动中的不确定性产生牵制。在以知识为交易品的互动中，交易受众的扩展与互动中不确定的应对之间的张力值得在未来的研究中予以专门讨论。

2. 互惠：对多目标的容纳、对生成性关系以及交互性创新的推动

社会学研究的优势是注重互动及治理的多维目标。本文的分析也发现，互惠形式的知识交换能够实现多重目标。表 1 中比较了简单交易、复杂交易和互惠之后提出互惠互动的目标有两种，一是完成交换，二是维系关系，而交易互动的目标通常是前者。从表 2 的分析可见，在以知识为交换品的互惠互动中，第三种目标出现了，即知识这一无形的交换品与双方的人格互动产生了交互作用，推动了知识创新。这一目标的达成既与前两种目标有关联，又有其独立性。互惠对多种互动目标的容纳，既在理论上有深入讨论的价值，也是在理解实践中丰富多元的互动活动的一个值得注意的角度。

以知识为交换品的互惠活动揭示了生成性关系与交互性创新是如何共同出现的。知识这一交换品既不同于实物交换品，也不同于劳务和服务交换品，而是一种高度不确定的、动态的物品。在导师与学生之间以及专家与专家之间，知识交流与关系活动存在双向不确定。双方讨论交流的知识具备较强的开放性，并非固定知识的传递，而是在不断碰撞中激发的新知识；从关系活动来看，互动双方能够作为获得智识激发和人格激励，在长期互惠关系里形成知识共同体，共同推进对新知识的探索，此时双方的关系既不像培训和咨询关系那样单一，也不像师傅与学徒之间那样带有传统社会等级制的烙印②。互动双方在互动中虽需遵循一定的

---

① 例如，在培训市场上的一对一教学中，老师根据学生的学习进度和学习习惯准备教学内容。

② 导师与学生之间由于知识和阅历差异形成一定地位差，可将其概括为协商否决制，但这一关系模式下两者的边界并未严格划定，可向专家争鸣互动式的平等地位转化，正如"亦师亦友"这一通俗表达所传递的。在专家争鸣互动中，双方地位平等，知识和人格上的绝对权威与服从并不在此出现。

规范，但双方之间在知识上是敞开的，在知识碰撞的同时，人格上也有某种深层次互动，不囿于特定的社会角色，因此双方的关系是生成性的，同时对创新的推动方式也是交互式的。可见，在以知识为交换品的互惠互动中，生成性关系与交互式创新是并行的。在一般性的互惠活动中，维系关系的交互性活动和人格互动并不一定同时出现。本文对以知识为交换品的互惠分析发掘了知识这种交换品的特殊性，也展示了深层次互动及其价值在互惠分析中的潜力。

四　应用分析：案例和反思

上文分析了以知识为交换品的复杂交易和互惠互动。这一分析框架可应用于对当下热门议题的分析。辨析这些议题背后的争议，可为实践改进提供参考，也能为拓展理论分析提供依据。需要说明的是，此处的案例讨论是初步的，系统的经验研究有待未来进行。

（一）"知识零售"能给专业人士带来足够的激励吗？

"知识零售"能替代传统的激励方式，给掌握了专门知识的专家群体带来足够的新激励吗？随着互联网对各行业渗透的逐步深入，新的媒体形态、沟通平台、支付方式，知识付费成为热门话题。综合性的网络知识社区设立了包含各领域话题的知识交流平台，微博等大型媒体平台推出了知识问答产品，围绕医生、律师等职业群体的专门付费咨询平台也被开发出来。从互动形式来看，市场上也出现了语音课程平台、文字沟通平台等。在各类线上的知识互动中，哪些类型的互动能给专家带来新激励，哪些类型的互动难以开展，这些问题可用上文提出的分析范式加以探讨。

随着信息技术的发展，导师培训学生、专家提供咨询这类在线下已有实践基础的复杂交易在线上普遍实现了。首先，知识品的交换在很大程度上依赖信息传播的技术和机制。随着互联网的发展，知识的需求方获取了更便利的渠道，提供知识的群体则在一定程度上摆脱了所在机构的科层制制约获得物质回报，互动双方达到双赢；其次，在线交易相关技术和制度的发展（如支付技术和机制），也为线上交易提供了基础条件。于是，培训式、咨询式等在线下已有交易基础的互动形态在网络平台上得以发展。以专家提供咨询为例，这种互动在此前已有成熟模式，例如，律师为客户提供法律咨询、咨询师为企业提供管理咨询等。再如，医生在线下的实体医院接受患者问诊是一种常态化的实践，在线医疗咨询平台建立以后，吸引了部分医生入驻，提供咨询服务和预约转诊服务①。可以看到，能够在医疗咨询平台上交易的知识为标准化程度较高的知识，如针对特定健康问题的咨询，提问和回答都是具体、简短的，互动的不确定性和回馈的多元性都比较低，医生和患者之间的关系大多是短时、简单的，通过线上交易节省了双方的交易成本。当然，在医生和患者之间，并非所有的问答都能在互联网平台上实现，医患问答网站无法替代线下医疗机构进行面对面的诊治②。可见，在互联网条件下，导师培训学生、专家提供咨询这两类复杂交易互动更容易以在线知识付费的方式组织起来。在这类互动中，作为交换品的知识在专家一方较为确定，互动的不确定性不高；咨询者获得知识，专家获得金钱，回馈方式明确、单一；互动的目标是单一的知识传递。

相比之下，如要推动知识创新，需要互动双方进行长期、持续、深入的互动，因此与互惠式互动更为兼容，在线上平台发展的难度较大。据笔者统计，2017 年 5 月 2 日，在知识付费问答应用 X 的"学术"版块，有 39 位在高校、科研机构任职的专家入驻，涉及人文社会科学和自然科学领域内的多个学科。用户向专家所提问题主要分为以下几类：对学科的基本认识、学习方法、人生疑惑求解。专家通过回答问题普及基本认识和对社会人生的见解。但是，由于问答双方在专业领域内的知识差异较大，提问者的专业水平有限，难以提出高水平的问题，激发高质量回答，并且互动形式为非面对面、回答时长限定为一分钟，交流内容无法深入，因此，对于希望通过回答问题激发知识创造的专家来说，这一问答形式的吸引力有限。这类专家认为即使拥有对回答问题的定价权，也

---

① 有学者于 2016 年 3 月通过爬虫程序抓取了某医疗问答平台的数据，"在网站收录的北京市 166 家医院共 28619 名在线医生中，有 12497 位医生开通了个人主页，开通的比例为 43.67%"。"开通个人主页的医生中，有超过三分之一的医生保持活跃状态，在一周之内曾在网上发帖或回答患者问题。有超过一半的医生三个月以内上过线，本文认为这部分医生为较活跃医生。但也有 32% 的医生超过一年没有更新和维护过个人主页，开通个人主页后不再进行维护，这部分医生为不活跃医生。"（马骋宇，2016）

② 2015 年 4 月，国家卫计委规定，除了医疗机构提供的远程医疗外，其他涉及医学诊治的工作不允许在互联网上开展。可以做健康方面的咨询。国家卫计委表示，由于远程医疗不同于面对面的诊治，为了确保远程医疗的质量和安全监管，对相关机构和人员都有着严格要求。

能通过回答问题获得一定收入，否则没有足够动力不断回答提问。在这类专家的心理账户中，即便有物质收益，也远不及回答平庸问题的成本。此类互动设计的内在缺陷在于复杂交易式的机制难以满足深入互动的需求。首先，复杂交易式的互动设计无法给希望获得智识启发的专家带来持续激励；用户则因为信息不对称，难以评估，如遇到能够带来启发的专家的质量，单次、限时互动也难以满足需求。其次，对于商业性平台而言，专家和用户的频繁互动意味着对平台的依赖下降，双方可能转入其他私人化的互动媒介，并且互动的回馈如不以金钱结算，也给平台带来较大的运营挑战。

（二）在线教育能替代传统的面对面教育吗？

近年来，以互联网为依托的在线教育迅速发展，衍生出多种教育形式，让各类用户更加方便快捷地获取教育资源。例如，在中小学、大学等各级学校任职的老师在网上发布授课视频或者开通网络直播课程，将传统课堂扩大到网络空间；热心教育人士录制短小、灵活的教学视频供学生借鉴学习，例如，萨尔曼·可汗创办了可汗学院，为中小学生提供覆盖各学科知识的短视频；各领域专业人士制作了各类技能培训课程发布到网络上，供学习者、爱好者使用，课程内容远远超出各级学校教育的教学体系，延伸到职业、技艺乃至经验分享等领域。在线教育的互动模式有资源发布、用户学习式，有实时互动式，也有各种混合形式。

在线教育极大地丰富了教育供给的渠道和教育内容的形式，为在更大范围推动和普及教育发挥了重要作用。首先，在线教育弥补了传统学校教育在物理空间、优质教学资源的供给等方面的局限。其次，互联网教育缓解了大学教育入学门槛高、费用高企的难题，让更多学生能够参与到优秀老师的在线课堂。甚至有人认为传统大学最终可能会消失（哈登，2013）。

那么，在线教育能替代传统的面对面教育吗？运用本文的分析框架可发现，在线上，教育的提供者和接受者之间的互动多为低强度的互惠互动或复杂交易互动。在线教育提供的知识类型多为确定的、标准化的知识，这也是在线教育在中小学教育、职业技能教育等方面大获发展的原因，这些类型的知识为各领域的基础知识，核心内容已确立，尽管传播形式灵活多样，但是实际上知识的不确定性较低；这类知识在传播中的回馈多元性较低，一般是学生获得知识，老师获得传播知识的满足感，知识的提供者和学习者之间人格、情感要素的互动较少。如果交易平台设计了付费产品，老师便获得物质回报。从互动双方的关系来看，建立的是短时间的师生关系，有时，老师甚至不出现，老师的教学作品以视频、语音或文字形式发布到网上，供学生学习取用。可见，在线教育更适用于提供基础普及性的知识或者实用操作导向性的知识，这类知识是较为确定的、容易被编码的。

相比之下，以知识传承和创新为目标的互动多依赖长期面对面互动，在线互动在互动的人格化程度和开放性等方面难以和面对面互动相比，并且，没有共同知识背景的陌生人之间进行的知识交流也难以推进知识的传承和创新。学术研究的协作环境是流动的而不是固定的，在协作中使用的知识是默会的而不是充分编码的，好的导师传授给学生的知识已不是基础教育阶段的基本知识，在特定领域内已有相当的深度，并且，面对面互动交流能够让学生受到深层次的感染和激励，体验到探索自我和新知的乐趣，双方在人格上的深层次互动能充分激发双方的默会知识。与此类似，文化艺术活动、政治活动、新技术活动、高级金融活动等对面对面互动的需求也都很高（Storper & Venables，2005：336）。"不仅仅是许多信息的不可编码性使面对面互动成为一种较高级的技术。面对面情境下的互动同时在多个层面上发生——词语的、身体的、情境的、有意的和无意的。这种交流的多维性被许多人认为是对复杂、默会知识的传递至关重要的。"（Storper & Venables，2005：323）由于知识生产和创造存在极大的不确定性，导师制对培养学术新人至关重要，学术研究知识的习得和探索无法依靠在线教育来完成。

即便如此，也不意味着基础普及性的、较容易标准化的知识就能被在线教育替代。在线教育的确让优质教育内容惠及更多学生，但即使在基础学习阶段，学生的知识习得是充满个体差异的，学生也需要从面对面互动中感受老师想要传递的默会知识，感受老师的学习热情乃至人格上的引导①。因此，无论在线教育多么便捷，都无法取代面对面的导师

---

① 中国的部分大学已开始将导师制推行到本科教育中。例如，北京大学社会学系 2016 年开始推行本科生导师制。"本科生科研能力的培养，从选课到有计划地阅读文献、从设计研究到采集资料和写作，是一个系统、全面、循序渐进的过程，并非短期指导就能奏效。""为本科生的高年级选课咨询、阅读、调查实习、科研和毕业论文写作提供一体化的导师指导。"（北京大学社会学系网站，http://www.shehui.pku.edu.cn/second/index.aspx? nodeid = 1090&page = ContentPage&contentid = 383）

制。人们对在线教育的乐观不应盲目扩展，面对面互动不可替代的价值仍应得到重视。

五　结论和讨论

本文借助人际交换活动的两种理想型——交易和互惠的概念，分析了以知识为交换品的几种互动形态，包括专家培训学员、专家提供咨询、师傅与徒弟互动、导师与学生互动、专家之间讨论争鸣等。可见，专家培训学员、专家提供咨询这两种互动的不确定性较低、回馈多元性低、目标单一，可用复杂交易概念分析；师傅与徒弟互动的不确定性不高、回馈多元性居中、目标多重，可概括为复杂交易和互惠的混合互动；而导师与学生互动、专家之间争鸣的不确定性高、回馈多元性高、目标多重，可用互惠概念加以分析。

进一步看，本文意图在两个方面推进分析：一是在信息产业发达的今天更好地理解知识作为交换品的各类互动的差异，二是探讨如何发展和运用人际交换活动的基础分析性概念。从本文的分析可见，以知识为交换品的复杂交易中蕴含着不确定性与回馈品单一并存的张力。虽然互联网时代知识交易品的形态越发多元，但上述张力依然存在，可作为理解网络技术条件下传统与新型知识品交易一个值得注意的角度，也可用作深入分析复杂交易概念的切入点。与复杂交易互动不同，以知识为交换品的互惠互动有多个互动目标，尤其是通过关系活动的开放性、生成性与交互式创新相互激发推动了知识的创新。这一分析既能帮助理解何种互动有利于推动人格上的深层次互动和知识上的创造，又发掘了进一步深入分析互惠概念的议题。

对实践中围绕知识品交换的机制设计，本文可能提供的启发是，人与人之间以知识为交换品的互动需呈现出各分立模式并存的样态，互动机制需与特定交换品和交换目标相匹配，各种机制之间不可相互替代。如用一种机制替代其他机制，则无法实现差异化的目标。各种机制必须同时存在，以实现不同的目标。值得注意的是，并非所有知识都能以复杂交易的方式激励知识提供者和接收者。当知识品不确定性强、探索性强时，类似于导师与学生互动或者专家讨论争鸣的互惠互动机制更为适用，以使对双方的激励更为持久，多个互动目标的实现也更为可能。

本文提出以知识为交换品的互动分析和应用为理论上的初步探讨，

在今后的研究中，还需要在概念界定和分析框架等方面进一步推敲和深化，在目前的分析基础上加入对一些重要问题的讨论，例如，当互动双方影响力不对称时、当互动形态为面对面或非面对面时、当互动中的一方或双方为多人时，对交易和互惠的互动分析如何推进。此外，可与理论讨论同步进行的是，借助细致的经验研究打磨概念的运用，以推进对丰富和多元的现实互动的理解。

参考文献

彼得·伯格，2016，《知识社会史》，陈志宏等译，浙江大学出版社。

彼得·伯格、托马斯·卢克曼，2019，《现实的社会建构：知识社会学论纲》，吴肃然译，北京大学出版社。

李钧鹏，2019，《理解、知识与意义：彼得·伯格的解读社会学》，《广东社会科学》第 4 期。

马骋宇，2016，《在线医疗社区医患互动行为的实证研究》，《中国卫生政策研究》第 11 期。

马克斯·舍勒，2000，《知识社会学问题》，艾谚译，华夏出版社。

马克斯·韦伯，2013，《韦伯方法论文集》，张旺山译，台北：联经出版社。

曼纽尔·卡斯特，2001，《网络社会的崛起》，夏铸九、王志弘等译，社会科学文献出版社。

纳森·哈登，2013，《新型教育模式将导致传统大学消失》，吕虹编译，《社会科学报》1 月 24 日。

威廉森，2001，《治理机制》，王健、方世建等译，中国社会科学出版社。

亚当·杰夫、乔西·勒纳，2007，《创新及其不满：专利体系对创新与进步的危害及对策》，罗建平、兰花译，中国人民大学出版社。

叶毅均，2016，《论韦伯之"理想型"概念建构——兼与林毓生先生商榷》，《思想与文化》第 2 期。

周波，2007，《知识交易的定价》，《经济研究》第 4 期。

Stiglitz, Joseph E. & Greenwald, Bruce C. 2014. *Creating a Learning Society: A New Approach to Growth, Development, and Social Progress*. New York: Columbia University Press.

Storper, M. & Venables, A. J. 2005. "Buzz: Face-to-Face Contact and the Urban Economy." In Stefano Breschi & Franco Marlerba (eds.), *Clusters, Networks and Innovation*. Oxford University Press.

Teece, David J. 1982. "Towards an Economic Theory of the Multiproduct Firm." *Journal of Economic Behavior and Organization*, 3 (1): 39 – 63.

基于知识交换的社会互动、社会关联及其变迁

——对汪琳岚论文的评论

何 蓉[*]

　　交换是人类社会得以形成和存续的基本行为方式，也是经济学、社会学、人类学等学科的研究对象。在林林总总的交换品中，知识具有一定的特殊性，例如，当知识交换发生时，彼有所得但我无所失，给予知识的一方并不因交换而发生知识的损失，这使基于一般物品或服务的交易模式不足以深入阐明这种交换形式的独特性。在当下的信息时代，知识经济飞速发展，对知识作为交换品的现象加以深入分析就尤为必要了。

　　汪琳岚老师的文章《交易、互惠及其混合形态：以知识为交换品的差别性互动分析》（以下简称《交易、互惠及其混合形态》）聚焦于当前社会生活中迭出的新知识经济现象，指出仅以交易模式来分析的话，有些交换过程的特征无法被触及，进而，文章引入互动形式更为多元的互惠概念，通过综合应用交易和互惠两种研究范式，分析了专家培训学员、专家提供咨询、师傅与徒弟互动、导师与学生互动、专家之间争鸣等不同形态与特点；在建立理论框架的基础上，进一步切入了"知识零售""在线教育"等现象，通过分析表明，一方面，"以知识为交换品的复杂交易中蕴含着不确定性与回馈品单一并存的张力"；另一方面，"以知识为交换品的互惠互动则容纳了多个互动目标，尤其是通过关系活动的开放性、生成性与交互式创新相互激发推动了知识的创新"。

　　这篇文章的写作，结合了经济学的交易模式与人类学的互惠模式，有理论分析、有现象切入，既聚焦于知识的交换、人际的互动，更着眼

---

　　* 何蓉，中国社会科学院社会学研究所研究员。

于创新的机制，立足稳、立意高，是一篇颇有见地的经济社会学文章。

一 知识作为交换品：基于可及性的考察

汪琳岚老师将"知识"本身作为一种特殊的交换品来研究，强调交易有可能是多次、不确定的，并通过互惠模式纳入了目标与回馈的多元性等特征，得以将不同互动形态的交换纳入考量，文章的分析表明，此类交换的过程、交换双方（基于知识拥有情况的）相对地位等值得深入探讨。

大概是由于篇幅所限，文章在引出互惠模式时略显仓促，仅指出"从商品交易的角度去讨论以知识为交换品的互动，在处理不确定性强的知识品以及交动不居的互动时分析力有限"。有鉴于此，下文尝试进行一定的说明，对作为交换品的知识加以限定。

"知识"在经济学与社会学的研究中有不同的侧重点，如哈耶克（2003）对知识分工与秩序形成的强调，伯格与卢克曼（2019）将知识作为社会现实本身；在经济社会学的经验研究中，刘世定（2002）对企业产权、乡村土地调整等研究则强调了社区、共享的知识及其主观特性和实践本质。

就这篇文章的内容而言，不妨从可及性的角度来理解其中的"知识"。亦即说，作为交换品的各种知识在一个可及性的连续体中摆荡：连续体的一端是非排他的、明确的信息，另一端是强排他的垄断知识或专利。相应地，越靠近信息这一端，越接近一次性、简单的交换形式，例如，通过网络即可查到的道路交通、生活事件等信息，对社会大众公开，可以直接应用，对使用者的理解能力没有什么特殊要求；越靠近垄断知识的一端，可及性需要的条件就越多，例如，学习一个数学公式，特别是如何深入理解并进一步应用到解题实践中，对于学生个人的努力和理解力，以及他可以依靠的智力资源等，都提出了更高的要求，基于知识点的互动变得复杂起来；而到达强排他的一端即垄断知识或专利时，则可能意味着知识的专门属性、交换中的价格歧视等达到最大化，可及性最弱、可达成的交换最少，不过，交换本身实际上又变得简单了。

换言之，我们可以认为，《交易、互惠及其混合形态》一文处理的知识交换，位于可及性连续体的中间部分，呈现出交换形式的多样、交换规则的复杂多变等特点。例如，以文中的专家提供咨询和师－生这两种互动形式来看，前者是各领域的专家（如律师、医生等）就专门的问题，向委托人提供专属的付费咨询，可及性较弱，且每一次互动都是相互独立的；导师与学生的关系具有前置的可及性要求（如考试或申请审核），但是关系一旦建立，就会建立基于知识交换的长期互动，以知识传承与发展为主要任务，以精神支持与情感鼓励等为重要回馈，双方在教学相长的作用下获得共同成长，乃至形成认同的学术共同体。

对于文章中所关注的"知识零售"等信息时代的知识经济现象而言，其实质是信息技术、传播平台等使培训式、咨询式等线下互动形态获得了更广阔的线上发展，知识的供需双方都获得了更便利的渠道、技术与机制，也意味着知识作为交易物的一面得到了强化。若以可及性来审视，由于传播面更为广泛，同时可参与交换的人数显著增多，对于单个供求者而言，价格可能会显著降低，从而增加了知识的可及性。

二 基于知识交换的社会关联及其特征

结构人类学家列维－斯特劳斯曾经指出，依据不同层次的沟通与交换法则，即可解读人类社会。例如，亲属关系、婚姻法则保障女性在群体之间的流通，经济法则保障物品与服务的流通，语言学法则保障信息的流通（列维－斯特劳斯，2006：76～77）。针对《交易、互惠及其混合形态》一文中所梳理的专家培训学员、专家提供咨询、师傅与徒弟互动、导师与学生互动、专家之间争鸣等不同互动形式，以及知识交换的特点、目标、回馈方式等方面的对比，可以进一步思考的问题是，诸种基于知识交换的互动形式反映了什么样的社会关联、是否形成特定的关系准则或特征。

例如，在上述几种互动形式中，知识交换双方存在什么样的差异？汪琳岚老师的文章中使用的是"确定 vs 不确定"的讲法，即专家、师傅、导师等拥有确定的知识和技能，而委托人、徒弟、学生等受众在知识方面是不确定的。文章中的确定或不确定，既指向知识，又指向人，如果我们剥离知识本身的因素而仅考察人际因素的话，交换关系双方的确定－不确定，指向了知识交换中供－需双方存在着基于知识存量的相对地位差异，这在一定程度上构成了交换的前提，并且意味着供给方对需求方而言具有某种权威性。在简单交易的情况下，这种权威性是暂时的，或者说双方只存在着获得特定知识的时间先后的差别。

在多次、复杂的交换中，则有可能形成某种关系秩序，这种关系秩序有可能是不平等的权威－服从关系，例如，传统的行会体制下的师－徒关系，师傅对于依附自己的学徒具有一定的人身控制的权力，学徒为学到具有封闭性特征的知识与技能，让渡了几年间的劳动力与个人自由。在现代的大学体系之下的师－生关系，交换的核心是作为公器之学术，其本质是开放的，建立于这种开放性之上的师－生关系，是共同努力、共同朝向无尽求索的科学研究过程，因而是平等的且共同属于学术的共同体。历史地看，从师－徒关系到师－生关系的转变，昭示着现代教育的产生，这种平等的、开放的学术共同体为知识的传承、科学的创新研究提供了可能。

综上可见，基于知识交换的社会关系，在性质上有封闭 vs 开放的区别；关系双方有可能是权威 vs 服从，但也有可能是平等的、共同体性质的关系；在不同的关系中，借着知识的交换，流动着的有金钱、有情感回馈，也有权力、声望或服从。

此外，尽管《交易、互惠及其混合形态》主要致力于打造理论框架，但文中还隐含着知识交换模式的两个重要变迁：一个是从师徒制到现代学校制度的转变；另一个是从主要倚重现代学校教育到打造学习社区和虚拟社区的转变。前一个转变可以说是现代社会得以发展的最重要的制度创生之一，后一个转变还在持续发展之中。不过，已经能够看到知识的传播和知识的可及性等方面有了显著的提高，可以进一步思考的问题是，新的知识经济现象是否构成了对既有的基于知识交换的社会关系的改变；新的传播渠道对于推进知识创新而言，是否足够有力。或可进一步反思，创新最重要的条件是什么。

以上是笔者学习汪琳岚老师《交易、互惠及其混合形态》一文的一点心得，仅供参考。

参考文献

伯格、卢克曼，2019，《现实的社会建构：知识社会学论纲》，吴肃然译，北京大学出版社。

哈耶克，2003，《个人主义与经济秩序》，邓正来译，生活·读书·新知三联书店。

克洛德·列维－斯特劳斯，2006，《结构人类学》（1），张祖建译，中国人民大学出版社。

刘世定，2002，《占有、认知与人际关系：对中国乡村制度变迁的经济社会学分析》，华夏出版社。

《经济社会学研究》征稿启事

为反映经济社会学领域的最新研究成果，推动中国经济社会学研究的发展，拟组织出版《经济社会学研究》（*Chinese Economic Sociology Research*）集刊，每年一辑，每辑字数在 25 万左右，拟收录和发表 10 篇左右的论文。

一　出版宗旨

（1）倡导经济社会学研究的问题意识和理论取向。希望投稿论文具有明确的问题意识，特别是基于中国经验提出具有重要理论意义和现实关怀的问题。同时，希望投稿论文立足中国经验，反思西方经济社会学的现有理论，推动中国经济社会学的理论创新。

（2）促进中国经济社会学研究学术共同体的交流。《经济社会学研究》是一个平等开放的学术交流平台，真诚欢迎各大专院校和研究机构的学者积极投稿、踊跃参与，共同推动中国经济社会学研究的深入发展。

（3）反映国内经济社会学领域的研究进展，积累本土知识。《经济社会学研究》既收录已发表的学术论文，也发表高质量的新作，借此一方面积累中国经济社会学研究的本土知识，另一方面反映中国经济社会学研究的最新动态。

二　来稿要求

（1）《经济社会学研究》的内容定位于对经济社会学不同议题和方法的研究与讨论。

（2）投稿论文以 1.5 万字左右为宜（包括注释和参考文献），最长不要超过 2.5 万字。

（3）《经济社会学研究》既收录已在学术期刊上发表过的高质量学术论文，也刊登尚未公开发表的高质量学术论文，但不接收已在著作或论文集中出版过的稿件。如果投稿的是已在学术期刊上发表过的学术论文，请作者自己征得原发期刊的许可。

（4）来稿必须遵循国际公认的学术规范，内容应包括：中英文标题、作者姓名、工作单位和联系方式、摘要、关键词、正文、参考文献。引文注释必须清楚准确，论述言之有据，论证逻辑全文一致，使用的研究方法和分析工具清楚、准确。

（5）来稿要求以中文写作，并请附中英文的论文题目（不超过 20字）、摘要（不超过 300 字）和关键词（3~5 个）。

（6）来稿中出现外国人名时，一律按商务印书馆出版的《英文姓名译名手册》翻译，并在第一次出现时用圆括号附原文，以后出现时不再附原文。

（7）作者的说明和注释采用脚注的方式，序号一律采用"①、②、③……"每页重新编号。引文采用文内注，在引文后加括号注明作者、出版年份，如原文直接引用则必须注明页码。详细文献出处作为参考文献列于文后，以作者、书（或文章）名、出版单位（或期刊名）、出版年份（期刊的卷期）、页码排序。文献按作者姓氏的第一个字母顺序排列，中文在前、英文在后。

（8）图和表的规范：统计表、统计图或其他示意图等，也用阿拉伯数字连续编号，并注明图、表名称；表号及表题须标注于表的上方，图号及图题须标注于图的下方；"注"须标注于图表下方，以句号结尾；"资料来源"须标注于"注"的下方。

（9）《经济社会学研究》随时接受投稿，来稿请自备副本，概不退稿；采用编委会审稿制度，以质取文。采用与否，编辑部均在 2 个月内通知作者。一经发表，即送作者当辑集刊 2 册。稿件请发至电子邮箱：qinqi11@ vip. sina. com （刘玉照收）或 leeguowu@126. com （李国武收）。

三 文献征引规范

为保护著作权、版权，投稿文章如有征引他人文献，必须注明出处。

本书遵循如下文中夹注和参考文献格式规范。

（1）文中夹注格式示例

（周雪光，2005）；（科尔曼，1990：52～58）；（Sugden，1986）；（Barzel，1997：3－6）。

（2）中文参考文献格式示例

曹正汉，2008，《产权的社会建构逻辑——从博弈论的观点评中国社会学家的产权研究》，《社会学研究》第 1 期，第 200～216 页。

朱晓阳，2008，《面向"法律的语言混乱"》，中央民族大学出版社。

詹姆斯·科尔曼，1990，《社会理论的基础》，邓方译，社会科学文献出版社。

阿尔多·贝特鲁奇，2001，《罗马自起源到共和末期的土地法制概览》，载徐国栋主编《罗马法与现代民法》（第 2 卷），中国法制出版社。

（3）英文参考文献格式示例

North，D. and Robert Thomas. 1971. "The Rise and Fall of the Manorial System：A Theoretical Model." *The Journal of Economic History*，31（4）：777－803.

Coase，R. 1988. *The Firm*，*the Market*，*and the Law*. Chicago：Chicago University Press.

Nee，V. and Sijin Su. 1996. "Institutions，Social Ties，and Commitment in China's Corporatist Transformation." In McMillan J. and B. Naughton（eds.），*Reforming Asian Socialism：The Growth of Market Institutions*. Ann Arbor：The University of Michigan Press.

诚邀各位学界同人积极参与，不吝赐稿，共同推动中国经济社会学研究的发展。

Chinese Economic Sociology Research
2021 Vol. 7

Table of Contents & Abstracts

Abstract: From the perspective of economic sociology, this paper combines technology evolution theory of Arthur and social action of Weber thought, expounds the concept of "social action" as the basis of analysis, and divides technology into "physical technology" and "organizational technology". On the basis of this, this paper analyzes the research literature on technology and society by Chinese sociologists in recent years, and summarizes eight themes.

Keywords: Social Action of Technology; Physical Technology; Organizational Technology; Research Review

Abstract: By discussing various negative technological applications in our society, the article alerts a social governance dilemma in the frontier of technological development. It reviews Jacques Ellul's theory of technological society and claims an upgraded framework based on Ellul's discussion to understand this dilemma. On the one hand, the speed of technology iterations has been accelerating, while the initiation and application of technology in social governance lag far behind. W. F. Ogburn's culture lag cannot explain this phenomenon as it following a very different logic. On the other hand, technology is initiated and applied not only for organizations but also individuals and society. Consequently, existing social governance framework is incapable to cover emerging individualization, sensitization, and unpredictable technological applications.

Keywords: Technicalization; Governance; Asynchronous Dilemma

The Product Innovation under Asymmetric Institution Condition: A Export-oriented SME's Innovation Destiny

Lin Hai-dui / 48

Abstract: This paper introduced asymmetric system, and analyzed what implication it would produce to the Gambling process and outcome. Study found that in the interactive innovation process, both sides with the motivation would produce a series of negotiations about the equity ownership. In order to pursue the maximized interests, both negotiators always make use of various resources to improve their negotiating position. When both sides are in the asymmetric system environment, introducing system factor into the game process will lead to the change of the position between the two sides in the negotiation, and then change the equilibrium decided.

Keywords: Interactive innovation; Asymmetric system; Export-oriented SMES

The Key to Success of Technology Application: An Explanation from the Intra-organizational Legitimacy Perspective

Ren Min / 79

Abstract: This paper constructs an intra-organizational legitimacy analysis framework to reveal the conditional mechanism of technology application at the organization level. The retrospection of a nine-year application process of ERP in a state-owned enterprise shows how a new technology's performance fluctuation correlates with its intra-organizational legitimacy changes, composed of performance legitimacy, task legitimacy and value legitimacy. This research indicates that gaining sufficient legitimacy is one necessity for the success of technology application. Basically, performance legitimacy determines how far technologies can be transferred into the corporate sector. When a new technology application starts with performance uncertainty, it is the task legitimacy that ensures the organizational resource supplies, which serve to initiate and accelerate the technology application. Value legitimacy, on the other hand, ensures the informal resources input, which preserves the technology in crisis for future possible reuse and advance the application.

Keywords: Technology Application; Intra-organizational Legitimacy; Performance Legitimacy; Task Legitimacy; Value Legitimacy

A Study on the Performing Mechanism of Information Technology: A Case Study of the One-Stop Administrative.

Huang Xiao-chun / 108

Abstract: From the perspective of the interactive mechanism between information technology and organizational structure, this paper makes an in depth analysis of the method and path of information technology promoting the innovation in the base-level public administrative sectors during the Chinese governmental reform. This paper has furthered Barley and Jane Fountain's analysis frame for the interactive mechanism model of new information technology and organization and has developed an analytic model of "technology-structure" time series interaction. This new model has been applied to the study of the complex process of introducing the information technology innovation to the One-Stop Administrative E-Service Center at Community Lin Shanghai.

Keywords: Information technology; Interactive mechanism; Practice context

Body of Datafication: Wearable Devices and Body Management

Song Qing-yu and Zhang Shu-qin / 145

Abstract: With the development of science and technology, people can monitor physical conditions at any time and control and manage their bodies in a timely manner. With wearables, people use digital devices to understand and manage their bodies and show a "datafication of body" trend. This article selects runner groups and observes how they use wearable devices to analyze how these devices enter people's daily lives. What impact do these devices have on people's lives? What is the relationship between wearable devices, the self and body?

We have found that it is the datafication of body that emerges with the wearable devices. In order to improve the body data, the young runner try to manage and improve body through these digital devices. Finally, the young runners enhance their human capital and social capital by the body data.

Keywords: Wearable Devices; Body Management; Datafication; Human Capital; Social Capital

Redefining Work: How Does Technology Transform Work

Xu Qing-yuan, Qiao Tian-yu, and Zhao Lu / 167

Abstract: Information and communication technologies (ICT) have experienced a rapid development and are increasingly penetrating in all aspects of human life. They also have far-reaching effects on people's workplaces, career choices and even the work itself. This paper proposes two mechanisms of technology application in transforming work, namely efficiency and control. Based on the explanation of the efficiency mechanism and the control mechanism, this paper starts from the perspectives of balance and imbalance to explain how technology application redefines work in the era of information and how it affects the society. The impact of technology application on human work has both balanced and unbalanced consequences. Redefining work also reconstructs human society at multiple levels.

Keywords: Technology Application; ICT; Work Transformation; Social Change

From Earthy Methods to a Thriving Industry: Exploring the social Mechanisms of that Transforming Indigenous Knowledge into an Industrial Initiation

Zang Xiao / 188

Abstract: This survey from the perspective of economic sociology, with the theory of knowledge, indigenous knowledge, and the source of innovation, agricultural industrialization, focuses on the formation and development process of crawfish industries trying to analyze the generating mechanism and internal logic of indigenous knowledge for industries. The study found that farmers, government and company play important parts in the process. The crawfish industry started from farmers' practice. Farmers created the breeding mode by aggregating the scattered indigenous knowledge, which initializing the crawfish breeding industry. Government promoted the industry. Bureau of Aquatic Products improved the mode by combining the practice of farmers experience and scientific experiment achievement, leading to the further development of crawfish industries. The company, farmers and government all in one to become organization, with the capital infusion, promoting the refinement and standardization of industry, finally encouraged the growth of special crawfish industry clusters.

Keywords: Indigenous Knowledge; Industry; Generating Mechanism

Transaction, Reciprocity and Their Mixture: An Analysis of Differentiated Interactions Involving Knowledge Exchange

Wang Lin-lan ╱ 221

Abstract: Current analysis of interpersonal interactions involving knowledge exchange cannot fully address the issue of complex interactions in reality. This paper analyses different types of interactions in which knowledge is exchanged as goods by referring to two ideal types of interactions, transaction and reciprocity. Interactions like experts training students and experts offering consultations, featuring low level of uncertainty, low level of diversity in reciprocation and simplicity of aims, can be analyzed by using the concept of complex transaction. Interactions between masters and apprentices, involving a medium level of uncertainty, a medium level of diversity in reciprocation and multiple aims, can be generalized as a mixture of complex transaction and reciprocity. In addition, interactions between mentors and students and between experts can be analyzed by the concept of reciprocity, since those interactions have a high level of uncertainty, high level of diversity in reciprocation and multiple aims, among which the aim of promoting innovation by abundant communication and mutual inspiration ranks the top. This paper attempts to enhance analysis in two ways, one is to better understand many kinds of online and offline interactions in the information era that involve knowledge exchange, and to consider different characteristics and aims of those interactions while designing interaction mechanisms, the other is to explore the theoretical and applied potentials of transaction and reciprocity, the two basic concepts of interpersonal interactions.

Keywords: Transaction, Reciprocity, Knowledge, Interaction, Innovation

图书在版编目（CIP）数据

经济社会学研究. 第七辑 / 刘世定主编. -- 北京：
社会科学文献出版社，2021.6
ISBN 978 - 7 - 5201 - 8461 - 8

Ⅰ.①经…　Ⅱ.①刘…　Ⅲ.①经济社会学 - 文集
Ⅳ.①F069.9 - 53

中国版本图书馆 CIP 数据核字（2021）第 100380 号

经济社会学研究　第七辑

主　　编 / 刘世定
执行主编 / 张茂元　张樹沁

出 版 人 / 王利民
责任编辑 / 杨桂凤

出　　版 / 社会科学文献出版社·群学出版分社（010）59366453
　　　　　 地址：北京市北三环中路甲 29 号院华龙大厦　邮编：100029
　　　　　 网址：www.ssap.com.cn
发　　行 / 市场营销中心（010）59367081　59367083
印　　装 / 三河市尚艺印装有限公司

规　　格 / 开　本：787mm × 1092mm　1/16
　　　　　 印　张：15.75　字　数：267 千字
版　　次 / 2021 年 6 月第 1 版　2021 年 6 月第 1 次印刷
书　　号 / ISBN 978 - 7 - 5201 - 8461 - 8
定　　价 / 98.00 元